Continentia Verlag

Andreas Sternowski (Hrsg.)

Weltbild für den Blauen Planeten

Auf der Suche nach einem neuen
Verständnis unserer Welt

mit Texten von

Swami Atmarupananda
Tomas Björkman
Dr. Thomas Bruhn
Prof. Dr. Marianne Gronemeyer
Silke Helfrich
Gerd Hofielen und Tanja Trost
Dr. Petra Künkel
Prof. Dr. Jürg Minsch
Prof. Dr. Seyyed Hossein Nasr
Weihbischof Dr. Stefan Zekorn
Prof. Dr. Dr. Paul M. Zulehner

Continentia Verlag

Die Texte von Swami Atmarupananda, Tomas Björkman und Seyyed Hossein Nasr übersetzt aus dem Englischen vom Herausgeber.

1. Auflage, 2021

Copyright © Continentia Verlag GmbH, Wiesbaden, 2021
Alle Rechte vorbehalten.
www.continentia-verlag.org

Cover-Illustraton: Jenny Thalheim
Druck: Books on Demand GmbH, Norderstedt, Deutschland
Printed in Germany

ISBN: 978-3-9820862-2-4

Inhalt

Warum wir neue Bilder von uns und der Welt brauchen? 7

Vorwort des Herausgebers 9

Im Tanz zwischen Selbst und Welt 11
Thomas Bruhn
„Vielfach erlebe ich Aufrufe, es bräuchte ein neues Denken für unsere Zeit. Das trifft natürlich zu. Gleichzeitig scheint es mir an klugem Denken bisher nicht so sehr zu mangeln wie an einer gemeinschaftlichen Kultivierung des menschlichen Herzens."

Annäherungen an ein gutes Leben für alle 57
Jürg Minsch
„Doch was macht ein gutes Leben aus? Zwei Leitideen scheinen mir vielversprechend: Resonanz und Care. Anders als bei Marktbeziehungen, wo sich Güter oder warenförmige Dienstleistungen zwischen die Menschen schieben, zählt in der „Care Economy" die direkte persönliche Beziehung."

Durchbruch oder Zusammenbruch 83
Tomas Björkman
„Worum geht es im Leben? Dies ist nicht nur eine theoretische Frage über unsere individuellen privaten Lebensphilosophien, sondern eine, die ganz einfach und konkret die Wirtschaft, die Politik, die öffentliche Debatte und das tägliche Leben bestimmt."

Die Macht der Onto-Politik 119
Silke Helfrich
„Wir brauchen neue Narrative, um uns an neue Lebensweisen heranzutasten: Lebensweisen, die der Natur Raum lassen und das zurückgeben, was sie braucht; die das Gemeinwohl nicht gegen Individualität ausspielen, weil Letzteres mit Individualismus verwechselt wird; die es dem Einzelnen nicht nahelegen, sondern schwer machen, auf Kosten anderer zu leben."

Von den Grenzen des Wachstums zu lebensfördernden Ökonomien 141
Petra Künkel
„Am Ende dieser Revolution wird die Menschheit zurückblicken und ein unbegrenztes Wirtschaftswachstum so belächeln wie die Zeit, in der geglaubt wurde, die Erde sei eine Scheibe, um die die Sonne kreist."

Von Außengehorsam zu Innengehorsam 167
Gerd Hofielen und Tanja Trost

„Diese universelle geistige Reife ist eine Voraussetzung für die Transformation der konventionellen Wirtschaftspraktiken in Verhaltensweisen, die Menschen und Natur respektieren."

Es gibt nichts Gutes, außer man lässt es 195
Marianne Gronemeyer

„Haltung erfordert Askese: nicht Verzicht auf Wein, Weib und Gesang, sondern Askese gegenüber den modernen Selbstverständlichkeiten."

Für eine Kultur des Vertrauens 217
Paul M. Zulehner

„Es braucht vielmehr einen hohen Grundwasserspiegel des Vertrauens in den Kulturen und Gesellschaften. Dazu kann ein wahres Christentum und können wahre Religionen beitragen."

Die Sorge um das gemeinsame Haus 229
Stefan Zekorn

„Christliche Spiritualität kann ein wichtiger Motor für Veränderung des Bewusstseins und des Handelns sein, denn sie eröffnet eine andere Sicht von Lebensqualität."

Die Würde der Natur ist auch die Würde des Menschen 243
Seyyed Hossein Nasr

„Nur die Lanze eines Heiligen Georgs, die Lanze, die die Kraft des Spirituellen symbolisiert, kann den Drachen erschlagen. Wie tragisch ist die Welt, in der der Drache den Heiligen Georg erschlagen hat!"

Der nichtduale Kern der Erfahrung 271
Swami Atmarupananda

„Wir brauchen eine Wahrheit, die tiefer geht als die Naturwissenschaften, die menschliche Werte bewahrt, die die Erfahrung menschlicher Werte umfasst und dennoch nicht im Widerspruch zu den Wahrheiten der Wissenschaft steht."

Schlusswort 293

Literaturverzeichnisse 295

Warum wir neue Bilder von uns und der Welt brauchen?

In diesem besonderen Augenblick der menschlichen Zivilisation wird uns Menschen immer klarer, dass wir in eine Sackgasse geraten sind, und wir erkennen, dass uns unsere Weltauffassung dorthin geführt hat: Wir betrachten die Natur als ein Objekt, das wir nach Belieben nutzen dürfen. Wir richten uns in einer Welt der Dinge ein und zerstören dabei die Lebensbedingungen für unsere nichtmenschlichen Mitbewohner und für uns selbst.

Es sind die Kinder der Industrialisierung und der europäischen Aufklärung, die die Welt derart gestalten. Dahinter steht ein Weltbild, das mechanistisch und rationalistisch ist, auf den Eigennutz und auf Effizienz hin orientiert. In der globalisierten Welt schaut mittlerweile die Mehrheit von uns durch diese Brille auf die Welt und sieht darin Material, aus dem sich bequeme, angenehme Lebensumgebungen formen lassen. Im Ergebnis dient unsere Zivilisation dem, was wir gegenwärtig für unsere Bedürfnisse halten, ohne viel Rücksicht auf unsere natürliche Umgebung zu nehmen. Sie schafft einen künstlichen Raum, der außerhalb der Biosphäre mit ihren Gesetzen und Bedürfnissen liegt. Und genau diese Sichtweise auf die Welt und auf den Menschen ist der eigentliche Grund unserer Probleme. Wir können die enormen Herausforderungen, vor denen wir als Menschheit stehen, nicht mit diesem Weltbild bewältigen. Sind wir in Wirklichkeit doch ein Teil des Lebens auf dem Blauen Planeten, ein Teil seiner Entwicklung, seines Reifens – seiner Schöpfungsgeschichte, wenn Sie so wollen.

Wir sind aber zugleich Urenkelinnen und Urenkel mehrerer reichhaltiger Kulturen und Religionen, die durch andere Brillen auf die Welt schauten und die Schönheit und Weisheit der Natur sowie die Tiefe, die sich innerhalb dieser Natur im Menschen auftat, sahen – und zum Teil immer noch sehen. Wir fangen gerade an, diesen Reichtum zu verstehen und zu schätzen und erstmals in der Menschheitsgeschichte als unser gemeinsames Erbe zu betrachten.

Die Wirklichkeit ist unendlich viel breiter und tiefer, als es unser heutiges Weltbild nahelegt. Wir können aus der Sackgasse herauskommen, wenn wir die Vielschichtigkeit allen Lebens und der menschlichen Kulturen anerkennen und die Tiefe, die das menschliche Bewusstsein eröffnet, in unser Weltbild aufnehmen, ja, diese Vielschichtigkeit und Tiefe zum Kern unseres Weltverständnisses machen. Durch diese Brille gesehen ist die Natur keine bloße Ressource mehr, sondern eine weise Lehrerin, die wir ehren und behüten, und die Menschen sind keine Konsumenten, sondern Suchende auf dem Weg in die Tiefen ihres Geistes, ihres Herzens, ihres Selbst, ihrer Seele. Dieses Weltbild ist die Voraussetzung für eine Zivilisation, die den Blauen Planeten – unser Zuhause – innerhalb der Grenzen der Biosphäre und in Frieden bewohnt.

Wir, die Autorinnen und Autoren des Buches „Weltbild für den Blauen Planeten", rufen alle dazu auf, an der Gestaltung einer Zivilisation mitzuarbeiten, die unser gemeinsames Zuhause und alle darin lebenden Bewohner ehrt und hütet und uns Menschen nicht bloß als Teilnehmer an einem ökonomischen, politischen oder ideologischen System ansieht. Unser Planet braucht dies dringend. Und wir Menschen brauchen es noch viel mehr.

Vorwort des Herausgebers

Niemand weiß heute, was Menschen in fünfzig Jahren über die Welt, sich selbst und ihr Leben denken werden. Aber über eins sind sich alle führenden Denkerinnen und Denker der Gegenwart einig: Unser Weltbild muss sich grundlegend ändern, wenn wir die Biosphäre, unsere Zivilisation und uns selbst retten wollen. Die Texte dieses Buches stammen von solchen Denkerinnen und Denkern.

Die Autorinnen und Autoren der Essays in diesem Buch kommen aus sehr unterschiedlichen Bereichen des Nachdenkens über die Zukunft unserer Zivilisation. Das war auch die Idee: die Welt aus unterschiedlichen Blickwinkeln zu betrachten in der Hoffnung, dass in der Überschneidung der Blickfelder eine Weltsicht liegt, mit der wir eine bessere Zukunft bauen können.

Lassen Sie sich auf diese Vielfalt ein. Schauen Sie sich die einzelnen Steine dieses Mosaiks an und versuchen Sie, in dem aus ihnen entstehenden Bild Muster zu erkennen. Es lohnt sich. Und ist gleichzeitig enorm wichtig. Denn davon, wie wir die Welt sehen, was wir für wesentlich und wahr halten, hängt unsere Zukunft ab.

Die einzelnen Texte dieses Bandes sind unabhängige Abhandlungen und bauen deswegen nicht aufeinander auf. Sie können also auch unabhängig voneinander und in beliebiger Reihenfolge gelesen werden. Wenn Sie allerdings, liebe Leserin, lieber Leser, der Anordnung des Herausgebers folgen, begeben Sie sich auf eine Reise, die Sie

von der systemischen Suche nach der globalen Bewusstwerdung eines Astrophysikers

zu der Erzählung eines Nachhaltigkeitsforschers und Ökonomen über ein gutes Leben für alle führt.

Sie begeben sich in ein neues kulturelles Terrain jenseits der Selbstbezogenheit, das ein schwedischer Sozialunternehmer beschreibt,

und wandern dann jenseits des Gedankenhorizonts von Markt und Staat mit einer Commoning-Aktivistin, um mit einer strategischen Beraterin für Nachhaltigkeitstransformation Rast zu machen und in das Denken und Handeln in einer veränderten Welt einzutauchen.

Als Nächstes entdecken Sie Wege der Balance zwischen dem Tun und dem Sein in Unternehmen.

Mit einer wachstumskritischen Sozialwissenschaftlerin steigen Sie in einen ICE nach Bremen, um über Halt und Haltung nachzudenken.

Ein christlicher Theologe zeigt Ihnen anschließend einen Ausblick auf die Landschaften der Angst und ermuntert Sie, sich denjenigen anzuschließen, die an der Anhebung des Wertegrundwasserspiegels arbeiten,

und übergibt Sie der Führung eines katholischen Bischofs, der Sie in die Landschaften des Lebens und der Spiritualität mitnimmt.

Es folgt eine Fahrt nach Persien, wo Ihnen ein bedeutender islamischer Denker die Ordnung der Natur erklärt.

Zum Schluss fliegen Sie nach Amerika – dort wird ein Mönch Sie in den Weiten von Texas in die philosophischen Tiefen der Einheit allen Seins einweihen.

Machen wir uns gemeinsam auf diese Reise.

Im Tanz zwischen Selbst und Welt

Das Anthropozän als Etappe globaler Bewusstwerdung

von

Thomas Bruhn

Thomas Bruhn ist promovierter Physiker und leitet am Institute for Advanced Sustainability Studies (IASS) Potsdam die Forschungsgruppe „Denkweisen und Geisteshaltungen für das Anthropozän" zu der Frage, auf welche Weise die Kultivierung innerer Haltungen wie Achtsamkeit und Mitgefühl zum Wandel zur Nachhaltigkeit beitragen kann. Seit 2017 arbeitet er dort auch zu kollektivem Lernen und Ko-Kreativität im Kontext politischer Entscheidungsprozesse für Nachhaltigkeit. Sein erstes Buch „Mehr sein, weniger brauchen" (geschrieben zusammen mit Jessica Böhme) ist in 2021 erschienen. Er ist Mitglied der Deutschen Gesellschaft Club of Rome.

Seit Jahrtausenden schauen Menschen in die Welt. Auf verschiedenste Weisen haben sie in dieser Zeit ihr Erleben, ihr Erkennen und ihre Schlussfolgerungen reflektiert und dokumentiert. Heute nun befindet sich die Menschheit in einer Zeit, die gekennzeichnet ist von massiver, globaler Veränderung. Ausgehend von Erkenntnissen der Erdsystemwissenschaften begreifen viele Menschen unsere Zeit als das Anthropozän, also das Erdzeitalter, in dem die Menschheit als kollektive Kraft den Zustand des gesamten Erdsystems prägt. Es ist ein Prozess globaler Vernetzung zu beobachten, wirtschaftlich und technologisch, aber auch geistig-kulturell, in dem sich Unterschiede vermischen und neue Identitäten entstehen. Gleichzeitig hat sich weitreichend die Erkenntnis durchgesetzt, dass die Folgen der menschlichen Aktivitäten diejenigen ökologischen Rahmenbedingungen destabilisieren, auf denen die weltweite Zivilisationsentwicklung der letzten Jahrtausende beruht. Es mangelt nicht an Erkenntnis über die vielfältige Bedrohlichkeit dieser Entwicklungen. Und gleichzeitig ist zu erleben, wie stark die Beharrungskräfte sind, die die menschliche Zivilisation wider besseres Wissen auf dem einmal eingeschlagenen Weg zu halten scheinen. Viele Menschen fühlen sich überfordert und orientierungslos in diesen Zeiten tiefgreifender Transformation.

In den folgenden Reflexionen möchte ich darlegen, warum und auf welche Weise ich hoffnungsvoll auf die derzeitige Entwicklung der Welt schaue. Ich werde beschreiben, wie ich in meinem Kulturkreis und darüber hinaus einen radikalen Wandel erlebe in der Art, wie Menschen den Zustand der Welt und der eigenen Existenz begreifen. Und ich werde ausführen, auf welche Weise diese Veränderungen neue Möglichkeiten eröffnen, gemeinsam klug auf die Welt zu antworten, ausgerichtet auf eine fortgesetzte Entfaltung des menschlichen Geistes und Wohlbefindens sowie auf einen Erhalt der Lebensbedingungen, auf denen diese menschliche Geschichte fußt.

Warum bemühen sich Menschen um ein Weltbild? Was kann und soll ein Weltbild leisten?

Ein Weltbild für den Blauen Planeten zu formulieren, bedeutet eigentlich eine absurde Hybris. Wer bin ich schon als einzelner, kleiner Mensch, dass ich glaube, mir ein aussagekräftiges Bild der Erde machen zu können, von der ich so ein winziger Teil bin? Und doch schauen Menschen wie ich seit Jahrtausenden in die Welt und reflektieren ihr Erleben der menschlichen Existenz. Seit Jahrtausenden dokumentieren Menschen ihre Beobachtungen der Wirklichkeit und die Schlussfolgerungen, die sie daraus ziehen. Sie stellen Fragen an die Welt, um den Zustand ihrer Wirklichkeit zu verstehen und dabei ihren eigenen Platz im Universum zu klären. Um welche Fragen geht es dabei?

Ein Weltbild soll die aktuell erlebten Phänomene und Entwicklungen für den Betrachtenden in einen stimmigen Erklärungs- und Sinnzusammenhang bringen. Es wirft dafür folgende Fragen auf:

- Warum schaue ich in die Welt?
- Was nehme ich wahr?
- Wie verstehe ich meine Wahrnehmung und welchen Sinn erkenne ich?
- Wie antworte ich auf dieses Erkennen?

Idealerweise ermöglicht es ein Weltbild auf diese Weise auch anderen Menschen, die eigene Existenz als sinnhaft in einen größeren Zusammenhang eingebettet zu erleben.

Mein Astrophysik-Professor an der TU Berlin, Erwin Sedlmayr, pflegte seine Vorlesung „Einführung in die Astrophysik I" mit einem Monolog zu beginnen, in dem er uns über mehrere Doppelstunden hinweg einen kurzen Abriss über die Entwicklung des kosmologischen Weltbildes im Laufe der letzten 8.000 Jahre vermittelte.[1] Darin betonte er, welch bedeutsamer Anspruch es für die Menschen des europäischen Mittelalters gewesen war, dass die Beobachtungen über die physische Welt (Realität) auch in Einklang stehen mussten mit der

---

1   Die zentralen Gedankengänge dieser Vorlesung sind nachzulesen in den ersten Kapiteln des Brockhaus: Mensch, Natur, Technik. Vom Urknall zum Menschen.

spirituellen Erklärung des Seins. Mit dem Aufstieg der Naturwissenschaften eröffnete sich ein Verständnis der dinglichen Welt, das mit den bis dahin geltenden religiösen Interpretationen der Wirklichkeit im Widerspruch zu stehen schien.

Seine Vorlesung hat mich bis heute geprägt. Nach wie vor bleibt es ein Leitfaden meines Suchens und Erkennens, diese beiden Stränge der Welterkenntnis, die naturwissenschaftlich-dingliche und die spirituell-metaphysische, zu verbinden. Ich bemühe mich, die Spannung auszuhalten, die sich aus der Unterschiedlichkeit dieser beiden Betrachtungsweisen immer wieder ergibt, und mich weder der einen noch der anderen allzu einseitig zu verschreiben. Ein Weltbild für den Blauen Planeten muss aus meiner Sicht eben beides adressieren und miteinander in Verbindung bringen: 1) Den Zustand des Planeten Erde beschreiben und 2) die Sinnhaftigkeit der menschlichen (und insbesondere meiner eigenen) Existenz darin befriedigend identifizieren. Mag jeder Versuch einer Antwort in diesem Spannungsfeld auch kontextspezifisch und vorläufig sein, so ist doch allein die Natur des Prozesses einer solchen Integration essenziell für alle meine Bemühungen, mich in der mir zugänglichen Welt sinnvoll zu orientieren.

Staunen und Bejahung der Welt als Ausgangspunkt von allem

Meine Motivation und die subjektive Färbung meiner Perspektive

Jede Annäherung an ein Weltbild für den Blauen Planeten muss in meinen Augen – jenseits aller wissenschaftlichen Argumentation – damit beginnen, festzustellen, wie wunderschön, wie kostbar und erstaunlich der Planet Erde und alles Leben sind. Als Forscher und Mensch erlebe ich mich als Teil eines Phänomens namens Leben, dass mich jeden Tag wieder staunen lässt ob seiner Vielfalt, Komplexität und Schönheit. Aus meiner subjektiven und moralischen Bewertung heraus mag ich leiden unter vielen Phänomenen dieser Welt, wie Armut, Übergriffigkeit und den vielfältigen Formen von Gewalt und Leid unter Menschen und nichtmenschlichem Leben. Und zugleich stellt all dieses Anerkennen für mich nicht infrage, was für ein Wunder diese Geschichte namens Evolution ist, von der ich ein Teil sein darf.

Darüber hinaus ist es für mich offensichtlich und doch wesentlich, hier festzuhalten, dass ich nur „meine" Perspektive auf ein Weltbild artikulieren kann. Jegliches Bemühen von meiner Seite, ein „Weltbild für den Blauen Planeten" zu formulieren, wird notwendigerweise stets Ausdruck meiner eigenen subjektiven Perspektive auf die Welt bleiben. So sehr ich mich bemühen mag, intersubjektiv überprüfbare, wissenschaftliche Fakten als Grundlage meiner Gedanken zurate zu ziehen, so sehr bleibt dies Unterfangen begrenzt durch die Länge dieses Textes, überhaupt durch das Medium des geschriebenen Wortes und vor allem dadurch, dass es stets Erkenntnisse und Erfahrungen geben wird, die jenseits meines Horizontes liegen. Es ist mir unmöglich, alles von Menschen heute Wissbare zu wissen oder alles menschlich bisher Erfahrbare erfahren zu haben. Daher erscheint es mir wichtig und notwendig, eingangs zu reflektieren, wie meine eigene Linse, mein Blickwinkel auf die Welt, beschaffen ist.

Seit meiner Kindheit schaue ich auf das Bild unseres Blauen Planeten und staune. Schon als ich ein kleiner Junge war, erschien es mir unfassbar, dass ich ein Bestandteil dieser Erde sein sollte und im Verbund mit all dem anderen Leben auf der Erde durch die Tiefen des Sonnensystems, der Milchstraße und des Kosmos reise. Seit über vierzig Jahren bin ich Teil der Evolution und sammele Erfahrungen darüber, was es bedeutet, Mensch zu sein. Meine Perspektive hat im Laufe dieser Zeit erhebliche Veränderungen erlebt, und es scheint mir, als wäre jedes formulierte Erkennen dazu verdammt, schon morgen wieder teilweise überholt zu sein.

Fachlich stamme ich aus der Physik, genauer gesagt aus der Astrophysik und der Halbleiternanophysik. Vorlesungen der Philosophie und Psychologie waren für mich zwar inspirierend, wurden jedoch nicht zu einem gleichwertigen Fundament neben der Naturwissenschaft. Nach meiner Promotion entwickelte ich ein transdisziplinäres Interesse für Nachhaltigkeit und Erdsystemwissenschaft in der Schnittstelle zu Psychologie und Spiritualität. Ich wollte verstehen und aktiv dazu beitragen, wie Menschen auf eine Weise leben können, die nicht auf Ausbeutung und Zerstörung angewiesen ist, sondern bei der alles Leben gedeihen kann. Erst seit zwei Jahren habe ich mich nochmal einem echten Universitätsstudium der Psychologie und therapeutischen Verfahren gewidmet, um meinen Blick für diese Themen auch wissenschaftlich zu vertiefen.

Biografisch gesehen ist es sicher relevant, dass ich als weißer Mann aus gebildet-bürgerlichem Hintergrund in Westdeutschland aufgewachsen bin. Ich bin christlich (protestantisch) erzogen und konfirmiert. Dank eines sehr aufgeschlossenen katholischen Priesters, der lange Jahre mein Religionslehrer war, bin ich früh mit buddhistischer Meditation und taoistischer Philosophie in Kontakt gekommen. Persönlichen Umgang hatte ich jedoch fast ausschließlich mit Angehörigen christlicher Weltanschauungen. Erst im Laufe meines Studiums und Berufslebens habe ich mit Menschen aus mehr oder weniger allen Erdteilen und aus unterschiedlichsten sozialen Herkünften intensiven Kontakt gehabt und oft über lange Zeit zusammengearbeitet. Ich habe dabei selbst jedoch nie länger als sechs Wochen am Stück in einem Land außerhalb Europas gelebt. Vieles von meinem Verstehen über die Welt speist sich also aus Büchern und anderen Medien und ganz wesentlich aus den Begegnungen und Verbindungen mit jenen Menschen, mit denen ich in Kontakt war und bin.

Auf dieser Basis möchte ich hier meine Reflexionen über ein „Weltbild für den Blauen Planeten" teilen. Ich betrachte sie als Ausdruck meines eigenen Ringens um eine stimmige Integration aus meinem naturwissenschaftlichen Verständnis und meiner metaphysischen Suche nach Sinn und Identität in diesem Leben. Dabei werde ich kein festes Weltbild im Sinn einer stabilen Gedankenstruktur beschreiben. Seine Klarheit würde ich eher vergleichen wollen mit der Klarheit eines Gebirgsbaches. Einerseits mag er transparent und zielstrebig sein, und doch ruht er nie und kann nie eindeutig abgebildet werden. Nach einem starken Regen oder einer Geröllawine mag er sogar seine Erscheinung wesentlich verändern und bleibt doch stets den gleichen Prinzipien treu.

Verlust etablierter Stabilitäten und Überforderung mit der Vielfalt des Lebens
Meine Wahrnehmung vom aktuellen Zustand der „Welt"

Im Laufe des letzten Jahrhunderts hat die Menschheit immer mehr Methoden und Technologien entwickelt, um den Zustand der Erde als Gesamtsystem wahrzunehmen, zu beschreiben und zu verstehen. Insbesondere die Möglichkeit, rund um den Globus zeitlich koordiniert

Daten zu erheben, hat dazu geführt, dass Forschende deutlich tiefere Einblicke in globale Zusammenhänge und Dynamiken gewinnen können als noch vor wenigen Jahrzehnten. Dies gilt sowohl hinsichtlich der Beobachtung von ökologischen Aspekten wie Rohstoffkreisläufen, Temperaturentwicklungen oder der Konzentration von Gasen in der Atmosphäre als auch für soziale oder ökonomische Aspekte wie Finanzflüsse, Bevölkerungsentwicklungen, Meinungsbildungsprozesse oder – wie in der jüngsten Vergangenheit eindrücklich erlebt – die Verbreitung von Krankheiten. Wohl nie zuvor in der Geschichte der Menschheit gab es für so viele Menschen die Möglichkeit, auf Beobachtungen und Erkenntnisse aus allen Teilen der Erde derart detailliert zuzugreifen wie heute. Trotz eines theoretisch für alle Menschen zugänglichen Internets stehen jedoch natürlich nicht alle diese Daten allen Menschen gleichermaßen offen zur Verfügung.

Zu beobachten ist dabei eine Gleichzeitigkeit mehrerer Entwicklungen: Einerseits entwickeln Menschen, Forscher und Entscheidungsträger immer mehr Einblick über die *Erde als Ganzes*. Gleichzeitig verbreiten und vernetzen sich *subjektive Einzelschicksale und Geschichten* viel leichter und rasanter um die Welt und prägen das Bild, das Menschen von der Wirklichkeit außerhalb ihrer eigenen Erfahrung gewinnen. In diesem Spannungsfeld lässt sich beobachten, wie bestehende Strukturen und Handlungsmuster an ihre Grenzen stoßen. Sowohl handelnde Personen als auch Organisationen und gesellschaftliche Strukturen erleben weitreichende Phänomene von *Erschöpfung und Orientierungslosigkeit*. Darüber hinaus ist die gesamte Art, die Welt zu erkennen und auf die erlebte Welt zu antworten, von bestimmten *erkenntnistheoretischen Grundlagen* durchzogen, die unter anderem durch die wissenschaftliche Entwicklung insbesondere der letzten fünfzig bis einhundertfünfzig Jahre erhebliche Veränderungen durchlaufen haben.

Verlust vertrauter Stabilitäten – der erdsystemische Blick aufs große Ganze

Aus der Umweltforschung ist unter anderem die sogenannte Erdsystemwissenschaft hervorgegangen, ein Forschungsfeld, in dem Wissenschaftler:innen Erkenntnisse über die ökologischen, ökonomischen und sozialen Dynamiken der Erde zusammentragen und analysieren. Dank ihrer Forschung verstehen Forschende heute deutlich klarer, wie globale Phänomene wie beispielsweise Temperaturverteilungen in der Atmosphäre, Ozeanzirkulation, Konsum- und Verhaltensmuster, Artenvielfalt und Niederschlagsmuster miteinander zusammenhängen. Diese wissenschaftliche Beobachtung der Erde als Ganzes hat eine ganze Reihe besorgniserregender Erkenntnisse hervorgebracht.

Etwa 10.000 Jahre lang befand sich die Erde im sogenannten Holozän, in dem für erdgeschichtliche Verhältnisse außergewöhnlich stabile Umweltbedingungen herrschten. Dank dieser stabilen Rahmenbedingungen war es der Menschheit möglich, sesshaft zu werden und sich zu einer global vernetzten Zivilisation zu entwickeln, deren Teil ich bin. Mittlerweile jedoch besteht quer durch alle gesellschaftlichen Akteursgruppen, Disziplinen und Ländergrenzen weitreichende Einigkeit darüber, dass derzeit in der sogenannten „großen Beschleunigung" globale Entwicklungen zu beobachten sind, die die Menschheit und das Leben auf der Erde vor neuartige, existenzielle Herausforderungen stellen. Diese reichen vom massiven Rückgang biologischer Vielfalt über die Erwärmung des Erdklimas, den Verlust fruchtbarer Böden bis hin zur Störung wichtiger Nährstoffkreisläufe. Art und Ausmaß dieser Veränderungen sind auf menschliche Aktivitäten zurückzuführen und zeigen an, dass das Erdsystem sich aus der für die Menschheit so bedeutsamen Stabilität der letzten 10.000 Jahre herausbewegt. Weit über den wissenschaftlichen Diskurs hinaus hat sich die Vorstellung verbreitet, dass wir uns heute im sogenannten Anthropozän befinden, einem neuen Erdzeitalter, in dem die Menschheit als kollektive Kraft den Zustand des Erdsystems insgesamt dominiert.

Zahlreiche Initiativen bemühen sich, diesen Entwicklungen entgegenzuwirken, auf globaler Ebene wie mit dem Pariser Klimaabkommen oder den Nachhaltigkeitszielen (SDGs) der Vereinten Nationen ebenso wie auf lokaler Ebene wie die sogenannte Transition Bewegung. Sie alle eint die Sorge um die Destabilisierung der Lebensbedingungen auf der Erde und die Suche nach einer resilienten Lebensweise, die es Menschen ermöglicht, innerhalb der sogenannten Planetaren Grenzen menschenwürdig zu leben und die evolutionäre Geschichte fortzuschreiben.

Verbunden sind diese Beobachtungen mit Reflexionen darüber, welche Aspekte der menschlichen Zivilisation für diese Entwicklungen verantwortlich zu machen sind. Immer klarer scheint sich abzuzeichnen, dass die zu beobachtende Ausbeutung der planetaren Ressourcen eine direkte Konsequenz eines Beziehungsparadigmas ist, in dem Menschen mit menschlichem und nichtmenschlichem Leben vor allem unter dem Gesichtspunkt der Nützlichkeit in Beziehung treten. Die Instrumentalisierung der Natur (und des Lebens allgemein) lässt sich als Triebkraft hinter der Überlastung und Ausbeutung von Ökosystemen und Menschen identifizieren. So gibt es zahlreiche Diskussionen darüber, ob es nicht angemessener wäre, statt vom Anthropozän eher vom *Kapitalozän* zu sprechen, da die beobachteten Beschleunigungsdynamiken die Folge einer dominanten kapitalistisch-marktwirtschaftlichen Ordnungsstruktur sind. Zahlreiche Initiativen experimentieren vor diesem Hintergrund mit einer grundlegenden Neuausrichtung von Wirtschafts- und Sozialpraktiken.

Angesichts der Sorge um die globalen Entwicklungen mehren sich Stimmen, die dazu aufrufen, fundamentale Paradigmen der aktuellen Gesellschaftsordnung zu hinterfragen und nach den systemischen Wurzeln der bestehenden Herausforderungen zu suchen, anstatt sich auf die Bekämpfung bestehender Symptome zu konzentrieren. So sagte selbst die deutsche Bundeskanzlerin Angela Merkel im Mai 2012: *„Werben Sie dafür, dass die gesellschaftliche Gemeinschaft derer, die sagen, wir müssen etwas grundlegend ändern, größer wird."*

Globale Vernetzung und die erstaunliche Bedeutung menschlicher Einzelschicksale

Parallel zu diesem veränderten Blick auf die Gesamtheit der Welt beobachte ich, wie sich Menschen und Prozesse rund um den Globus immer enger vernetzen. Lieferketten und Informationstechnologien wie soziale Medien oder andere Kommunikationsplattformen bilden mittlerweile ein in seiner Ganzheit quasi nicht mehr nachvollziehbares, weltweites Netzwerk von Menschen und Institutionen. Zu jedem Thema oder Interessensfeld ist es Menschen heute möglich, sich zusammenzufinden und auszutauschen. Einzelschicksale und Erfahrungen von Menschen können dabei stärker als noch vor wenigen Jahrzehnten eine weltweite Sichtbarkeit erhalten und „viral gehen". Die große Sichtbarkeit eines solchen Einzelphänomens kann damit die Wahrnehmung vieler Menschen prägen und eine enorme Wirkmacht erhalten, beispielsweise für Meinungsbildungsprozesse, ungeachtet dessen, ob das Einzelphänomen tatsächlich in irgendeiner Form repräsentativ ist oder nicht.

Immer wieder lässt sich beobachten, wie die Aktionen einzelner Personen eine Reichweite und Sichtbarkeit erhalten, die ungeahnte Wirkung auf gesellschaftliche Diskurse und die öffentliche Meinungsbildung entwickeln. Als prominentes Beispiel dafür kann sicherlich die Geschichte von Greta Thunberg angesehen werden, aber auch die Geschichte des verstorbenen Arztes Li Wenliang, dessen persönliche Erfahrungen als Arzt in einem Krankenhaus in Wuhan sich über die chinesische Social-Media-Plattform WeChat so schnell verbreiteten, dass viele Menschen in Wuhan und andernorts in China Vorbereitungen gegen eine aufkommende Epidemie trafen, lange bevor hierzu irgendwelche staatlichen oder anderweitig öffentlich zugänglichen Informationen verfügbar waren. Immer stärker rücken also Einzelpersonen mit oft „über Nacht" auftretender medialer Reichweite in den Fokus des Interesses und der gesellschaftlichen Meinungsbildung.

Diese globale Vernetzung schafft für Menschen einerseits die Möglichkeit, recht detaillierte Einblicke in die unmittelbare Lebenswirklichkeit von Menschen in oft weit entfernten Erdteilen zu erhalten und sich auszutauschen. Oft bin ich beeindruckt davon, wie intensiv sich Student:innen oder Schüler:innen meiner Lehrveranstaltungen mit den Lebensbedingungen ihrer Altersgenossen aus anderen Erdteilen auseinandersetzen und sich empathisch mit ihnen identifizieren. Andererseits wird gleichzeitig im Zusammenhang mit dieser Entwicklung oft zurecht kritisch angemerkt, dass diese Form der Vernetzung zur Bildung sogenannter Filter-Bubbles oder Echokammern führen kann, in denen Menschen sich vor allem mit Menschen ähnlicher Gesinnung und Hintergründe vernetzen und auf diese Weise ein möglicherweise einseitig verzerrtes Bild der Wirklichkeit erhalten.

In jedem Fall führt die Veränderung der kommunikativen und medialen Landschaft dazu, dass sich Menschen (und damit verbunden auch Ressourcen) selbstständig und unkompliziert untereinander vernetzen können. Den Einzelerfahrungen von Menschen kommt dadurch ein erhöhtes Maß an potenzieller Aufmerksamkeit und damit potenziell auch systemische Wirksamkeit zu. Insbesondere zeigt die Rolle von sogenannten *Influencern* oder *Memes*, dass heutzutage die Geschichten (*stories*) einzelner Menschen, die oft zuvor über keinerlei besondere gesellschaftliche Rolle oder Aufmerksamkeit verfügten, über eine Wirkmacht verfügen, die vor wenigen Jahrzehnten noch nicht denkbar gewesen wäre. Obwohl auch dieses Phänomen längst von geschickten Marketingstrategen vereinnahmt und die Authentizität solcher Stories oder Memes keineswegs automatisch gegeben sein mag, so markiert diese Entwicklung doch eine wichtige systemische Verschiebung in der Art, wie Informationen und Wandlungsprozesse in unserer Gesellschaft und über Ländergrenzen hinweg kommuniziert und wahrgenommen werden.

Überforderung und Orientierungslosigkeit

Eng mit den zuvor beschriebenen Phänomenen verknüpft ist eine Erfahrung von Überforderung und Erschöpfung, verbunden mit einem Gefühl der Orientierungslosigkeit. Menschen unterschiedlichster Hintergründe fühlen sich angesichts der Fülle von verfügbaren Informationen sowie der schieren Dimension und Komplexität der Herausforderungen macht- und hilflos, von ökologisch engagierten Schüler:innen bis hin zu Politiker:innen oder Unternehmensentscheidern. Oft genug erleben Menschen, die sich in bestehenden Strukturen für Nachhaltigkeit engagieren, ihre eigene Wirkungslosigkeit. Trotz vorhandener guter Absichten und Willensbekundungen ist es selbst für scheinbar einflussreiche Personen oft nicht möglich, sich als intentional gestaltend und wirkmächtig zu erleben. Nicht erst seit der Ausbreitung der Covid-19-Pandemie machen Ärzteverbände auf rapide steigende Behandlungen aufgrund psychischer Leiden wie Depressionen oder Burn-out aufmerksam, die oft unter anderem mit Erfahrungen von persönlichem oder strukturellem Kontrollverlust verbunden sind.

Verschärft werden diese Phänomene noch dadurch, dass sie mit zuvor unbekannt hoher Geschwindigkeit ablaufen, die oft schneller ist, als menschliche Lernprozesse Schritt halten können, und damit insbesondere schneller als die Verarbeitungs- oder Reaktionszeiten menschlicher und gesellschaftlicher Institutionen. Ganze Organisationen (Unternehmen, Ministerien etc.) erleben Überforderungsphänomene angesichts der notwendigen Anpassungsfähigkeit an immer schnellere Veränderungen. In einer als VUCA (volatil, ungewiss, komplex, mehrdeutig) beschriebenen Wirklichkeit stoßen viele etablierte Management- und Organisationsstrukturen an ihre Grenzen. Dies bezieht sich nicht zuletzt auf die Überforderung mit Vielfalt. In der Vielfalt von Perspektiven und Informationen ist es oft immer schwieriger einzuschätzen, welche Informationen verlässlich und handlungsleitend sein können und welche nicht. Die Erkenntnis über die

Dringlichkeit der Herausforderungen scheint allerseits vorhanden. Zugleich fällt es den handelnden Akteuren (Menschen und Organisationen) oft schwer, ihre Anliegen mit ihrem Handeln in Einklang zu bringen. Sie erleben sich als eingebettet in Strukturen und Kontexte, die sie in einem nichtstimmigen Verhaltensmuster festhalten und die sie gleichzeitig nicht oder nur sehr bedingt beeinflussen können.

Diese Erfahrung sogenannter kognitiver Dissonanz kann ganz unterschiedliche Auswirkungen haben. Sie kann Menschen zu radikalen Veränderungen ihrer Lebenssituation (Jobwechsel, Lebensstilveränderungen, Auswandern etc.) treiben oder auch zu Verdrängungsmechanismen oder auch apathischer Akzeptanz führen. Für handelnde Personen (wie mich selbst), die in einem systemischen Kontext leben, der offenkundig die eigenen Lebensgrundlagen und die Lebensbedingungen vieler anderer Menschen und Lebewesen auf der Erde beschädigt, ist es schwierig und eben auch oft überfordernd, zu erkennen, dass sie Teil dieser Dynamik sind und zugleich mit all ihrem erlernten Wissen möglicherweise nur sehr begrenzt handlungsfähig sind.

Von Elementarteilchenphysik zu Komplexitätstheorie – Beziehung als Basis der Wirklichkeit

Weltbilder für den Blauen Planeten beruhen heute auf fundamental anderen Annahmen über die Natur der Welt als noch vor 200 Jahren, sowohl in Hinblick auf die mikroskopische als auch die makroskopische Welt. Obwohl viele dieser Entwicklungen bereits weithin diskutiert sind, halte ich es für wichtig, einige wichtige davon an dieser Stelle kurz zu erwähnen.

Mit der Entdeckung der Quantentheorie wurde deutlich, dass die zuvor in Europa etablierte deterministische Vorstellung einer „Weltmaschine" bzw. die Idee einer aus Kugeln (Teilchen) aufgebauten Welt nicht tragfähig war. Die kleinsten und elementarsten Phänomene der Natur verhalten sich unserer aktuellen Kenntnis nach probabilistisch, also nach Wahrscheinlichkeiten, und weisen sowohl Merkmale von Teilchen als auch von Wellen auf. Darüber hinaus lässt sich bei ihnen das Phänomen der sogenannten Verschränkung beobachten; das bedeutet, dass oft räumlich weit voneinander getrennte Phänomene (beispielsweise der Drehimpuls zweier Elektronen) ohne ersichtliche Wechselwirkung miteinander gekoppelt sind. Zentrale Erkenntnisse der Elementarteilchenphysik und Stringtheorie weisen heute darauf hin, dass Materie nicht aus Materie aufgebaut ist, sondern vielmehr *Beziehung* (oder auch: *Schwingung*) als Basis im Aufbau der Wirklichkeit angesehen werden muss.[2]

Ähnlich, wenn auch aus anderen wissenschaftlichen Hintergründen, verhält es sich mit unserem Verständnis der makroskopischen Welt. Selbst nach der Etablierung der Quantenphysik dominierte noch lange Zeit die Vorstellung, dass sich die makroskopische Welt weiterhin mit newtonscher Mechanik beschreiben ließe und damit letztlich deterministischen Gesetzmäßigkeiten folge. Heute besteht wissenschaftlich weitgehend Konsens darüber, dass die makroskopischen Phänomene, wie sie für das Verständnis der Erde als Gesamtsystem notwendig sind, derzeit mit der Sprache der komplexen adaptiven Systeme am besten beschrieben werden können. Zuvor etablierte mechanistische Vorstellungen über die menschliche und stoffliche Welt werden abgelöst durch neue Beschreibungsmodelle, die sich bemühen, der komplexen, selbstorganisierten Natur wie auch der makroskopischen Wirklichkeit im Mensch-Erde-System mit neuen Beschreibungsmethoden Rechnung zu tragen. Aus verschiedenen Wissenstraditionen kommend wird diese Entwicklung auch als *relationales Paradigma* bezeichnet.

Ohne den Anspruch zu verfolgen, alle wesentlichen Aussagen der relevanten Forschungsdisziplinen hier zusammenzufassen, gibt es doch einige Erkenntnisse systemischen Denkens, die aus meiner Sicht als Basis für heutige Weltbilder von zentraler Bedeutung sind. Eine detailliertere Darstellung meiner Gedanken dazu ist an anderer Stelle zu finden.[3]

System und Betrachter lassen sich nicht trennen

Weltbilder können heute keine absoluten Aussagen mehr über eine völlig objektive Wirklichkeit treffen. Vielmehr sind Aussagen über Systeme stets auch ein Spiegel über die Perspektive derjenigen, die die Aussagen treffen. Wenn ich als Mensch ein Weltbild formuliere, so tue ich das stets als subjektiver Beteiligter des Systems, über das ich mich äußere. Gleiches gilt für Handelnde innerhalb von Sys-

---

2 Hierzu möchte ich auf die Bücher von Hans Peter Duerr und Brian Greene verweisen.
3 Bruhn, T., Böhme, J.: Mehr sein, weniger brauchen: was Nachhaltigkeit mit unseren Beziehungen zu tun hat, Julius Beltz Verlag, 2021.

temen. Sie sind niemals objektiv Handelnde innerhalb einer identischen Realität, sondern sie sind eingebettet Handelnde in ihrem jeweiligen systemischen Kontext. Aussagen, die Beteiligte aus der eigenen eingebetteten Rolle formulieren, müssen daher dahingehend geprüft werden, ob und wie sie für andere Kontexte Gültigkeit besitzen.

Systeme lassen sich nicht kontrollieren, sondern entwickeln sich entlang von Emergenz und Selbstorganisation

Komplexe Systeme sind geprägt von nichtlinearen Dynamiken mit vielfach gekoppelten Wahrscheinlichkeiten, sodass sich klare Kausalitäten zwischen Einzelphänomenen nicht mehr nachvollziehen lassen. Vielmehr vollziehen sich selbstorganisierte Prozesse komplexer Wechselwirkungen, aus denen sich sogenannte emergente Phänomene ergeben, von denen nicht mehr nachvollzogen werden kann, welche(r) Auslöser sie hervorgerufen haben. Diese emergenten Phänomene stellen (zumindest temporär) einen energetisch günstigen Zustand für das Gesamtsystem dar. Nach den bisherigen Kenntnissen über Systemdynamiken lassen sich solche Phänomene jedoch nach menschlichen Maßstäben nicht gezielt oder planvoll hervorrufen, sodass komplexe Systeme insgesamt nicht gesteuert oder kontrolliert werden können.

Transformation von Systemen geschieht durch Wandel von Beziehungsmustern

Veränderungsprozesse in komplexen Systemen vollziehen sich also nicht entlang klassisch nachvollziehbarer Kausalzusammenhänge oder Wirkungsgefüge. Vielmehr ist es so, dass Selbstorganisationsprozesse Systeme in Zustände lenken, die für das System insgesamt energetisch günstig sind. Diese energetisch günstigen Zustände ergeben sich aus den Beziehungsmustern, die innerhalb des Systems herrschen. Fundamentale Veränderungs- und Transformationsprozesse von Systemen entstehen also dadurch, dass sich innerhalb des Systems etwas grundlegend an diesen Beziehungsmustern ändert und als Folge davon andere makroskopische Zustände für das System energetisch günstig werden.

In diesen Entwicklungen drückt sich ein fundamentaler Wandel aus. Anders als zu der Zeit, in der viele der aktuellen gesellschaftlichen Regeln und Strukturen entwickelt wurden, begreifen wir heute die Wirklichkeit als ein lebendiges Geflecht aus (dynamischen, nichtdeterministischen) *Beziehungen* und nicht mehr als eine maschinelle Verschaltung von getrennten Einheiten (Teilchen).

Diese vier (ganz sicher nicht erschöpfenden) Wahrnehmungen – 1) Verlust etablierter Stabilitäten im Anthropozän, 2) Sichtbarkeit und Vernetzung von Einzelgeschichten, 3) Überforderung und Orientierungslosigkeit und 4) veränderte erkenntnistheoretische Grundlagen – möchte ich zur Grundlage nehmen, um zu reflektieren, wie ich die aktuellen Entwicklungen deute und welchen tieferen Sinn ich in ihnen sehe. Im Anschluss daran werde ich beschreiben, welche Muster aus meiner Sicht ein zeitgemäßes Weltbild für den Blauen Planeten ausmachen.

Lebendigkeit als Emergenz im „Dazwischen"
Meine Interpretation und mein Sinnempfinden der aktuellen Wirklichkeit

Angesichts dieser (und weiterer) Phänomene zeichnet sich mir ein Bild der Wirklichkeit, das ich einerseits als sehr widersprüchlich und gleichzeitig als stimmig erlebe. Auf der einen Seite erlebe ich das Kollabieren etablierter Strukturen, Gewohnheiten und Sicherheiten. Auf der anderen Seite – zeitgleich – erfahre ich das Emporkommen neuer vernetzter Phänomene (Denkweisen und soziale Praktiken), in denen sich für mich bereits ein neues, verändertes Paradigma ausdrückt und die mir Mut und Hoffnung machen für die Zukunft.

Transformation als Gewirr zwischen Festhalten am Alten und mutigen Pionieren

Ich habe beschrieben, wie das Anthropozän eine Zeitenwende markiert. Es führt uns Menschen vor Augen, dass das Beziehungsparadigma vergangener Jahrhunderte und vielleicht Jahrtausende die eigenen zivilisatorischen Lebensgrundlagen zerstört und nicht tauglich ist, um auf die veränderten Anforderungen unserer Zeit tragfähige Antworten zu geben. Einerseits gibt es nun Menschen und Akteure, die daran festhalten, mit den etablierten Strukturen auch weiterhin Lösungen zu finden. Andererseits sind erhebliche Entwicklungen zu beobachten, in denen Menschen und Akteure grundsätzlich neue Wege gehen. Staaten experimentieren mit bedingungslosem Grundeinkommen. Unternehmen schaffen kleine organisierte Untereinheiten, die nach eigenen *agilen* Prinzipien arbeiten. Start-ups und zivilgesellschaftliche Organisationen arbeiten immer häufiger kokreativ und auf der Basis persönlicher Potenzialentfaltung, und immer mehr junge Arbeitssuchende entscheiden sich für einen Arbeitsweg mit weniger Gehalt und dafür mehr flexibler Arbeitszeit und Lebensqualität oder legen Wert auf die ethische Orientierung ihres Unternehmens. Selbstversorgung, solidarische Landwirtschaft und Energiegenossenschaften sind keine Nischenphänomene mehr. Yoga und Meditationskurse erleben einen regelrechten Boom und junge Familien gründen auch im urbanen Kontext neue gemeinschaftliche Lebenskonzepte, um der Anonymität der Großstädte entgegenzuwirken.

Ich bin fasziniert davon, wie diese scheinbar widersprüchlichen Tendenzen gleichzeitig existieren können. Einerseits kann ich die Gleichzeitigkeit dieser Tendenzen als Auseinanderdriften oder Spaltung unserer Gesellschaft deuten. Vielfach wird der Zerfall von Gemeinschaften in Echokammern beschrieben, und materieller Wohlstand ist immer ungleicher verteilt, sowohl global als auch innerhalb einzelner Länder. Andererseits frage ich mich, ob dieser Eindruck nicht auf andere Weise einer Verzerrung unterliegt. Denn gleichzeitig organisieren sich immer mehr Menschen ihre soziale Absicherung außerhalb etablierter Strukturen. Minimalistische Lebensstile erfreuen sich wachsender Beliebtheit und viele Dienstleistungen geschehen nach wie vor, ohne monetär erfasst zu werden. Je nachdem, woher ich meine Informationen beziehe, erhalte ich sehr unterschiedliche Bilder der Wirklichkeit. Ist es nicht möglich, dass einfach über beide Phänomene – das Zusammenwachsen und die Spaltung – insgesamt mehr berichtet wird und einfach beide gleichzeitig voranschreiten?

Die Gleichzeitigkeit der Widersprüche halten

Zunehmend scheint es mir ermüdend und unnötig, darüber zu streiten, welches dieser Bilder „richtiger" oder „das wahre Bild" ist. Über manche beobachtbare Zahlen und Fakten mag man sich in einem solchen Fall einig werden. Über die eigentlich wesentlichen Deutungszusammenhänge allerdings ist ein gemeinsames Bild praktisch nie zu erzielen. Die zentrale Feststellung scheint mir zu sein, dass diese verschiedenen „Wahrheiten" zeitgleich nebeneinander existieren. Und so geht es mir in fast allen Bereichen dieses Lebens. Einige Kollegen setzen sich aus guten Gründen für den Ausbau von Windenergie ein. Andere setzen sich aus völlig anderen, aber ebenso nachvollziehbaren Gründen für die Förderung von Wasserstoff als Energieträger ein. Wieder andere halten den Ausstieg aus der Atomenergie für verantwortungslos und plädieren für eine Fortführung der Kernenergie in Deutschland. Ich könnte endlos so fortfahren. Zu keinem dieser Themen werde ich jemals alle Argumente und Abwägungen so tief durchdrungen haben wie die jeweiligen Kollegen, und so ist es für mich auch nicht möglich, über eine „richtige" oder „falsche" Meinung zu befinden.

Solange ich lebe, wird es Menschen geben, die beispielsweise gute Erfahrungen damit gemacht haben, ihre Krebserkrankung allein durch positives Denken zu heilen, während andere dankbar sind, ihre Erkrankung mit einer Chemotherapie bekämpfen zu können. Natürlich ließen sich statistische Untersuchungen darüber anstellen, welcher Verlauf wie häufig auftritt. Aber selbst das hätte für den Einzelfall nur begrenzte Aussagekraft. Vor allem aber wäre es wieder ein Versuch, eine Antwort dafür zu finden, welches hier der „richtige" oder der „falsche" Weg wäre. Warum aber, so frage ich mich, besteht überhaupt die Notwendigkeit, einen „richtigen" oder „falschen" Weg zu bestimmen? Was spräche dagegen, einen Menschen denjenigen Pfad wählen zu lassen, den er oder sie auf der Basis des jeweils zur Verfügung stehenden Erkennens einschlagen möchte?

Als Teilnehmendem erscheint es mir oft vorrangig als meine Aufgabe, nicht in eine Haltung des Entweder-oder zu verfallen, also die Ambiguität und Widersprüchlichkeit der Wirklichkeit nicht mit Macht in die eine oder andere Richtung auflösen zu wollen, sondern sie mit aller mir zur Verfügung stehenden Liebe anzunehmen und zu halten. Dabei meine ich bewusst nicht ein *Aushalten*, das eine gewisse Form inneren Widerstands beinhaltet, sondern *Halten* im Sinne eines bejahenden, beinahe mütterlich-liebevollen Haltens, wie es beispielsweise der Psychoanalytiker Wilfried Bion für sein Verständnis von *Containment* aufgriff.[4] Eine solche Atmosphäre des Gehaltenseins könnte in meinen Augen die Basis und Bedingungen dafür schaffen, dass Menschen und Prozesse sich neu orientieren und gesunden können. Dahinter steht für mich die Überzeugung, dass es jedem Menschen freisteht, in dieser Wirklichkeit den Lebensweg zu wählen, der ihm oder ihr stimmig erscheint und möglich ist. Ich teile die Einschät-

---

4   Bion, W.R.: Container and contained. Group relations reader, 1985. 2(8), S. 127-133.

zung von Rutger Bregman, dass es genügend Anlass gibt, davon auszugehen, dass Menschen im Grunde ihres Wesens gut sind.[5] Auch in China wachsen Kinder seit Jahrhunderten mit dem traditionellen San Zi Jing auf, das mit den Worten beginnt: „Von Geburt an sind alle Menschen guten Herzens".[6]

Natürlich kenne ich die Sorge (und auch die eigene Erfahrung), dass ein *naiver* Glaube an das Gute im Menschen dazu führen kann, ausgenutzt zu werden, oder dass sich andere Menschen auf meine Kosten Vorteile verschaffen. Auf der anderen Seite erlebe ich, wie häufig Menschen (inklusive mir selbst) einander mit einer misstrauischen Distanz begegnen und es absurd lange dauert, ehe sie feststellen, dass sie einander eigentlich nichts Böses wollen und vielleicht sogar ganz ähnliche Anliegen und Werte verfolgen. Aus meiner Sicht besteht keinerlei vernünftige Alternative dazu, als von der intrinsischen Gutwilligkeit der Menschen generell auszugehen. Lange Zeit hielt ich mich in dieser Annahme für naiv oder weltfremd. Vor einigen Jahren sprach ich mit einem der international anerkanntesten Klimaforscher über diese Zweifel und er sagte sinngemäß zu mir: „Wenn die Menschen ihrem Wesen nach nicht gut sind, dann werden ohnehin alle unsere Bemühungen zwecklos sein." Dieser Einschätzung schließe ich mich uneingeschränkt an. Daher lautet für mich die zentrale Frage: Wie lassen sich Bedingungen schaffen, die diese intrinsische Güte von Menschen fördern können? Denn trotz dieser inhärenten Güte der Menschen bleibt es natürlich bittere Realität, dass Menschen einander in vielfältiger Form Leid zugefügt haben und immer noch zufügen.

Das Anthropozän als globalisierter Spiegel grundlegender Konflikte des Lebendigen

Das Anthropozän spült viele globale Konflikte an die Oberfläche: Es wird sichtbar, wie sehr der Wohlstand mancher Regionen oder mancher sozialer Schichten zulasten der Gesamtbalance des globalen sozialökologischen Systems geht. Es wird sichtbar, welche langfristigen Folgen es hat, wenn die Menschheit Partikularinteressen stär-

---

5   Vgl. Bregman, R.: Im Grunde gut: eine neue Geschichte der Menschheit, Rowohlt Verlag GmbH, 2020.
6   Der komplette Vers des San Zi Jing (三字经) aus dem 13. Jh. lautet: 人之初 (rén zhī chū) 性本善 (xìng běn shàn) 性相近 (xìng xiāng jìn) 习相遠 (xí xiāng yuǎn) - Von Geburt an sind Menschen guten Herzens. Ihre Naturen sind ähnlich, ihre Gewohnheiten machen sie verschieden.

ker priorisiert als das Gemeinwohl. Diese Erkenntnisse sind beileibe nicht neu. Im Laufe der Jahrtausende haben zahlreiche menschliche Gemeinschaften ähnliche Konflikte erlebt, ausgetragen und diese mal besser und mal schlechter bewältigt. Wir kennen Überlieferungen von Kulturen, die untergegangen sind (zum Beispiel Osterinseln, Inka), und anderen, die in andere Kulturen aufgegangen sind (zum Beispiel Rom), oder andere, die seit langer Zeit durchgängig bestehen und mal stärker und mal weniger stark florieren (zum Beispiel China). Der Umgang mit Erfahrungen existenzieller Bedrohungen scheint mir ein zeitloses Grundmerkmal menschlicher Gemeinschaften zu sein. Vielleicht verbirgt sich in dieser scheinbar trivialen Erkenntnis einfach nur ein Stück von der Natur des Lebendigen an sich. So wie der Mensch beim Gehen (und selbst beim Stehen) nie wirklich ruht oder fest steht, sondern stets eher „kontrolliert fällt", so liegt es vielleicht im Wesen des Lebens, entlang eines metastabilen Zustandes zu „tanzen" und auf dieser Lernreise stets neue Formen hervorzubringen, mit dieser existenziellen Unsicherheit umzugehen und sich doch stets dabei fortzubewegen.

Im Anthropozän nun, so scheint es mir, erlebt die Menschheit eine solche Situation zum ersten Mal als *globalisierte Zivilisation*. Der Referenzrahmen für unsere Herausforderungen hat sich verändert. Heute erlebe ich das Ringen der Menschheit um ihre Existenz auf der Bühne der gesamten Erde. Es geht nicht mehr um die Stabilität eines Stadtstaates oder einer Region. Die Erde als Gesamtsystem – bzw. noch klarer: das gekoppelte Mensch-Erde-System insgesamt – ist der Referenzrahmen, in dem sich die menschliche Suche vollzieht. Ihrem Wesen nach ist diese Suche in meinen Augen überhaupt nicht neu. Wie schon zu so vielen Zeiten zuvor geht es für die Menschen darum, eine Balance zu finden zwischen eigenem Gedeihen und Bewahren der Lebensgrundlagen. Und wie schon vielfach zuvor stehen dafür lieb gewonnene Gewohnheiten und Wohlstandsvorstellungen zur Disposition. Erschienen die *Grenzen des Wachstums* vielen Menschen vor knapp 50 Jahren noch recht abstrakt, so entwickeln Wissenschaftler heute ein immer klareres Verständnis der natürlichen Rahmenbedingungen des Erdsystems, innerhalb derer ein sicheres Leben für die Menschheit möglich ist. Wuchsen viele Menschen im westlichen Kulturkreis vor wenigen Jahrzehnten noch mit der unreflektierten oder unbewussten Vorstellung eines grenzenlosen Wachstums auf, so erlebe ich heute in allen Bereichen des Lebens eine immer deutlichere

Sensibilität für die Achtung von Grenzen vor anderen Menschen, Tieren, nichtmenschlichem Leben und ganzen Ökosystemen. Wachstum ins Grenzenlose hinein ist eine Vorstellung, die heute nicht mehr tragfähig ist. Vielmehr geht es um das Ausloten einer neuen *qualitativen* Freiheit in Verbindung mit allem übrigen Leben.

Der Paradigmenwechsel, der damit einhergeht, erscheint mir enorm. Viele Werkzeuge, mit denen Menschen in früheren Zeiten erfolgreich Probleme gelöst haben, erweisen sich heute als nicht mehr wirksam. Dadurch werden diese alten Werkzeuge nicht „schlecht". Auch nach der Entdeckung der Quantenmechanik und der Relativitätstheorie gab es noch genug Phänomene, die mithilfe klassischer Mechanik befriedigend gelöst werden konnten. Die Flugbahn eines Satelliten ließe sich mit ihnen jedoch trotzdem nicht berechnen. Ähnlich erscheint es mir heute auf globalem Maßstab. Ein bestimmtes Paradigma des Menschseins hat sich mit atemberaubendem Erfolg über den Erdball verbreitet. Es hat, wie jedes Paradigma, einige Annehmlichkeiten bereitet und einigen Schaden angerichtet, bei Menschen ebenso wie bei nichtmenschlichem Leben. Die Befunde über unsere Zeit sind in meinen Augen eindeutig: Dieses Paradigma stößt an sein Ende. Und daran ist nichts Schlimmes. Paradigmen, Geisteshaltungen, Wertekonzepte, Staatsvorstellungen, alle möglichen geistigen Konzepte der Menschen sind gekommen und wurden irgendwann wieder von anderen abgelöst. Als Physiker lernte ich früh die Haltung zu schätzen, dass eine Theorie so lange gültig ist, bis jemand kommt, der etwas beobachtet, was sich mit dieser Theorie nicht erklären lässt. Und dann gibt es eine neue Theorie, ein neues geistiges Konzept, ein neues Paradigma. Die Geschichte wird fortgeschrieben. Nichts anderes geschieht derzeit.

Umgang mit existenzieller Unsicherheit als zentrale Herausforderung

Die große Frage ist, wie die Menschen in all ihrer Unterschiedlichkeit diesen sich nun mit Vehemenz ankündigenden Wandel durchlaufen werden. Vielleicht liegt es an meinen deutschen Wurzeln: Ich spüre in mir eine große Wertschätzung für die Bewahrung des Alten, in dem Verteidigen von Strukturen und Vorstellungen, die als gut befunden wurden. Irgendwo tief in mir gibt es vielleicht doch die Vorstellung, dass es etwas geben muss, das stets stabil bleibt. Und letztlich traf das für die letzten 10.000 Jahre auch zu. Das Erdsystem war im gesamten Holozän überall auf der Welt in weiterem Sinne stabil. Es gab verlässliche Jahreszeiten, an die wir uns anpassen konnten. Der Meeresspiegel blieb konstant und wir konnten über Jahrtausende hinweg Küstenstädte etablieren. Zwar gab es einige zwischenzeitlichen Turbulenzen – Vulkanausbrüche, Tsunamis, Erdbeben und Ähnliches –, die für heftige Erschütterungen sorgten wie Ernteausfälle oder die Zerstörung ganzer Landstriche. Auf gesamtsystemischer Ebene jedoch war die Erde stabil.

All dies steht nun zur Disposition. Die Veränderungen, die für die nächsten Jahrzehnte und Jahrhunderte zu erwarten sind, stellen alles in den Schatten, was die Menschheit auf globalem Maßstab zu meistern hatte. Nicht alle Menschen werden gleichermaßen betroffen sein. Viele derzeit lebenden Menschen werden manches aus Altersgründen vermutlich nicht mehr erleben. Aber als globale Zivilisation wird die Menschheit diesen Prozess durchlaufen. Und vielleicht besteht darin bereits der große Schritt, den ich im Anthropozän erkenne: Die Bezugsgröße für mich als Einzelmenschen verändert sich. Im Anthropozän komme ich an der Tatsache nicht mehr vorbei, dass ich Bestandteil nicht nur meines Familiensystems, meines Dorfes oder vielleicht noch meiner Region bin. Im Anthropozän bin ich Bestandteil des gesamten Mensch-Erde-Systems. Und mit dieser systemischen Verflechtung gilt es nun für die Zukunft zu navigieren, mit „Werkzeugen", geistigen wie praktischen, die für diese neue Wirklichkeit geeignet sind.

Natürlich ist diese Veränderung „unbequem". Veränderung ist ein Stück weit vielleicht immer unbequem. Und gleichzeitig liegt der bisherige Erfolg der Spezies Mensch in seiner enormen Anpassungsfähigkeit begründet: Kein anderes Lebewesen kann unter so unterschiedlichen Umweltbedingungen gedeihen wie der Mensch, von der Wüste bis zum ewigen Eis. Wir kommen mit einem weitgehend „unfertigen" Gehirn auf die Welt und sind darauf optimiert, uns zeitlebens an sich verändernde Bedingungen anzupassen. Nun also steht eine neue Stufe der Anpassung bevor. Es mag manche Kulturkreise geben, die dafür mental und soziokulturell besser gerüstet sind als andere, und es mag andere geben, die technisch über mehr Möglichkeiten verfügen, zu dieser neuen Anpassung beizutragen. Es mag soziale Schichten und Regionen geben, die mehr werden beitragen können als andere, und andere, die sich gegen die anstehenden Veränderungen erbittert wehren werden.

Während der Corona-Pandemie ließ sich nach meinem Empfinden bislang eindrucksvoll beobachten, wie unterschiedlich verschiedene Regionen und Systeme mit ein und derselben Bedrohung umgingen. Noch ist es zu früh einzuschätzen, welche Vorgehensweisen welche Vorteile oder Nachteile mit sich brachten. Deutlich wurde jedoch, dass verschiedene Kulturen ihre Strategien an unterschiedlichen Werten oder Prioritäten ausrichten. Ähnlich halte ich es auch für den Umgang der Menschheit mit den Herausforderungen des Anthropozäns für wahrscheinlich. Es gibt jene, die schnell zur Anpassung übergehen, und jene, deren Strukturen so stark sind, dass sie lange „durchhalten", ohne allzu starke Maßnahmen zu ergreifen, und noch vieles mehr.

Das Alte und Neue als omnipräsentes Spannungsfeld

Gegenwärtig erlebe ich diesen Wandel quer durch alle Schichten und Regionen. Manchmal kommt es mir vor, als könne ich innerhalb eines einzigen Meetings gewissermaßen zuschauen, wie alte, etablierte Strukturen (innerlich und äußerlich) bröckeln, während zeitgleich bereits ein neues Paradigma an allen Ecken und Enden durch die Nischen schaut. Einige Menschen und Strukturen kommunizieren immer noch so, als lebten sie in einer „komplizierten Maschine". Sie legen Wert auf hierarchische Abstimmungsprozesse und gebündelte Entscheidungskompetenz, und sie bemühen sich um Kontrolle, wo immer sie können. In meinen Augen ist das verständlich, denn genau in diesem Paradigma sind sie entstanden oder geboren; damit sind sie vertraut, und es hat sich für sie jahrzehntelang bewährt. Parallel dazu sitzen in dem gleichen Meeting bereits Menschen (auch quer durch die Generationen), die nach einem anderen Paradigma agieren. Sie ignorieren feste Regeln und Hierarchien, sie suchen Klarheit über Kompetenzen und Rollen, um sich mit diversen *tools* zu einer konkreten Aufgabe zu vernetzen, und gehen danach auch wieder auseinander. Sie arbeiten mobil und selbstorganisiert, praktizieren vielleicht gewaltfreie Kommunikation und halten ihre Meetings im Café oder auf einem Spaziergang ab. Und sie glauben nicht daran, dass sie eines Tages eine Rente bekommen werden.

Ich kann nicht verhehlen, dass ich ein liebevolles Staunen darüber empfinde, was sich in dieser aktuellen Zeit vollzieht. Vermutlich haben die Älteren (zu denen ich mich selbst eigentlich noch nicht zählen würde) schon immer mit leichtem Kopfschütteln über die neuen

Gebräuche der nachfolgenden Generation(en) geschmunzelt. Heute, so scheint mir, durchzieht dieser Wandel den gesamten Erdball. Das neue Paradigma einer komplexen, vernetzten Mensch-Erde hat keinen klaren Ursprung. Es speist sich aus unzähligen Quellen überall auf der Welt, und es hat noch nicht einmal eine gemeinsame Bezeichnung. Und ganz gleich, wie die Menschheit eines Tages auf diese Zeit zurückschauen wird, es erscheint mir ganz klar, dass es die Rückschau auf einen *globalen* Prozess sein wird.

Zum vermutlich ersten Mal in der Geschichte der Menschheit vollzieht sich ein solcher Paradigmenwechsel und Anpassungsprozess auf globalem Maßstab gleichzeitig. Der Transformationsprozess, den ich beobachte, ist kein räumlich beschränktes Phänomen. Aufgrund der Vernetzung von Menschen und Information rund um den Globus entsteht und vollzieht sich dieser Wandel nicht nur in ausgewählten Zirkeln, wie beispielsweise den Büros der Vereinten Nationen oder den privaten Treffen einiger gut vernetzter Kosmopoliten. Es erscheint mir ein Wandel quer durch alle Regionen, Kulturkreise und sozialen Schichten zu sein, je nach Betroffenheit und Möglichkeiten natürlich mit unterschiedlicher Tiefe und unterschiedlichem Engagement.

Auf dem Weg zu einem globalen Bewusstsein?

Ich frage mich, ob wir derzeit etwas erleben, was die Menschheit im Nachhinein als das Entstehen eines „globalen Bewusstseins" beschreiben wird. Bewusstsein wird von vielen Autoren letztlich als nichts anderes als ein emergentes Phänomen des Lebens begriffen, das durch eine bestimmte Vernetzungsdichte von Nervenzellen entsteht. Bisher wird Bewusstsein dabei oft als etwas verstanden, das im individuellen Geist entsteht durch Vernetzung innerhalb eines Körpers. Was wäre, wenn die aktuelle globale Vernetzung sowohl von Menschen untereinander als auch von Mensch und Erde nichts anderes markiert als die Entsprechung eines solchen Bewusstwerdungsprozesses auf kollektiver, globaler Ebene? Die Ausrufung des Anthropozäns wäre dann vielleicht der Moment, in dem der *sich globalisierende* „Superorganismus Menschheit" (oder gar im übertragenen Sinne das gesamte Mensch-Erde-System) „in den Spiegel schaut" und ausruft: „Wir sind eins!" oder auch: „Ich bin Mensch-Erde!" Je länger ich diese Vorstellung in mir trage, desto stimmiger erscheint sie mir. Es ist nicht lange her, dass einzelne Menschen erstmals aus dem All auf die Erde schauen konnten und berührt vom sogenannten „Overview-Effekt" sinngemäß mit der Erfahrung zurückkamen: *Ich bin Teil dieser lebendigen Erde und die Erde ist eins.*

Es fasziniert mich, diesen globalen Bewusstwerdungsprozess an vielen Stellen gleichzeitig in unterschiedlicher Färbung und Ausprägung zu erleben und zu beobachten. Es erscheint mir essenziell, dass diese Bewusstwerdung eben glücklicherweise nicht das Phänomen einer kleinen Elite ist, sondern immer mehr ein fast selbstverständliches Erkennen von Menschen rund um den Globus. Auch als Einzelwesen lernen wir im Laufe des Lebens (mehr oder weniger), uns selbst zu erkennen, und aus diesem Erkennen können wir die Fähigkeit entwickeln, liebevoll und verantwortlich für uns Sorge zu tragen. Die globalisierte Menschheit im Superorganismus Mensch-Erde-System befindet sich nach meinem Eindruck dabei, in eine Entsprechung dieser Art von Selbsterkenntnis hineinzuwachsen. Und es erscheint mir nur konsequent, dass viele maßgebliche Menschen und Akteure längst nicht mehr nur von Nachhaltigkeit (*sustainability*) sprechen, sondern erkennen, dass das Ziel viel grundlegender ist. Es geht nicht nur darum, die aktuellen Bedingungen zu erhalten (*sustain*). Es geht um ein gesundes Mensch-Erde-System, es geht um *Planetary Health*, wie Richard Horton und Ko-Autoren es bezeichnen. Und vielleicht schauen Menschen dann in 500 Jahren zurück auf diese schwierige und schmerzvolle Zeit, so wie viele alte Menschen auf ihre Pubertät oder andere Entwicklungsschritte in ihrem Leben zurückschauen. „Ich dachte, ich wüsste, wer ich bin und wie die Welt ist", sagen sie dann vielleicht. „Aber erst nach der ersten großen Krise merkte ich, wer ich wirklich bin und wie ich wirklich leben möchte." Vermutlich werde ich nicht lange genug leben, um alle Ausprägungen dieses Wandels mitzuerleben. Aber es erscheint mir vollkommen klar, dass genau ein solcher grundlegender Wandel im Selbstverständnis der Menschen und des gesamten Mensch-Erde-Systems im Gange ist.

Meine sich verändernde Beziehung in Zeit und Raum

Aus einer systemischen, relationalen Perspektive erlebe ich grundlegende Implikationen dahingehend, wie ich Zeit und Raum erkenne und mit ihnen umgehe. Ich bin mit einem linearen Verständnis von Zeit aufgewachsen, in dem die Vergangenheit hinter mir liegt und die Zukunft vor mir. Beide erstrecken sich gewissermaßen als unendliche

Strahlen von mir weg, während das Jetzt zum unendlich kleinen Punkt dazwischen schrumpft. Aus dem Bewusstsein über die Vergangenheit erlebte ich oft Gefühle von Schuld (deutsche Nazi-Vergangenheit oder europäische Kolonialgeschichte) oder Stolz (vor mir erbrachte Kulturleistungen etc.). Damit verbunden zugleich eine Prägung dessen, wie das Jetzt verstanden und interpretiert werden kann. Die Zukunft erlebte ich als Projektionsfläche entweder von Sorge (drohende Risiken etc.) oder Hoffnung (erwartete positive Ereignisse), in jedem Fall aber als Gegenstand von Planung und gezielter Vorsorge, was ich wie eine vorgreifende Verengung erlebe, entweder in die eine oder auch die andere Richtung. Ähnlich erlebe ich den Diskurs über Nachhaltigkeit. Es gibt berechtigterweise starke Diskussionen über historische Verantwortlichkeiten insbesondere der Industrienationen. Ebenso wird intensiv darüber diskutiert, welche Akteure angesichts bestimmter Erwartungen und Szenarien für die Zukunft besonders betroffen sein werden von Auswirkungen beispielsweise der globalen Erwärmung und wie vor diesem Hintergrund international Ressourcen verteilt werden sollten.

Diese beiden Aspekte von Zeit – Vergangenheit und Zukunft – mögen hilfreich sein, um eine ganze Reihe von Überlegungen und meinen Umgang mit der Welt zu informieren. Gleichzeitig ist es eine triviale Erkenntnis, dass Veränderung und Gestaltung stets ausschließlich durch die gegenwärtige Tat geschehen. In vielen Kontexten erlebe ich lebhafte Diskussion darüber, warum Dinge sind, wie sie sind, oder was getan werden müsste, um sie zu ändern. Die notwendigen Kenntnisse über die wichtigsten zukünftig zu erwartenden Entwicklungen zu allen Nachhaltigkeitsthemen scheinen mir ausreichend vorhanden. Nicht umsonst trug die Klimakonferenz der Vereinten Nationen 2019 in Madrid den Titel „tiempo de actuar", also „Zeit zu handeln". Die historische Schuld ist bekannt, auch wenn sie sicherlich noch nicht von allen relevanten Akteuren angemessen eingestanden und verziehen ist. Die zu erwartenden Trends sind klar und die aktuelle Verteilung von Ressourcen und Interessen ist es ebenfalls. Gleichzeitig haben wir festgestellt, dass Dynamiken in komplexen Systemen sich nicht planen oder koordiniert steuern lassen, sondern emergente Phänomene als Folge eines Wandels in der systemimmanenten Beziehungskultur sind.

In ähnlicher Weise verändert sich auch unser Verständnis von Raum. Aufgewachsen bin ich mit Vorstellungen, nach denen Raum vor allem durch Eingrenzung entsteht, also zum Beispiel der Raum eines Zimmers, der durch Boden, Wände und Decke definiert wird. Eine solchen Vorstellung fördert in meinen Augen ein Gefühl geistiger Enge und Begrenzung. Historisch gesehen mag ein solches Verständnis nachvollziehbar sein. Gleichzeitig erscheint es mir mehr denn je offenkundig, dass ein solches auf Knappheit beruhendes Verständnis die geistige Verfassung von Menschen in einer Weise prägt, die eher Konkurrenz und Übergriffigkeit fördert als Respekt und Potenzialentfaltung.

Für die Zeit, die sich derzeit andeutet, beobachte ich eine Wahrnehmung von Raum als das „verbindende Dazwischen". Gut möglich, dass meine Perspektive hier einerseits von meinem Hintergrund als Physiker geprägt ist. Gleichzeitig erlebe ich auch als Moderator von Gruppenprozessen Raum eher als dasjenige, was sich zwischen Menschen oder anderen Identitäten aufspannt. Aus dieser Perspektive kann ich Raum als „eng" erleben, wenn er beispielsweise von zahlreichen Menschen gleichzeitig gefüllt wird (mit Worten, ausladenden Bewegungen, Hektik etc.). Ich darf aber auch oft Erfahrungen machen, in denen Gruppen von Menschen Raum bewusst weiten und offen halten können, beispielsweise durch achtsames Zuhören, Momente der Stille, kreative Denkpausen oder Ähnliches. Immer wieder erlebe ich mit Erstaunen, was alles möglich ist, wenn Menschen bewusst auf diese Qualität des Raumes miteinander achten. Ich begreife das Anthropozän als eine Zeit, in der kreative neue Antworten auf eine unsicherer werdende Welt gefunden werden wollen. Die Fähigkeit, Raum als sich öffnendes Möglichkeitsfeld zu erkennen und gemeinschaftlich in dieser Offenheit zu kultivieren, stellt eine essenzielle Ressource dar, um Entwicklungspfade für zukunftsfähige Lebensweisen zu entwickeln, die über unser aktuelles Vorstellungsvermögen hinausgehen.

Vor diesem Hintergrund halte ich es für nicht überraschend, dass Achtsamkeitskurse und generell Diskussionen über das *Hier und Jetzt* zu einem Trendphänomen in westlichen Gesellschaften geworden sind. Bei aller berechtigten Kritik am Missbrauch dieser Traditionen werfen sie doch das Augenmerk darauf, wie sehr westliche Kulturkreise die Wahrnehmung entfernter Phänomene in Raum und Zeit betont und dabei den Bezug zur räumlichen und zeitlichen Gegenwart vielleicht vernachlässigt haben.

Wichtig erscheint mir dabei, dass der gegenwärtige Raum-Zeit-Moment nicht als isolierter Punkt begriffen wird, gewissermaßen als Insel in Abgrenzung zu einer in Widerspruch zum Hier und Jetzt stehenden Wirklichkeit. Vielmehr lerne ich, den gegenwärtigen Raum-Zeit-Moment als Augenblick der Fokussierung zu begreifen, in dem alle Möglichkeiten aus Vergangenem und Zukünftigem einander begegnen und sich transformieren können. Im dynamischen und widersprüchlichen Beziehungs- und Spannungsfeld inmitten all der Vergangenheiten, Zukünfte und Möglichkeiten verkörpert dieser relationale Raum-Zeit-Moment für mich letztlich das *Lebendige im Dazwischen*, in dem meine (und vielleicht ja sogar eine gemeinsame) Wirklichkeit als bewusstes Erleben ständig neu emergiert.

Ich habe nun schon mehrfach und aus verschiedenen Perspektiven davon gesprochen, wie der aktuelle Wandel auch mit einem Wandel unseres Verständnisses der Wirklichkeit einhergeht. Insbesondere habe ich mehrfach den Übergang von einem mechanistischen zu einem komplex-systemischen Verständnis erwähnt und dass sich Transformation im systemischen Verständnis um die Veränderung von Beziehungsmustern dreht. Im Folgenden möchte ich nun endlich meine Gedanken dazu formulieren, welche Konsequenzen sich auf der Ebene des eigenen Weltbildes und eigener Beziehungsmuster daraus ergeben.

Beziehungsmuster für ein zukunftsfähiges Mensch-Erde-System
Mein eigenes Sein als Antwort auf die erlebte Wirklichkeit

Die Wirklichkeit strukturiert sich entlang von Beziehungsmustern. Diese Muster erlebe ich als Einzelne/r einerseits in meiner jeweiligen Umwelt und zugleich in mir selbst und der Art, wie ich die Wirklichkeit betrachte. Im Angesicht des zuvor beschriebenen Zustandes der Welt gilt es also, Muster zu kultivieren, die im Einklang sind mit einer wünschenswerten Wirklichkeit. Jedes dieser Muster kann sich im konkreten Fall unterschiedlich äußern. Menschen mögen unterschiedliche Begriffe verwenden und dabei vielleicht doch ein und dasselbe Muster ausdrücken. Mir ist es nicht so wichtig, ob sich ein Weltbild beispielsweise in der Sprache der Systemtheorie, der vedischen Psychologie oder in den Metaphern oder Überlieferungen bestimmter Kulturkreise ausdrückt. Nach meinem bisherigen Verständnis der Welt scheint es mir eher bedeutsam, dass Entwicklungen in verschiedenen Gesellschaftsbereichen und Kulturkreisen auf gemeinsame Grundmuster Bezug nehmen, die scheinbar unterschiedliche Weltbilder miteinander verbinden.

Solche Grundmuster für Weltbilder für den Blauen Planeten in unserer aktuellen Zeit werde ich im Folgenden beschreiben und reflektieren. Jedes einzelne Muster möchte ich dabei als Richtung beschreiben. Wie zuvor erläutert, erlebe ich die Welt in einem rasanten Veränderungsprozess. Auch die Muster hinter meinem Weltbild erlebe ich daher sowohl als Abbild eines gewissen *Status quo* und zugleich als Ausdruck einer Entwicklungsrichtung, die sich derzeit vollzieht und meiner Überzeugung nach auch weiterhin vollziehen wird.

Verbundenheit – vom individuellen Weltbild zum reflexiven Mensch-Erde-System

> *Unsere Aufgabe muss darin bestehen, uns aus diesem Gefängnis zu befreien, indem wir den Kreis unseres Mitgefühls so erweitern, dass er alle Lebewesen und die gesamte Natur in ihrer Schönheit umfasst.*
>
> Albert Einstein

Zahlreiche Beobachtungen und Erkenntnisse des letzten Jahrhunderts machen deutlich, dass sich die Vorstellung einer von der Erde quasi „getrennten" Menschheit nicht aufrechterhalten lässt. Insbesondere der Begriff des „Individuums" erscheint nicht länger stimmig, da er die in meinen Augen überholte Vorstellung einer abgetrennten und in sich abgeschlossenen Einheit ausdrückt. Falls es daran jemals Zweifel gegeben haben sollte, so führt für mich – wie zuvor erläutert – kein fundierter Weg daran vorbei, mich selbst und die gesamte Menschheit als Teil(e) eines größeren Ganzen, nämlich des Mensch-Erde-Systems, zu verstehen und zu *erleben*.

Dieses Verinnerlichen von Verbundenheit hat weitreichende Folgen. Während es in gewisser Hinsicht naheliegend war (und ist), dass sich jede/r Einzelne als Zentrum der eigenen Welt begreift, so stehen wir heute doch zugleich vor einem Verständnis der Wirklichkeit, in dem weder egozentrische noch anthropozentrische Vorstellungen tragfähig sind. Wenn es überhaupt noch Sinn macht, von „Zentren" zu sprechen, dann finden wir uns heute in einer polyzentrischen Wirklichkeit wieder.

Zu keiner Zeit kann ich mich als Mensch separat begreifen von dem System, in das ich eingebettet bin. Ein Weltbild ist also heute nicht mehr ein Bild, das sich ein einzelner Mensch oder eine Gruppe von Menschen über die von ihm oder ihr unabhängige Welt „um ihn herum" macht. Ein Weltbild ist vielmehr Ausdruck der Reflexion von Menschen über den eigenen Zustand der systemischen Verbundenheit und Koevolution. Man könnte also sagen: Ein Weltbild ist ein Ausdruck des Mensch-Erde-Systems, den eigenen dynamischen Zustand zu reflektieren. Ja, ich würde sogar so weit gehen, zu sagen: Es sind nicht mehr Menschen, die sich ein Bild der Welt machen. Vielmehr erlebe ich mich selbst als Bestandteil eines reflexiven Mensch-Erde-Systems. Und als Bestandteil dieses Systems artikuliere ich mein Erkennen bei gleichzeitiger Erfahrung von Verbundenheit.

In letzter Konsequenz bedeutet dies, dass wir unser Erleben von Verbundenheit aus dem unmittelbar persönlichen Kontext gewissermaßen „aufweiten" zu einem inneren Erleben von Verbundenheit, das alle Menschen und Lebewesen der Erde mit einschließt und berücksichtigt. Es geht also darum, Verbundenheit nicht allein abstrakt zu begreifen, sondern mitfühlend zu empfinden als Teil der eigenen Identität. Das Bekenntnis zum Wert meines eigenen Lebens und meines eigenen Wohlbefindens geht damit nahtlos über in ein wohlwollendes Empfinden gegenüber allem Lebendigen, von dem ich ein Teil bin, wie es sich auch im Eingangszitat von Albert Einstein ausdrückt.

Demut – von der Suche nach absoluter Erkenntnis zur Wertschätzung der Diversität

Aus diesem Erkennen von Verbundenheit erwächst für mich die Erfahrung einer eigentümlichen Gleichzeitigkeit von All-Einheit und Kleinheit. Da ich als subjektives Wesen Ausdruck des gesamten Systems bin, „bin ich gewissermaßen das gesamte System". Ich erlebe also in mir die Größe der Einheit, von der ich Teil bin. Und zugleich führt mir dieses Erkennen vor Augen, wie absurd klein und marginal ich als Einzelwesen in diesem Gesamtsystem bin. Die kleine Zelle irgendwo in meiner Niere, die sich darüber klar wird, dass sie Bestandteil eines großen zusammenhängenden Organismus (nämlich meines Körpers) ist, kann staunen über die Identifikation mit dieser Gesamtheit des Körpers. Und zugleich ist mit diesem Erkennen auch die Einsicht verbunden, wie winzig die eigene Identität ist als eine von unzähligen anderen Zellen in diesem Körper.

Ich trage diesen Widerspruch sehr lebendig in mir. Ich bin fasziniert von meinen Einsichten in das Gesamtsystem, mit dem ich mich verbunden erlebe. Und zugleich erschüttert es mich, zu spüren, wie winzig meine eigene Identität in diesem System erscheint und wie unscheinbar damit meine unmittelbaren Einflussmöglichkeiten gegenüber dieser Gesamtheit wirken. Meine, mir persönlich so bedeutsam erscheinende, Erkenntnis meines Selbst und meiner Welt ist nur *ein* subjektiver Ausdruck des Erlebens innerhalb des Gesamtsystems, neben dem noch unzählige weitere solcher Erkenntnisprozesse gleichrangig entstehen und existieren. Bei jedem Menschen, dem ich begegne, treffe ich letztlich auf einen weiteren Bestandteil des gleichen Gesamtsystems, und ich darf staunend lernen, wie divers und wie unterschiedlich die Erfahrungen und Erkenntnisse sind, die Menschen innerhalb des gleichen Systems entwickeln.

Immer wieder beobachte ich Auseinandersetzungen, in denen sich Menschen verschiedener Kulturkreise gegenseitig geradezu missionarisch versuchen davon zu überzeugen, ihr Verständnis eines Phänomens (oder des Menschen oder der Natur …) sei *das Richtige*. Viel naheliegender erscheint mir die Annahme, dass beide Parteien gute Gründe für ihr jeweiliges Verständnis haben und dass es Möglichkeiten gibt, voneinander zu lernen und ein Verständnis zu entwickeln, das *hinter* den beiden verschiedenen Verständnissen liegt.

Je mehr etablierte Wahrheiten aus der Zeit der „komplizierten, aber mechanistischen Wirklichkeit" ins Wanken geraten oder sich in der „komplexen, systemischen Wirklichkeit" als unzureichend erweisen, desto stärker erlebe ich zwei gleichzeitige Tendenzen: Einerseits wächst vielfach der Wunsch nach klaren, möglichst einfachen, absoluten Wahrheiten (und damit verbundenen Autoritäten). Viele Menschen hoffen in einer unübersichtlicher werdenden Welt auf einfache Erklärungen, die Sicherheit und Verlässlichkeit vermitteln. Gleichzeitig setzt sich zunehmend die Erkenntnis durch, dass echtes

Verstehen und praktische Lösungen kontextspezifisch sind. Agile Arbeitsweisen, Peer-Learning Prozesse und Plattformen setzen auf „Empowerment", also die Befähigung von Menschen, für sich und ihren jeweiligen Kontext spezifische Lösungen zu entwickeln, anstatt die Lösungen anderer Kontexte als scheinbar allgemeingültig für sich zu übernehmen. Damit verbunden ist eine hohe Wertschätzung für die Vielfalt von Wahrheiten und Lösungen in einer komplexen Welt. Es wird notwendig, einordnen zu können, wie sehr das eigene Verstehen vom eigenen Kontext geprägt ist, und respektvoll zu akzeptieren, wenn andere Menschen oder Akteure für ihren jeweiligen Kontext zu anderen Wahrheiten und Antworten finden. Der Kampf um die beste, allgemeingültige Wahrheit wird ersetzt durch ein gegenseitig wertschätzendes Lernen im Suchen um die bestmögliche kontextspezifische Wirklichkeit.

Dazu gehört eine gesunde Demut, verbunden mit der Offenheit, das Unvertraute zunächst einmal jenseits aller Bewertungsmaßstäbe anzuerkennen und wertschätzend miteinander in Kontakt zu treten. Und ich möchte betonen, dass dies auch diejenigen Perspektiven einschließt, die ich explizit nicht als meine eigenen annehmen möchte. Wertschätzenden, achtsamen Umgang zu pflegen, bedeutet nicht, alles gleichermaßen „gut" zu finden. Es ist sehr wohl möglich, eine Perspektive *für mich persönlich* abzulehnen und gleichzeitig anzuerkennen, dass sie für manch anderen Menschen sinnvoll und stimmig sein mag.

Die Resilienz von Ökosystemen, also die Fähigkeit, mit Störungen ihrer Balance umzugehen, ohne zu kollabieren, beruht ganz wesentlich auf der biologischen Vielfalt, die in diesen Systemen herrscht. Vereinfacht gesagt: Je mehr Vielfalt in einem System vorhanden ist, desto besser stehen die Chancen, dass in dieser Vielfalt auch Elemente oder Strategien vorhanden sind, um mit einer unbekannten Störung umzugehen. Man könnte sagen: Je mehr verschiedene Werkzeuge ich in meiner Werkzeugkiste habe, desto größer ist die Wahrscheinlichkeit, dass ich bei einem unvorhergesehenen Unfall etwas Passendes zur Hand habe. Die schier unerschöpfliche Diversität der Wirklichkeit ist die größte Quelle systemischer Resilienz, über die wir verfügen. Nichts könnte daher in unserer aktuellen Lage wichtiger sein, als diese Vielfalt zu achten und aufrichtig wertzuschätzen. Dass wir dabei Phänomenen oder Vorstellungen begegnen, die zueinander im Widerspruch zu stehen scheinen, sollte uns nicht schrecken. Im

Gegenteil. Nirgends lässt sich so viel Wertvolles lernen wie in der Begegnung mit dem, was wir nicht kennen oder verstehen.

Vergänglichkeit – von dem Wunsch nach Ewigkeit zur Versöhnung mit dem Sterben

Eng mit meinem Bekenntnis zur Offenheit dem Ungewissen gegenüber ist auch mein Bekenntnis zur Vergänglichkeit verbunden. Bestandteil des Phänomens Leben im Mensch-Erde-System zu sein bedeutet für mich auch, dass ich Teil eines Rhythmus aus Geborenwerden, Leben und Sterben bin. Unabhängig davon, ob ich an Vorstellungen irgendeiner Form von Wiedergeburt glaube oder nicht, so steht doch fest, dass eine bestimmte Form meines Daseins mit meinem leiblichen Tod endet. Ich begreife mich als Bestandteil eines evolutiven Prozesses des Lebens und fühle mich auf diese Weise verbunden mit einer Art Ewigkeit, die über meine eigene Lebensspanne hinausreicht. Ich bin ziemlich überzeugt davon, dass meine menschliche Identität „Thomas Bruhn" mit meinem Tod enden wird. Für die Zeit bis dahin mag ich mein Sein und mein Tun für bedeutsam halten und mit Bedeutsamkeit füllen. Bis zu einem gewissen Maß *muss* ich mich selbst und diese Identität vermutlich auch für äußerst wichtig halten, um mein Leben vollumfänglich zu bestreiten. Ich erlebe auch eine große Neugier in mir, zu erfahren, wie es mit dem Lauf des Lebens auch nach meiner Lebenszeit weitergeht. Zugleich jedoch spüre ich, dass ich so sehr Bestandteil des Werdens, Wirkens und Vergehens des Lebens bin, dass es an Bedeutung verliert, wie lange „ich" genau in dieser aktuellen Form und Identität am Fluss des Lebens mitwirke und welche Wirkungen und Beiträge genau durch mich zu diesem Fluss beigesteuert werden. Vielmehr empfinde ich eine friedvolle Versöhnung mit der Tatsache, dass meine aktuelle Form des Lebens endlich ist. Vielleicht liegt es daran, dass ich nach meinem Abitur ein Jahr lang auf der Pflegestation eines Altenheims engen Kontakt mit Menschen in den letzten Monaten ihres Lebens hatte. Die Verklärung und Verehrung von Jugendlichkeit, die ich in meinem eigenen Kulturkreis als sehr präsent erlebe, kann ich jedenfalls nur schwer nachvollziehen. Ich empfinde so etwas wie Schönheit in der Vorstellung, dass jedes Leben nach seinem Entstehen und Blühen auch wieder vergehen darf, um einen Abschluss zu finden und Platz für Neues zu machen.

Ich weiß nicht, wie weit diese Vorstellung trägt: Für mich ist jedoch klar, dass eine zukunftsfähige Menschheit sich den Gesetzen des Lebens nicht widersetzen kann und dies auch nicht versuchen sollte. Tragfähige Strategien für die Zukunft können daher nicht auf Vorstellungen beruhen, Strukturen oder Lebensweisen zu schaffen, die Menschen, Gemeinschaften oder Kulturen ein „stabiles", idealerweise sogar permanentes Dasein ermöglichen. Ein solches Bestreben halte ich für den Ausdruck eines Wunsches nach Ewigkeit, der mit den Gesetzen lebendiger Systeme nicht vereinbar ist und daher nicht aufrechterhalten werden kann. Gerade in so hochdynamischen Zeiten wie dem Anthropozän erscheint es mir daher deutlich klüger, die Vergänglichkeit des Lebendigen in ihrer ganzen Tiefe anzunehmen und Strukturen und Lebensformen zu kultivieren, die von vornherein ihre eigene Vergänglichkeit annehmen. Produkte müssen nicht so konstruiert sein, dass sie ewig halten. Sie müssen vielmehr so konstruiert sein, dass sie nach ihrer Nutzungsdauer wieder vergehen dürfen, ohne dabei dem Gesamtsystem zu schaden, wie dies zum Beispiel beim Designprinzip des Cradle to Cradle praktiziert wird.

Es ist in Ordnung, dass wir Menschen und unsere Kulturleistungen früher oder später sterben und vergehen. Nachhaltigkeit bedeutet nicht, dass wir alles Erschaffene für die Zukunft unverändert festhalten (müssen). Nachhaltigkeit bedeutet, dass auch die Menschen, die nach mir kommen, die Möglichkeit haben, zu lebenswerten Bedingungen an dieser Erfahrung des Lebens sinnvoll teilzunehmen. Und wer weiß: Vielleicht werden unsere Ururenkel eines Tages auf unsere Zeit zurückschauen und sich wundern, wie wir so leben konnten, wie wir heute leben. „Das war doch überhaupt kein wirklich lebendiges Leben!", werden sie vielleicht sagen. „Gut, dass diese Zeiten hinter uns liegen."

Loslassen – vom Streben nach Einfluss zum Annehmen der eigenen Rolle als Teil systemischer Emergenz

> *Letzten Endes scheint Meisterung weniger mit dem Bewegen von Hebelpunkten zu tun zu haben als vielmehr mit einem strategischen, profunden und verrückten Loslassen.*
>
> Donella Meadows[7]

---

7   Im englischen Original: "In the end, it seems that mastery has less to do with pushing leverage points than it does with strategically, profoundly, madly letting go."

Lange Zeit war vor allem die sogenannte „westliche" Welt dominiert von der Vorstellung, die Zukunft ließe sich vorausberechnen. Menschliches (und nichtmenschliches) Leben wurde nach dem Prinzip der Planbarkeit organisiert. Immer detaillierter entwickelten Menschen Strategien von *Management*, die letztlich darauf ausgerichtet waren (und sind), Kontrolle über das eigene und nichteigene Leben auszuüben, um es im Sinne eigener Ziele und Intentionen zu manipulieren und zu steuern. Diese Vorstellungen, Einzelne, oder auch kleine Gruppen, könnten kontrolliert systemisch eingreifen, um einen bestimmten gewünschten Zustand herbeizuführen, sind in komplexen Systemen nicht mehr haltbar und zum Scheitern verurteilt.

Für ein Weltbild ist das ein schwieriger Umstand. Ein Weltbild erfüllt stets auch ein Stück weit die Aufgabe, Menschen Orientierung in ihrem Bezugssystem zu geben, damit sie darin besser navigieren können. Was aber, wenn die wesentlichste Erkenntnis über das eigene Navigieren diejenige ist, dass man sich von Vorstellungen der Vorausberechenbarkeit von Eingriffen und Wirkungen weitgehend verabschieden muss?

Für einen Billardtisch mag Berechenbarkeit noch möglich sein. Für meinen Umgang mit einer lebendigen Wirklichkeit jedoch nicht. Mein Handeln richtet sich damit grundlegend neu aus. Anstatt Ziele strategisch zu verfolgen, gewinnt die Prozessqualität meines Handelns an Bedeutung. Ich konzentriere mich darauf, resiliente Beziehungsmuster zu kultivieren, die mit einer von mir als wünschenswert erachteten Welt im Einklang sind. Alles, was über diese Praxis hinausgeht, liegt jenseits meiner Macht. Ich kann die konkreten Ergebnisse dieses Handelns weder ahnen noch anstreben. Vielmehr vertraue ich auf die Emergenz, die sich durch die eine Selbstorganisationsdynamik entlang der neuen Muster im System entfaltet.

Das bedeutet natürlich ein erhebliches Loslassen vom Wunsch, größere Sphären gezielt zu beeinflussen. Aus dem Erkennen, dass ich als Bestandteil eines komplexen, selbstorganisierten Systems handele, ergibt sich, dass ich mich voll und ganz auf meine eigene konkrete Rolle innerhalb dieses Systems konzentriere. Zwar trage ich mein Bewusstsein für den Zustand des Gesamtsystems in mir. Ich strebe jedoch nicht mehr danach, diesen Zustand gezielt in die eine oder andere Richtung zu beeinflussen. Ich nehme vielmehr meinen eigenen

Kontext vollständig an und konzentriere mich darauf, in jeder meiner lebendigen Beziehungen stimmige Beziehungsmuster zu kultivieren.

Ja, es scheint mir sogar so zu sein, dass allein der Wunsch, aus meinem eigenen Erkennen heraus größtmöglichen Einfluss auszuüben, in sich bereits Ausdruck eines auf Kontrolle ausgerichteten Paradigmas ist, das mit der Logik komplexer Systeme nicht vereinbar ist. Ja, es gilt vielmehr, der Versuchung, aus einem globalen Blick heraus „steuern" zu wollen, aktiv zu widerstehen. Mich als Bestandteil eines selbstorganisierten, komplexen Systems zu begreifen bedeutet eben auch, dass ich den Wunsch, „das System" zu beeinflussen, nicht stimmig ausagieren kann.

Für mich als Forscher, der ich mir Sorgen mache um die Entwicklungen unseres Planeten und unserer Zivilisation, bedeutet das ein massives Dilemma: Ich beschäftige mich wesentlich damit, Phänomene und Zusammenhänge globaler Dynamiken zu verstehen. Und gleichzeitig kann ich aus diesem Erkennen heraus nicht auf gleicher Ebene „intervenieren". Mein systemisches Verständnis bringt mich vielmehr dazu, das Schauen des großen Ganzen zwar in meinem Geist zu tragen, mein Handeln aber auf meinen unmittelbaren Kontext zu fokussieren, also in den Beziehungen zu praktizieren, in denen ich unmittelbar eingebettet und wirksam bin.

Das ist nicht zu verwechseln mit einer rein individualistischen Bottom-up-Kultur. Als leitender Angestellter einer großen Firma kann es Teil meines Wirkungsgefüges sein, für bestimmte Regeln oder Prozesse verantwortlich zu sein, die die Lebensbedingungen zahlreicher anderer Menschen und Lebewesen beeinflussen können. Diese Aspekte meiner Rolle, inklusive des damit verbundenen Einflusses, gilt es in jedem Fall voll und ganz anzunehmen. Das, was es loszulassen gilt, ist der Wunsch, im eigenen Einfluss immer weiter zu wachsen, um sozusagen „an den größtmöglichen Hebel zu gelangen". Diese Vorstellung impliziert die Annahme, dass wir an „den richtigen" oder „einflussreichsten" Hebel gelangen müssten, um Veränderung zu bewirken. Dem ist nicht so. Veränderung entsteht durch Verantwortung in der Rolle, in der ich gegenwärtig bin, und nicht dadurch, dass ich ständig nach etwas strebe und getrieben von einem Glaubenssatz des „höher, schneller, weiter" möglicherweise selbst genau jene systemische Logik reproduziere, die ich zu verändern hoffe.

Das, was es außerdem loszulassen gilt, ist der Wunsch nach externen Autoritäten oder auch das Beklagen ihrer Abwesenheit. Anders als in einer hierarchisch *top down* strukturierten Wirklichkeit lässt sich in einer komplexen Welt der Verlust an Sicherheit nicht dadurch kompensieren, dass ich Sicherheit von anderen fordere. So nachvollziehbar dieser Wunsch aus menschlicher Sicht sein mag, so wenig hilfreich erscheint er mir für eine Zeit, in der es immer weniger Erkenntnisse gibt, die sich wirklich pauschal auf andere übertragen lassen. Während ich sicherlich von jedem Menschen und jeder Perspektive lernen kann, so komme ich gleichzeitig nicht an der Erkenntnis vorbei, dass ich meine Rolle in dieser Welt letztlich nur selbst annehmen kann. Nichts und niemand kann mir die existenzielle Sicherheit bieten, nach der ich mich vielleicht sehne. Diesen Grundzustand menschlicher Existenz gilt es in vollem Bewusstsein anzunehmen und die Vorstellung loszulassen, irgendjemand oder etwas könne mir diese Sicherheit verschaffen.

Emanzipation – von der Selbsterhaltung zur bedürfnisfreien Entfaltung

> *Die Erde hat genug für jedermanns Bedürfnisse, nicht aber für jedermanns Gier.*
>
> Mahatma Gandhi

Das bedeutet natürlich letztlich einen Prozess radikaler Emanzipation. Lange Zeit mag es für die Menschheit angenehm gewesen sein, sich in dem Gefühl einer Sicherheit zu wiegen, die uns gewissermaßen von außen (vom Erdsystem) bereitgestellt wird. In vielfältiger Weise haben wir uns zivilisatorisch daran gewöhnt, „versorgt zu sein". Dabei lässt sich feststellen, dass die Menschheit die äußere Stabilität des Holozäns vor allem dafür genutzt hat, um für sich selbst subjektive Annehmlichkeiten in Form von materieller Sicherheit zu schaffen und die eigenen Lebensbedingungen komfortabler zu gestalten. Der Erde und den natürlichen Ressourcen der irdischen Ökosysteme schien gewissermaßen die Rolle zuzukommen, immer mehr Güter bereitzustellen, um die menschliche Existenz zu gewährleisten.

Nach meinem Verständnis befindet sich die globalisierte Menschheit am Übergang in eine Zeit, in der viele vertraut gewordene Sicherheiten nicht mehr bereitgestellt werden können. Es gilt daher mehr als je zuvor, uns aus bestehenden Abhängigkeitsverhältnissen weitestgehend zu emanzipieren und ein Selbstverständnis anzunehmen, in dem wir aus größtmöglicher Bedürfnisfreiheit intentional leben können. Was meine ich damit?

Es scheint offenkundig, dass die Zerstörung von Naturräumen und Ökosystemen eine Folge übermäßig ressourcenintensiver Lebens- und Konsumgewohnheiten ist, wobei zu betonen ist, dass diese „Bedürfnisse" in verschiedenen Regionen und unterschiedlichen sozialen Schichten natürlich sehr unterschiedlich stark ausgeprägt sind. Unzweifelhaft ist außerdem, dass der weitaus größte Teil menschlichen Konsums und Materialverbrauchs keineswegs dazu dient, die eigene Existenz zu sichern, sondern eher Selbstzweck oder auch ökonomische Notwendigkeit geworden ist. Diese zivilisatorische „Strategie" erweist sich als nicht zukunftsfähig und auch für das Wohlbefinden der Menschen nicht als dienlich.

Sowohl persönlich als auch gesellschaftlich ist es also an der Zeit, sich von diesen scheinbaren Bedürfnissen zu emanzipieren und eine Lebensweise zu kultivieren, die mit möglichst wenig äußerem Bedarf ein selbstbestimmtes, gutes Leben möglich macht. Vielfach ist hier von einer Gesellschaft der Potenzialentfaltung die Rede, die davon geprägt ist, dass Menschen im *flow* intentional als Teil einer Gemeinschaft produktiv tätig sind, ohne dabei auf den „Verzehr" ihrer Umgebung angewiesen zu sein. Ich begreife diesen Zustand dabei nicht als eine verklärte Autarkie, die sich durch Askese und Abschottung definiert. Vielmehr begreife ich ihn als ein gemeinschaftlich produktives Feld, in dem sich Menschen in ihrer selbstbestimmten und zugleich achtsamen Entfaltung gegenseitig unterstützen. Ebenso erkenne ich darin keine Form des Verzichts aus vernünftiger Einsicht in die Notwendigkeit. In meinen Augen ist es eher die freudvolle innere Befreiung aus Abhängigkeiten, um Platz zu schaffen für das, was wirklich wesentlich und selbstbestimmt ist.

Ganzheitlichkeit – von der Dominanz der Ratio zu integrativer menschlicher Erfahrung

Ein zentrales Muster zukunftsfähiger Beziehungen scheint es mir zu sein, alle Ebenen menschlicher Existenz zu berücksichtigen. Als Naturwissenschaftler bin ich das Kind einer Kultur, die vor allem darauf beruht, die Welt mithilfe rationaler Analyse zu verstehen und auf Basis dieses Verständnisses mit ihr zu interagieren. Als Mensch ist für mich dabei zugleich klar, dass ich natürlich auch ein fühlendes, intuitives, spirituelles und in meinem Unbewussten konditioniertes Wesen bin und dass all diese (und vermutlich noch weitere) Aspekte meines Daseins meinen Zugang zur Welt und mein Handeln erheblich beeinflussen.

In der Wirklichkeit, die ich erlebe, beobachte ich trotzdem eine massive Verzerrung in der Hinsicht, dass rational-analytische Zugänge zur Welt stärker berücksichtigt werden als intuitiv-körperliche oder emotionale Aspekte. Damit möchte ich keineswegs die Aussagekraft analytischer Zugänge zur Welt infrage stellen. Vielmehr erscheint es mir bedeutsam, dass die Potenziale aller anderen nicht rational-kognitiven Weltzugänge gleichrangig in die Art einbezogen werden, wie Entscheidungen zustande kommen.

Die Frage, wie ich mich mit einer bestimmten Entscheidung *fühle*, ist nicht bloß eine Frage subjektiver Sentimentalität. Sie drückt vielmehr aus, dass das Fühlen genauso zum Menschsein gehört wie das Denken. Diesen Aspekt des Menschseins strukturell auszublenden oder nachrangig zu behandeln, halte ich schlichtweg für unklug. Interessant ist dies insbesondere wieder vor dem Hintergrund, wie sich unsere Wirklichkeit in Richtung komplexer Systeme verschoben hat. So lässt sich zeigen, dass rationale Abwägungsprozesse oft damit überfordert sind, komplexe Sachverhalte zu erfassen und in ihnen Entscheidungen zu treffen. Intuitive und oft auch affektive Zugänge ermöglichen oft eine deutlich zutreffendere Einschätzung einer komplexen Situation und entsprechend tragfähigere Entscheidungen.

Aus diesem Grund irritiert es mich bisweilen, in welchem Maße ich lange Zeit eine Betonung und Idealisierung des Begriffs der *Intelligenz* erlebte. Intelligenz als reine „Rechenkapazität" des menschlichen Verstandes ist keineswegs hinreichend, um den Herausforderungen zu begegnen, die ich in komplexen Wirklichkeiten erlebe. Nachdem sich in den vergangenen 25 Jahren allerlei Forschung mit der Bedeutung unter anderem von emotionaler Intelligenz und überhaupt emotional-intuitiven Kompetenzen beschäftigt hat, sehe ich hier einen ganz zentralen Strang für zukunftsfähige Beziehungen und Weltbilder. Die komplex-dynamische Natur unserer Wirklichkeit erfordert es, ein ganzheitliches Bewusstsein zu kultivieren, das unsere kognitive Intelligenz kombiniert mit Bewusstheit über unsere inneren emotionalen Abläufe sowie unser Körperempfinden und unsere Intuition.

Verschiedene kulturelle Traditionen verfügen hier über unterschiedlichste Zugänge und Erfahrungsschätze, und es wäre doch sinnlos und geradezu fahrlässig, weite Teile dieses menschlichen Erfahrungsschatzes zu ignorieren.

Anmerken möchte ich, dass solche Bemühungen um eine ganzheitliche Integration bereits vielfach stattfinden. Wichtig erscheint mir allerdings, dass sich die Integrationsbemühungen nicht primär um ein ganzheitliches *Verstehen* oder *Denken* dieser Ebenen und Phänomene drehen. Viel wichtiger erscheint mir, ein integrales Verständnis mit einer entsprechenden Bewusstseinskultur und gelebten Praxis zu verbinden. Vielfach erlebe ich Aufrufe, es bräuchte ein neues Denken für unsere Zeit. Das trifft natürlich zu. Gleichzeitig scheint es mir an klugem Denken bisher nicht so sehr zu mangeln wie an einer gemeinschaftlichen Kultivierung des menschlichen Herzens. Vor allem aber halte ich es für notwendig, keine Antagonismen aufzumachen zwischen jenen, die eine neue *Fühlkultur* fordern, und jenen, die sich der Welt eher kognitiv zuwenden. Eine Begegnung und Integration verschiedener Zugänge auf Augenhöhe ist das, was ich für zukunftsfähig und notwendig halte.

Verantwortung – von der Überforderung mit dem großen Ganzen zum Handeln vor Ort

Unausweichlich ist wohl das Eingeständnis der – zumindest vorläufigen – Überforderung mit der erlebten Komplexität. Es wäre in der aktuellen Situation nicht aufrichtig, den Schein zu wahren, „alles im Griff" zu haben. Ja, ich halte es sogar für notwendig einzugestehen, dass so etwas wie „im Griff haben" in sich bereits eine Verkörperung derjenigen Geisteshaltung ist, die mit in die aktuellen Krisen geführt hat. In einer komplexen Welt gibt es keine Kontrolle. Da Menschen aber in weiten Teilen der Welt in den vergangenen Jahrhunderten mit der Verheißung gelebt haben, die Welt im Griff zu haben (oder haben zu müssen), bedeutet der Verlust dieser Illusion erstmal ein schmerzhaftes Eingeständnis und geht mit vielschichtiger Überforderung einher. Junge Menschen sehen sich einer bedrohlich-ungewissen Zukunft gegenüber. Entscheidungsträger durchblicken die Vernetzung der Sachverhalte nicht mehr, für die sie nach alter Aufgabenverteilung zuständig sind, und vielfach setzt sich das Gefühl durch, „dass man ja gar nichts bewegen kann".

Es gilt also, sich aus dieser Überforderung herauszubewegen und sich im vollen Bewusstsein der eigenen Kleinheit zur eigenen Verantwortung zu bekennen. Denn natürlich folgt aus der Komplexität und damit verbundenen Überforderung nicht, dass wir als einzelne Menschen zur Passivität verdammt sind. Ganz und gar nicht. Allerdings erwächst aus einem systemischen Verständnis ein Erkennen von Verantwortung, das sich von der scheinbaren Größe der systemischen Last befreit und sich fokussiert auf den Kontext und die Rolle, die wir jeweils als Einzelne übernehmen können. Dabei geht es eben nicht darum, aus Sorge um das Ganze auch Verantwortung *für das Ganze* zu übernehmen. Aus einem solchen Verständnis von Verantwortung können meines Erachtens zu leicht Übergriffigkeit und Technokratismus entstehen. Vielmehr geht es darum, in voller Bewusstheit die eigene Rolle anzunehmen und in diesem spezifischen Kontext – und nirgends sonst! – für die eigene Identität einzustehen. Ich betone diesen Aspekt so sehr, weil mir der Wunsch sehr nachvollziehbar erscheint, andere dazu bewegen zu wollen, ebenfalls den Werten zu folgen, die wir für uns selbst als richtig erkannt haben. Genau diese Dynamik aber kann Verantwortung im konstruktiven Sinne eher verhindern. Durch mein eigenes Sein und Tun kann ich in jedem Augenblick Verantwortung übernehmen. Damit bin ich wirksam in einer Weise, die Teil eines heilsamen, gesamtsystemischen Prozesses ist. Und das ist genug. Alles, was darüber hinausgehen will, gilt es loszulassen im Vertrauen darauf, dass auch andere ihre spezifische Verantwortung übernehmen. Wenn ich sie dabei unterstützen kann, umso besser. Ihre Verantwortung aber kann ich nicht übernehmen. Die kann ich nur für mich selbst übernehmen.

Mut – vom Verharren in etablierten Mustern zum Aufbruch ins Unbekannte

Der Umbruch der Wirklichkeit im Anthropozän bedeutet den Verlust vieler scheinbarer Sicherheiten und Gewohnheiten, äußerlich ebenso wie geistiger Natur. Von uns als Einzelnen erfordert dies eine gehörige Portion Mut. Ich erlebe an mir selbst, wie herausfordernd es ist, alte Gewohnheiten abzulegen und Muster zu überwinden, die mein Denken und Handeln jahrzehntelang geprägt haben. Es erfordert Mut, mir einzugestehen, dass etwas Altes nicht mehr trägt und ich das Neue, dem ich mich öffne, nicht kenne und es weder verstehen noch kontrollieren kann. Auch erfordert es für mich Mut, die eigene

Rolle vollständig anzunehmen und damit einzugestehen, wie vieles andere ich vielleicht *nicht bin* oder *nicht tun* werde oder kann. So oft kommen mir Gedanken, was ich doch alles sein oder tun müsste, um einen sinnvollen Beitrag zur Welt zu leisten. Von dieser Vorstellung loszulassen und mich dazu zu bekennen, wer ich bin und was ich tatsächlich tun kann und möchte – das erfordert auch Mut.

Das ist ein Phänomen, das ich als Einzelner erlebe, aber auch etwas, das wir derzeit als globalisierte Zivilisation erleben. Über Jahrhunderte und vielleicht Jahrtausende haben wir (vermutlich eher unbewusst) als Menschheit ein Zivilisationsmodell etabliert, das nun an seine Grenzen stößt und sich als nicht zukunftsfähig erweist. Ich persönlich und mein Kulturkreis insgesamt kennen aber letztlich nichts anderes als dieses System. Es erscheint mir nur verständlich und natürlich, dass die Vorstellung einer Zukunft, die radikal neu und anders sein wird, viele Menschen (mich eingeschlossen) ängstigt. Es erfordert Mut, persönlich ebenso wie gesellschaftlich, das Alte zurückzulassen und das Unvertraute, Unbekannte, grundlegend Neue geschehen zu lassen und freudvoll mitzugestalten. Diesen Mut wünsche ich mir und allen Menschen, mit denen ich verbunden bin. Mögen wir die Kraft besitzen, jene Erkenntnisse aus einer alten Wirklichkeit hinter uns zu lassen, deren Logiken immer weniger zutreffend sind. Und mögen wir den Raum offenhalten für jenes, was wir uns auf der Basis vergangener Erfahrungen vielleicht nicht vorstellen können, aber was uns alle in Erstaunen versetzen wird.

Vertrauen auf das, was jenseits meines Einflusses liegt

Mein hoffnungsvoller Ausblick zum Schluss

Zum Abschluss möchte ich versuchen, diese verschiedenen Muster eines Weltbildes für den Blauen Planeten kompakt für mich persönlich zusammenzufassen, und einen Ausblick geben, warum und auf welche Weise ich bereits heute den Wandel in eine hoffnungsvolle Zukunft erlebe.

Ich schaue heute in die Welt als winzig kleiner Bestandteil eines großen, lebendigen Systems, mit dem ich eine tiefe, mitfühlende *Verbundenheit* erlebe. Mein Wohlbefinden und das Wohlbefinden des

Mensch-Erde-Systems sind verknüpft, und ich kann meine eigene Existenz nicht getrennt vom Zustand dieses Systems reflektieren oder erkennen. Einerseits fühle ich mich mit diesem Erleben unendlich gering und *demütig*. Gleichzeitig erkenne ich in meinem eigenen Sein die Einheit und Ganzheit des Systems, und ich erlebe, wie allein meine Art, als Teil dieses Systems das System wahrzunehmen und zu reflektieren, bereits Auswirkungen hat auf den Zustand, den ich erlebe. Ich akzeptiere, dass ich – ganz gleich, wie sehr mich der Gesamtzustand dieses Systems sorgen mag – diesen Gesamtzustand nicht kontrollieren oder steuern kann, sondern dass der zukünftige Pfad dieses Systems aus der Veränderung der Beziehung innerhalb des Systems emergieren wird. Ich bejahe meine eigene *Vergänglichkeit* und die Vergänglichkeit aller Dinge, die ich kenne, als Ausdruck meiner komplexen Verwobenheit in Raum und Zeit. Aus diesem Erkennen meines Platzes innerhalb der Welt folgen zwei Klärungsprozesse: Einerseits gestatte ich mir, all jenes *loszulassen*, das ich nicht beeinflussen kann, und darauf zu vertrauen, dass andere an ihrem jeweiligen Platz ihren Beitrag im Sinne des Wohlbefindens unseres gemeinsamen Systems leisten. Gleichzeitig konzentriere ich mich darauf, in jedem Augenblick vollumfänglich präsent zu sein und auf allen mir zugänglichen Ebenen menschlicher Erfahrung *ganzheitlich* mit der Welt in Kontakt zu treten. Schritt für Schritt *emanzipiere* ich mich in meine persönliche *Verantwortung* hinein, an dem Platz und in den Beziehungen, in denen ich mich in diesem Augenblick befinde. Ich bemühe mich um den *Mut*, genau den Beitrag zu leisten, der in meiner Natur liegt, und nicht die möglicherweise schädlichen oder ungesunden Muster zu reproduzieren, in denen ich konditioniert wurde.

Diese Perspektive beschreibt mein gegenwärtiges Verständnis einer Geisteshaltung für das Anthropozän.

Die vielen untereinander vernetzten Zellen des „Neuen"

Meine Hoffnung ist nicht nur eine abstrakte vernünftige Einsicht, sondern ist eng verknüpft mit meiner persönlichen Erfahrung der vergangenen zehn Jahre. Als ich vor zehn Jahren der Physik den Rücken kehrte und mich dem Thema Nachhaltigkeit zuwandte, erlebte ich ein Feld mit einer erstaunlichen Dominanz hierarchisch, maskulin und mechanistisch geprägter Akteure. Als wir vor sieben Jahren das Projekt AMA (auf deutsch: *Geisteshaltungen und Denkweisen für das Anthopozän*) ins Leben riefen, das sich dem Zusammenhang zwischen

Nachhaltigkeit und Bewusstseinsentwicklung widmet, rechnete ich zunächst mit reichlich Widerstand. Tatsächlich kritisierten diverse Kolleg:innen unsere (zunächst wohl recht unbedarften) Bemühungen, nichtkognitive, erfahrungsbasierte Aspekte in unsere Forschungsarbeit zu integrieren.

Schon bald aber erlebten wir eine Resonanz, die ich mir nicht hätte vorstellen können. Zahlreiche Personen und Akteure meldeten sich bei uns und drückten ihre Freude darüber aus, dass *endlich* auch diese Aspekte von gesellschaftlicher Transformation ernst genommen würden. Hochrangige Vertreter aus Politik, Wirtschaft, Wissenschaft und Zivilgesellschaft äußerten – oft zunächst nur unter vier Augen –, dass sie seit Längerem den Eindruck hätten, dass es genau einer solchen Reflexion mentaler Modelle bedürfe, um substanziellen Wandel zu ermöglichen. Meistens war unser kleines Projekt überhaupt nicht in der Lage, all den Anfragen und Hoffnungen gerecht zu werden, die an uns herangetragen wurden.

Wir erlebten auf diese Weise jedoch, wie viele Menschen und Akteure sich bereits aktiv mit einem solchen oder ähnlichen Paradigmenwechsel befassten und dabei oft der Ansicht waren, sie wären mehr oder weniger die Einzigen in diesem Feld. Bis heute kommen wir und ich persönlich nahezu täglich mit Menschen und Organisationen in Kontakt, die sich als Keimzellen eines systemischen, relationalen Paradigmas begreifen und sich um ihren ganz spezifischen Beitrag zum großen Ganzen bemühen. Immer wieder stoße ich dabei auf ganz ähnliche Werte und Vorstellungen, die sich oft in unterschiedliche Termini oder Denkgerüste kleiden. Ohne dass es den einen Anlaufpunkt oder eine zentrale Plattform für diese Entwicklungen gibt, erscheinen uns etliche dieser Akteure bereits unmittelbar oder mittelbar miteinander vernetzt. Manchmal handelt es sich nur um Einzelpersonen oder kleine Gruppen (*communities of practice*) innerhalb von Organisationen, die nach außen hin noch in einem alten Paradigma unterwegs zu sein scheinen. Oft aber auch als schon lange bestehende Einrichtungen, die bisher nur innerhalb gewisser Nischen sichtbar gewesen waren.

Das neue Paradigma, wie auch immer es genau aussehen mag, ist bereits überall zu finden. Es wächst gleichsam „von innen heraus" in unserer Gesellschaft als transformative Kraft heran. Die Beteiligten erleben dabei oft enorme Spannungen oder Beharrungskräfte in ihren

Kontexten. Auf der anderen Seite erreichen uns viele Berichte von unerwarteten Resonanzen und gegenseitiger Unterstützung. Aus dieser Erfahrung heraus versucht das AMA-Projekt, eine Plattform anzubieten, die zumindest einen kleinen Teil dieses unüberschaubaren und rasch wachsenden Feldes von Menschen, Projekten und Organisationen sichtbar und auf diese Weise für Interessierte zugänglich machen soll. Unter der Adresse www.ama-project.org ist eine Visualisierung unserer Arbeit zu finden, und wir werden uns bemühen, diesen Teil in den nächsten Jahren weiter zu professionalisieren.

Gleichzeitig trage ich mich mit dem guten Gefühl, dass wir und unser Projekt beileibe nicht die Einzigen sind, die sich diesem Prozess verpflichtet fühlen. Unser Beitrag kann nur klein sein. Der Wandel, von dem wir uns als Teil begreifen, ist voller Dynamik und geschieht, während ich diese Zeilen tippe und Sie diese Zeilen lesen. Er ist kein Angriff auf das Paradigma, aus dem wir kommen. Im Gegenteil: Alles, was an Neuem entsteht, fußt in großer Dankbarkeit auf dem, was frühere Generationen mit den ihnen verfügbaren Mitteln erreicht und ermöglicht haben. Ich bin kein Freund davon, sich gegenseitig Vorhaltungen zu machen oder anzuklagen. Wichtig erscheint mir, dass mehr und mehr Menschen den Mut finden, von alten Vorstellungen loszulassen und sich zu öffnen für das Unbekannte, Neue, das die Grundlage für eine zukunftsfähige Lebensweise der Menschen und des gesamten Mensch-Erde-Systems bilden wird. Ich bin voller Vertrauen in die Lernfähigkeit und Anpassungsfähigkeit der Menschen und in die uns innewohnende Fähigkeit zu Güte und Mitgefühl. Mehr braucht es nicht, um auch diese neue Phase in der turbulenten Geschichte der Menschheit zu durchsegeln. Ich wünsche jeder und jedem von uns stets die Kraft und die Verbündeten, die wir dafür benötigen.

Ich möchte mich sehr herzlich bei Barbara Adam, Viola Gerlach und Andreas Huber bedanken, deren wertschätzende Gedanken und konkreten Anmerkungen mir bei der Fertigstellung dieses Manuskriptes sehr geholfen haben.

Annäherungen an ein gutes Leben für alle

von

Jürg Minsch

Jürg Minsch ist Nachhaltigkeitsforscher und Autor. Seine fachlichen und thematischen Zugänge sind Ökologische Ökonomie, Marktwirtschaft und Demokratie, Menschenrechte, institutionelle Innovationen. Er gehört zur Gründergeneration des Instituts für Wirtschaft und Ökologie an der Universität St. Gallen (Schweiz), war Professor für Nachhaltige Entwicklung an der Universität für Bodenkultur Wien, lehrte unter anderem an der ETH Zürich und der Universität Bern und leitete mit seiner Ehefrau Priska Baur die Forschungsgruppe Umweltbildung an der Zürcher Hochschule für Angewandte Wissenschaften.

Der vorliegende Text ist der Versuch einer Erzählung. Sie integriert ausgewählte Themen, Fragestellungen, Irritationen, denen wir uns heute zu stellen haben, wenn es uns denn um ein gutes Leben für alle in Würde und Frieden und im Einklang mit der Natur geht. Hier und da tauchen auch Improvisationen auf, Provokationen und Übertreibungen. Resultat vieler Diskussionen mit meinen Student:innen, mit Kolleg:innen und mit engagierten Citoyennes und Citoyens über viele Jahre hinweg, Resultat auch meiner Forschungsarbeiten und des Studiums der (auch neuesten) Literatur. Trotzdem bleibt es ein Rohling, der ergänzt, vertieft, modifiziert werden müsste. Einiges wäre vielleicht wieder zu verwerfen. Insofern ist der Text eine Zumutung, verehrte Leserin, verehrter Leser. Ziel ist es, zu inspirieren, zum eigenen Nachdenken und Weiterschreiben zu animieren. Ich hoffe, dass bei diesem Nachdenken die Erzählung an Statur gewinnen wird.

Der Text zeigt Merkmale eines Selbstgesprächs. Das Selbstgespräch eines Ökonomen, vorgetragen vornehmlich aus den Perspektiven Ökologischer Ökonomie, Institutionen- und Innovationstheorie, Theorie der gesellschaftlichen Entwicklung. Das Interesse liegt auf jenen unsichtbaren, tiefer liegenden wirtschaftlichen und gesellschaftlichen Logiken und „Kraftfeldern", die die Wirtschaft und die Gesellschaft langsam, aber wirkungsmächtig gestalten. Im Grunde geht es mir um wirtschaftstektonische Vorüberlegungen für Annäherungen an ein gutes Leben für alle. Es ist eine Einladung, sich ins Gespräch einzumischen!

Entfesselungen & Entfernungen

Bilder

Es gibt gute Augenblicke und interessante Perspektiven, um das gesellschaftliche und wirtschaftliche Geschehen in starke Bilder zu fassen. Karl Polanyi tat dies in seinem 1944 erschienenen Buch „The Great Transformation". Er analysiert darin die sogenannte Erste Industrielle Revolution. Seine Perspektive: eine umfassende, gesellschaftswissenschaftlich fundierte Ökonomie und Geschichtswissenschaft. Er erkannte mindestens fünf simultan ablaufende, sich gegenseitig verstärkende Revolutionen, die zur damaligen wirtschaftlichen Entfesselung führten: Die Aufklärung befreite das Denken von obrigkeitlichen und religiösen Klammern und machte Mut, *selber zu denken* und auf eigene Verantwortung (oder eher: in eigener Regie) *zu handeln*. Die aufblühenden Wissenschaften brachten bis anhin ungeahnte *technische Fähigkeiten*. Eine entstehende *Unternehmerschaft* sah Verwertungschancen und nutzte sie, moderiert und beschleunigt durch sich ausdifferenzierende *Märkte*, institutionell abgesichert durch den sich formierenden *demokratischen Rechtsstaat*. Eine Dynamik, die bis heute wirkt.

Herman Daly, einer der Begründer der Ökologischen Ökonomie, illustrierte in seinem Buch „Steady-State Economics" diese Geschichte mit zwei Vorher-nachher-Skizzen. Ein großer Kreis, die Biosphäre andeutend, enthält einen kleinen Kreis: das wirtschaftliche Geschehen. Es stellt die Situation in einer fiktiven Vorzeit dar. Das Wirtschaften scheint aus ökologischer Sicht ein vernachlässigbar kleiner Faktor zu sein angesichts der Größe der Biosphäre. Daly nennt dies die „leere Welt" (leer in Bezug auf ökologisch relevante ökonomische Aktivitäten). Die Jetztzeit zeigt einen bis an die Grenzen der Biosphäre angewachsenen Wirtschaftskreis. Die „volle Welt". Dies ist das große Wandgemälde im Geburtssaal der Ökologischen Ökonomie.

Wenn man die zugrunde liegende Dynamik mitdenkt, dann kann man fast nicht anders, als ein paar dicke expansive Pfeile hineinzuzeichnen. Nicht weit der Gedanke an einen mit ökonomischen Mitteln inszenierten Urknall: ein auf Expansion angelegtes Geschehen, das eine schier unglaubliche Fülle an Gütern und Diensten in die Welt schleudert. Ein Geschehen, das sich zudem immer von Neuem selbst befeuert: um die Güterfülle dauernd zu erhöhen und um sich dynamisch zu stabilisieren.

Immerhin: Wir sind hier nicht bloß Beobachter:innen eines Geschehens, das auf eine ferne Ursache zurückgeht, auf die wir keinen Einfluss mehr haben. Die wirtschaftliche Selbstbefeuerung ist ein Geschehen, das täglich von Neuem abläuft, das analysiert und beeinflusst werden kann. Mir gefällt daher der Untertitel des Buches von Karl Polanyi sehr viel besser als der Haupttitel: „Politische und ökonomische Ursprünge von Gesellschaften und Wirtschaftssystemen" (Polanyi selbst hatte dies als Haupttitel vorgesehen, der Verlag entschied sich dagegen). Der Untertitel zwingt zum Blick auf die Ursachen: auf die (tiefere) Logik der Prozesse der modernen Wirtschaftsentwicklung.

Und dies führt zur Frage, was diese Logiken und Entwicklungen mit den Menschen, ihren Gesellschaften und mit der natürlichen Mitwelt machen. Um beim Bild des ökonomisch inszenierten Urknalls zu bleiben: Die Trümmer und ausgebrannten Hülsen des Wirtschaftsfeuerwerks fallen auf uns zurück.

Im Kraftfeld der Marktlogik

Der heiße Kern dieser Entwicklung ist die gesellschaftliche Institution Markt. Der Ort, wo Können (wissenschaftlicher, technischer Fortschritt), Wollen und Handeln (Unternehmertum, Konsum) zusammenkommen. Und beinahe wie das Kraftfeld mächtiger Himmelskörper die Bahnen anderer Planeten beeinflusst, so verschiebt das Kraftfeld der Marktlogik die Bedeutung von zentralen Begriffen des gesellschaftlichen Universums: der Ethik, der Natur und der Werte.

Menschen & meritokratische Ethik

So erscheinen die Menschen reduziert auf ihre marktliche Dreifachfunktion als Unternehmer:in/Investor:in, als Arbeitskraft und als Konsument:in. In diesen Funktionen werden sie ernst genommen und finden Eingang in die ökonomischen Lehrbücher und Studiengänge: Unternehmer:in und Investor:in mit größtem Gewicht, weit vor Arbeiter:in, abgeschlagen Konsument:in. Ansonsten aber sind sie sich selbst überlassen. Aus der Perspektive einer meritokratischen Ethik mit gutem Grund: Die Menschen sind ihres Glückes Schmied. Sie tragen Selbstverantwortung für ihr Schicksal, insbesondere für das wirtschaftliche. Jeder Mensch kann eine seinen Fähigkeiten und Talenten entsprechende wirtschaftliche und gesellschaftliche Position erringen, unabhängig von Herkunft, Hautfarbe, Religion usw. – vorausgesetzt, er/sie strengt sich entsprechend an. Die Marktlogik gebiert ihre eigene Ethik! Nahezu absolut gesetzt, ist ihr in den Vereinigten Staaten als sog „amerikanischer Traum" geradezu staatstragende Funktion zugewachsen. Sie entlastet bis heute die Wirtschaftstheorie von der Aufgabe, die Menschen in ihren ganz konkreten Situationen, mit ihren Wünschen, Hoffnungen und Ängsten ernst zu nehmen. „Selbstverantwortung" ist die magische Entlastungsformel.

Noch scheint dieser Traum die empirischen Belege zu überstrahlen, die neben der eigenen Leistung und dem eigenen Verdienst weitere Bestimmungsfaktoren des individuellen Erfolgs (oder Misserfolgs) nennen: Es spielt eben doch eine wichtige Rolle, in welchem Land man in welche Familie mit welchen Netzwerken und kulturellen Hintergründen hineingeboren wird oder hineinheiratet. Welche Ausbildungswege einem offenstehen, aber auch welche Startfinanzierungen möglich sind (oder weniger möglich). Welche Erbschaften einem zugutekommen (oder eben nicht). Schließlich spielt auch der Zufall eine Rolle: Glück und Pech. Michael J. Sandel entlarvt in seinem Buch „Vom Ende des Gemeinwohls" diese Phrase vom wirtschaftlichen und gesellschaftlichen Aufstieg. Noch wird sie als magische Beschwörungsformel wiederholt. „Doch inzwischen klingen die Phrasen vom Aufstieg hohl." (Sandel).

Natur & Eigentumsrecht

Die *Natur* erscheint verdinglicht und reduziert als bloße Ressource, als Produktionsfaktor. Sie ist nicht per se schon ein Wert. In der Perspektive der Marktlogik existiert sie noch gar nicht. Zur Ressource und zum Produktionsfaktor wird sie erst durch ihre „Einhegung" in Form von Eigentumsrechten. Konkreter: durch Fassung in rechtlich durchsetzbare Ansprüche, die es erlauben, andere von der Nutzung auszuschließen. Wenn etwas zu Geld gemacht werden soll, müssen andere davon ausgeschlossen werden. Das passiert durch rechtliche Codierung. „Es ist das Recht, das Dinge schafft. Das ist nicht Natur."[1] Wir ergänzen: Es ist die Marktlogik, die das Recht (die Rechtsentwicklung) entscheidend beeinflusst. Pistor spricht von der großen Macht der Privatrechtsanwälte, der „Masters of the Code", die für ihre Klienten neue Ansprüche schaffen und durchsetzen. „Die also das Recht an den Markt anpassen oder neue Märkte schaffen." Die Entwicklungen im Finanzwesen vor und auch nach der Finanzkrise 2008 bieten viel Anschauungsmaterial dazu, ebenso die Diskussionen rund um die Frage der Eigentums- und Patentrechte im Zusammenhang mit Natur. Zugespitzt: Wenn etwas zu Geld gemacht werden kann, verdient es Kredit und kann erfolgreiche Anwaltskanzleien mit der Codierung beauftragen und ggf. langwierige und teure Rechtswege beschreiten.

Solche Begriffsverschiebungen und ihr Niederschlag in Ethik und Recht sind meines Erachtens die eigentlichen Transformationen mit gesellschaftlich-kultureller Tiefenwirkung: die Reduktion facettenreicher, vieldimensionaler Ideen und Begriffe auf wenige Funktionen.

---

1   Vgl. Pistor, Katarina: Den Anwälten fehlt der Blick fürs grosse Ganze, Interview in: NZZ Geschichte, Nr. 34, Mai 2021, S. 10 f.

Letztlich handelt es sich um eine Verdinglichung[2] von Mensch und Natur. Mit Dingen können die Märkte umgehen.

Ist dies zu abgehoben und zu einseitig erzählt? Es muss doch differenziert und ergänzt werden. So stehen beispielsweise die sogenannten Sustainable Development Goals dafür, Mensch, Natur und auch Gesellschaft in ihren Vielfalten gerecht zu werden. Diesem Ziel dienen seit vielen Jahren auch spezialisierte Politikbereiche: etwa die Umweltpolitik, die Sozialpolitik, die sogenannte Entwicklungszusammenarbeit und weitere mehr. Tatsächlich sind hier zum Teil respektable Erfolge zu verzeichnen. Außerdem ist nicht zu leugnen, dass die Idee der Menschenrechte seit der industriellen Revolution, und vor allem auch seit den Zeiten Polanyis, an wirtschaftlicher und gesellschaftlicher Wirkmacht gewonnen hat.

Aber, so scheint mir, diese Politiken treten in aller Regel in korrigierender, nachbessernder Absicht an. Eine Weile mag das gut gehen, und es mögen politische Meriten zu gewinnen sein. Korrigieren und Nachbessern ist jedoch keine Langfriststrategie, wenn die wirtschaftstektonischen Kräfte dagegenwirken.

Wert & Preis

An Karl Polanyis Analyse fasziniert, dass er den tieferen Ursachen, den „Ursprüngen" dieses Kraftfeldes nachspürt. Was genau am Planeten Markt ist es, das das wirtschaftliche und wirtschaftspolitische Denken und Handeln in ihren heutigen Bahnen hält?

Die Beschäftigung mit dem dritten Begriff aus dem gesellschaftlichen Universum – dem „Wert" – bietet meines Erachtens interessante Einsichten. Auch dies ist ein Begriff mit vielen Dimensionen und Facetten. Die Wertfrage war einstmals eine der zentralen Fragestellungen des wirtschaftswissenschaftlichen Denkens. Sie befeuerte heftige und leidenschaftliche Diskussionen. Mit der Zeit kehrte Ruhe ein. Nicht weil die Wertfrage geklärt wäre, sondern weil sie sich im Zeichen von Gleichgewichtsidee und sogenannten selbstregulierenden Märkten nicht mehr stellte – zumindest nicht für den ökonomischen Mainstream. Man verständigte sich darauf, den Wert mit dem Marktpreis gleichzusetzen. Spätestens seit dem Wirtschaftswunder ab den

---

2   Vgl. Polanyi, Karl: The Great Transformation. Politische und ökonomische Ursprünge von Gesellschaften und Wirtschaftssystemen, Frankfurt 1978.

1950er-Jahren verblasste die Wertfrage mehr und mehr zur akademischen Seminarübung ohne wirkliche Praxisrelevanz und fristet heute ein kärgliches Dasein in Büchern und Seminaren zur Geschichte der ökonomischen Lehrmeinungen. Wertvergessenheit. Heute gilt: Wert hat und ist, was einen Marktpreis hat. Oscar Wilde erkannte und kommentierte schon früh: „Heute kennt man von allem den Preis, von nichts den Wert."

Eine meines Erachtens mindestens in zweifacher Hinsicht problematische Entwicklung. Erstens: Die Idee „Wert" mit ihren vielen Farben und Dimensionen wird auf die eine Dimension Preis eingeebnet, der gesellschaftliche Wohlstand – man kennt die Geschichte – auf das Sozialprodukt. Jeder tiefergehenden Nachfrage nach dem Sinn und Wert eines Produkts ist damit die Legitimation entzogen. Das Produkt ist da (mitsamt seiner eigentumsrechtlichen Codierung), der Preis wird bezahlt, also gibt es eine Nachfrage, basta. Unzulässig wäre etwa die Frage: Mit welchen Kriterien lässt sich begründen, dass all die Produkte, die das deregulierte Finanzsystem in den letzten 20 Jahren auf den Markt gebracht hat, es wirklich wert waren? Welchen Nutzen stiften sie? Und wem genau?

Zweitens: In dieser Optik findet Wertschöpfung *nur* auf dem Markt statt. Im deutschen Sprachgebrauch ist denn auch meist von sogenannten „Wertschöpfungsketten" die Rede (während man sich im Englischen sachlich immerhin mit „Supply-Chain" bescheidet). Tätigkeiten an anderen gesellschaftlichen Orten, etwa (nicht bezahlte) nachbarschaftliche Kooperationen im Rahmen der Zivilgesellschaft, allgemein Tätigkeiten im Bereich der sogenannten reproduktiven Ökonomie, wie Haus-, Eigen- und Gemeinschaftsarbeit, geraten aus dem Blick und gelten als unproduktiv. Sie erscheinen als unbedeutende Nebenbühnen im Schauspiel der gesellschaftlichen Wertschöpfung. Wenn es uns nur um eine enge Marktlehre gehen soll, dann könnte diese Perspektivenverengung möglicherweise hingenommen werden. Nicht jedoch, wenn uns – um den altehrwürdigen Begriff herbeizuzitieren – eine erneuerte, umfassende „Volkswirtschaftslehre" interessiert.

Die konstatierte Verengung der Perspektive betrifft auch Tätigkeiten der öffentlichen Hand. Sie gelten als nicht wertschöpfend, sondern werden als mehr oder weniger kostenintensive Infrastruktur wahrgenommen und vorausgesetzt (Rechtswesen, Bildungssystem,

Gesundheitswesen, Energie- und Wasserversorgung, öffentlicher Verkehr beispielsweise). Im Sinne der Marktlogik folgerichtig kann hier unter Effizienzgesichtspunkten der Sparstift angesetzt werden. Und es stehen ganze Bereiche der öffentlichen Dienste zur Verfügung für sogenanntes Outsourcing und Privatisierung. Man zwingt gewissermaßen öffentliche Dienste in den Markt hinein, um wahrlich wertschöpfend zu werden.

Resümierende Zuspitzungen

Es ist unbestritten, dass es Spielräume gibt für Effizienz und auch Privatisierung im Bereich der öffentlichen Hand. Der Punkt, auf den ich hier hinaus will, ist, dass wirtschaftliches und politisches Denken und Handeln, das sich primär der Marktlogik verpflichtet fühlt und damit den Markt als zentralen Ort der Wertschöpfung akzeptiert, die Frage gar nicht erst aufkommen lässt, ob an anderen gesellschaftlichen Orten auch Werte geschaffen werden? Welche Werte? Und wie? Ob nicht erst das Zusammenspiel von Märkten, reproduktiven Tätigkeiten und staatlichen Diensten die Werte schaffen, die man letztlich als Gemeinwohl bezeichnen könnte? Und ob nicht gerade dieses Zusammenspiel Gemeinsinn hervorbringt und erhält, auf den es letztlich für ein friedvolles und gedeihliches Zusammenleben ankommt.

Dass die Märkte als Kern der wirtschaftlichen und gesellschaftlichen Entwicklungen und als zentrale Orte der gesellschaftlichen Wertschöpfung wahrgenommen und akzeptiert werden (erste Zuspitzung), spiegelt sich in der Entwicklung der Wirtschaftswissenschaften wider. Im Grunde ging und geht es fast immer darum (zweite Zuspitzung), die organisatorischen (Arbeitsteilung, Marktorganisation), rechtlichen (Eigentumsrecht, Unternehmensrecht, Haftung, Steuerrecht), finanziellen (Geld- und Kreditwesen, Finanzsystem, Währungsordnung, Preissystem), technologischen (Forschung, Innovation) Bedingungen für stetig prosperierende Märkte zu diskutieren (Konjunkturpolitik, Infrastrukturpolitik, Wirtschaftsförderung, Industriepolitik, Wachstumspolitik). Das heißt auch: immer Neues, (vermeintlich) bessere Qualität und Ausdehnung der Marktangebote. Dies ist zweifellos eine Erfolgsgeschichte, insbesondere in unseren Breitengraden seit den 1950er-Jahren.

Aber es ist eben auch primär eine „Angebotsgeschichte". Insofern erst eine halbe Sache (dritte Zuspitzung). Uwe Schneidewind und Angelika Zahrnt formulieren es so: Wichtig ist es „für eine vollständige ökonomische Betrachtung auch auf die Seite der Bedarfe zu schauen".[3] Gelungenes menschliches Leben besteht gerade darin, nicht jedem Bedarf hinterherzulaufen, nicht Getriebene:r im Räderwerk sich ständig erweiternder Marktangebote und wachsender Begierden zu sein. „Bewusst auf etwas verzichten zu können, sich am Bestehenden zu erfreuen und die Beziehung zum Existierenden zu pflegen – statt immer nach Neuem zu verlangen." Schneidewind und Zahrnt führen den Gedanken weiter und bringen den Soziologen Hartmut Rosa ins Spiel, der die Bedeutung von „Resonanzerfahrungen" herausarbeitet: Sich in Beziehung zur Welt, zur Natur und insbesondere in Beziehung zu anderen Menschen zu erfahren, ist ein fundamentales Moment guten Lebens.

In dieser individuellen Perspektive sind die Märkte ein Ort, wo Resonanzerfahrungen erlebt werden können. Einer unter vielen, und unter heutigen Bedingungen vielleicht (nach meiner Einschätzung) nicht der wichtigste. Denn marktlich vermittelte Güter und Dienste sind erst einmal Rohmaterial, Ressourcen für mögliche Resonanzerfahrungen. Mehr nicht. Mir scheint (vierte Zuspitzung), dass die aus der Soziologie stammende Idee der „Resonanzorte" nah verwandt ist mit der oben vorbereiteten Idee von den „Orten der gesellschaftlichen Wertschöpfung".

Noch wird die Suche nach diesen Orten behindert durch die Fokussierung auf die Märkte als *die* Orte der Wertschöpfung. Wirtschaftspolitik und Wirtschaftswissenschaften sind in der Pflicht.

Entfesselungen

In den 1950er-Jahren galt es die Mangelwirtschaft in Europa nach dem Zweiten Weltkrieg zu überwinden. Stimulierung der Märkte war angesagt, die Vermehrung der vermarktbaren Güter, die Wirtschaft insgesamt sollte florieren, und Arbeitsplätze waren zu schaffen. Das sogenannte Wirtschaftswunder gelang. Dies ist meiner Meinung nach nicht zu bezweifeln und dies will ich keinesfalls kritisieren. Ich meine sogar, dass unter den verschiedensten Orten des Wirtschaftens und Wertschaffens der sogenannten „formalen Ökonomie" großes Gewicht zukam, sogar Vorrang – in der damaligen historischen Si-

---

3 Schneidewind, Uwe, Zahrnt, Angelika: Damit gutes Leben einfacher wird. Perspektiven einer Suffizienzpolitik, München 2013.

tuation wahrscheinlich zu Recht. Und diese wurde von Wirtschaftswissenschaftlern adäquat analysiert, und es wurden entsprechende Lösungen erarbeitet.

Wichtig in diesem Zusammenhang waren Walter Eucken und Ludwig Erhard. Es war ihnen klar, dass Marktwirtschaft als Ordnungssystem gestaltbar ist, sie ist eine gesellschaftliche Veranstaltung! Der Politik kommt hierbei eine zentrale Funktion zu. Sie formuliert Gestaltungsprinzipien (konstitutive und regulative Prinzipien), die die Veranstaltung Marktwirtschaft näher charakterisieren. Zu diesen Prinzipien gehören beispielsweise funktionierendes Geldwesen, funktionierendes Preissystem, Haftung, Internalisierung von sogenannten externen Effekten[4], aber auch offene Märkte. Es ging ihnen um die Zivilisierung der Märkte innerhalb eines bewusst gestalteten Rahmens. Dazu gehörte die Formulierung des wirtschaftspolitischen Zielsystems. Oft ist die Rede vom sogenannten „magischen Vieleck der Wirtschaftspolitik". Hier tauchte (meines Wissens zum ersten Mal in dieser Klarheit) das Ziel „wirtschaftliches Wachstum" auf.[5] In der Folge entwickelte sich die Wachstumspolitik zum eigentlichen wirtschaftspolitischen „Joystick". Virtuose Anwendung erlaubte die Realisierung „angemessenen Wachstums" mit dem Zweck, neben der Gütervermehrung auch andere wirtschaftspolitische Ziele mitzuverfolgen (beispielsweise Beschäftigung, Vermeidung von Zahlungsbilanzkrisen) und sogar Zielkonflikte zu vermindern oder in Grenzen zu halten (Geldwertstabilität). Daher der Ausdruck „magisch".

Auf die Geschichte des Wirtschaftswunders wird hier nicht weiter eingegangen. Wichtig ist für unsere Belange: Parallel zur gewissermaßen lehrbuchgerechten Implementierung der Marktwirtschaft (alles andere als selbstverständlich) erblühte eine wirtschaftspolitische Praxis neu auf, die weit hinter die Einsichten Euckens, Erhards und der sogenannten ordoliberalen Schule der Ökonomie zurückfallen und Rezepte des Merkantilismus wiederbelebten. Dies geschah ebenfalls in den 1950er-Jahren, just zur Zeit, als die Wertedebatte zu verwelken begann. Die Rede ist von der neomerkantilistischen (merce = Waren) Strategie der „billigen Zentralressource" (wie ich es wiederholt in meinen Bücher beschrieben habe). Angesprochen sind insbe-

---

4 Externe Effekte (oder Externalitäten) sind Auswirkungen wirtschaftlicher Aktivitäten auf Dritte, inklusive Umwelt. (Anmerkung Hrsg.)
5 Ludwig, Erhard: Wohlstand für Alle, Düsseldorf und Wien 1957.

sondere die Politiken der billigen Energie, der billigen und jederzeit zugänglichen Rohstoffe, der möglichst ungehinderten, billigen Mobilität, der (trotz absoluter Knappheiten) immer noch großzügigen Raumerschließung und schließlich der verbilligten technologischen Großrisiken. Das Instrumentarium reicht von der Nichtinternalisierung negativer Externalitäten über verschiedene Formen indirekter und direkter Verbilligung (Steuerbefreiungen oder -vergünstigungen, Subventionen, Haftungsbeschränkungen) über angebotsorientierte Infrastrukturpolitiken bis hin zu diplomatischen und militärischen Interventionen. Hinzu kommt eine Politik des billigen Geldes und der Deregulierung des Finanzwesens.

Ein ausgewähltes Beispiel aus aktuellem Anlass: Gegenwärtig werden die fossilen Energieträger weltweit pro Jahr in den Größenordnungen von 500 Mrd. (IEA 2013) bis 1.000 Mrd. Dollar[6] direkt subventioniert. Dies entspricht rund dem viereinhalb- bis neunfachen Betrag der Entwicklungshilfe der OECD-Staaten. Wenn die Steuererleichterungen und die nichtinternalisierten Externalitäten hinzugerechnet werden, kommt man gemäß Internationalem Währungsfonds für das Jahr 2013 sogar auf den Betrag von 1.900 Mrd. Dollar (IMF 2013). Tendenz damals steigend und bis heute ungebrochen. Dies ist eine kraftvolle Politik zur Beschleunigung des Klimawandels! Oder ökonomisch gewendet: Hier wird in die Vergangenheit investiert!

Das Bild lässt sich grundieren und erweitern: beispielsweise um den Aspekt der internationalen Gerechtigkeit. Denn bei der skizzierten Praktik handelt es sich um eine subtile Strategie des Protektionismus des entwickelten Nordens gegenüber „Ländern des Südens": Sie verbilligt die einheimische Produktion im Vergleich zur Produktion in sogenannten Entwicklungsländern, denen solche Praktiken nicht möglich sind. Hinzu kommen nach wie vor kraftvolle Regime von Importbeschränkungen und Importzöllen, von Exportsubventionen und subventionierten Exportrisiko- und Investitionsgarantien.

Das skizzierte Muster einer Politik der billigen Zentralressource hat sich über viele Jahrzehnte hinweg herausgebildet. Beinahe unbemerkt. Es handelt sich um ein wirtschaftspolitisches „Gewürz" im Dienste marktlicher Angebotsförderung, das in die verschiedensten Politikbereiche hineingestreut wurde und wird. Als Gesamtmuster je-

---

6   Sukhdev, Pavan: Die Natur ist wie eine kostenlose Mahlzeit, in: CS Bulletin 1, 2019, S. 22 – 24.

doch blieb es unterhalb der ordnungspolitischen und meist auch wirtschaftswissenschaftlichen Wahrnehmungsschwelle. Trotzdem prägt es die wirtschaftliche Entwicklung gegen die Nachhaltigkeit und behindert die Entwicklung nichtmarktlicher Orte der Wertschöpfung.

Entfernungen

Die Fokussierung auf die Märkte und ihre Logik ist mit vier Arten von Entfernungen verbunden. Erstens mit einer *Entfernung von den Menschen*. Sie treten auf als Unternehmer:in, Arbeitskraft und Konsument:in. Sie werden ausgestattet und zur wirtschaftlichen Leistung ermuntert durch Selbstverantwortung (meritokratische Ethik), gleichzeitig aber auch allein gelassen, auf sich selbst gestellt. Zudem schnürt die vom globalen Norden designte asymmetrische Welthandelsordnung die wirtschaftlichen Entwicklungsmöglichkeiten der Menschen des globalen Südens ein (ganz unabhängig von selbst verschuldeten Entwicklungsbarrieren). Dies ist letztlich eine Relativierung der Idee der Menschenrechte, zu deren Fürsprecher wir uns gerne aufspielen. Kein Wunder, dass Marktwirtschaft und Demokratie an Leuchtkraft verlieren.

Die Marktlogik ist zweitens mit einer *Entfernung von der Natur* verbunden: Die Natur, Tiere, Landschaften und Naturschönheiten, aber auch nicht so ohne Weiteres erkennbare Ökosystemleistungen, beispielsweise der Biodiversität, treten in Erscheinung vor allem in ihrer Funktion als Ressource für wirtschaftliche Produktion. Die künstliche Verbilligung natürlicher Zentralressourcen verstärkt zusätzlich diese Geringschätzung. Signalisiert wird: Achtsamkeit, Sorgfalt, Sparsamkeit und intelligenter Umgang sind fehl am Platz. Fragen wie Selbstwerte der Mitwelt stellen sich schon gar nicht.

Drittens folgt aus der Fokussierung auf den Markt als alleinige Quelle der Wertschöpfung eine *Entfernung von der Gesellschaft als insgesamt wertschöpfendes System*. Andere Orte der Wertschöpfung bleiben ausgeblendet. Resonanz ist kein Thema.

Viertens und Obiges zusammenfassend: Die Fokussierung auf Märkte bedeutet letztlich eine *Entfernung von Gemeinsinn und Gemeinwohl*. Märkte bringen Güter und Dienste hervor, die einzelne Individuen oder allenfalls Gruppen von Individuen nachfragen. Das können Märkte, und das ist ihre große Stärke. Aber Gemeinsinn und Gemeinwohl sind etwas anderes als die bloße Summe der marktlich angebotenen Güter und Dienste (wie sie sich beispielsweise im Bruttoinlandsprodukt äußert). Gemeinsinn und Gemeinwohl sind auch mehr, als man in marktlicher Terminologe „öffentliche Güter" nennt (beispielsweise Rechtsordnung, Bildungssystem, Polizei, Verteidigung), für deren Herstellung lehrbuchgemäß der Staat zuständig ist.

Eine nachhaltige Entwicklung wird ohne humane, gesellschaftlich aufgeklärte und ökologisch orientierte Wirtschaft nicht zu haben sein.

Überforderungen & Rückzüge

Wir haben es mit vielfältigen Klimawandlungen zu tun: im Ökologischen, im Sozialen, im Politischen, im Wissenschaftlich-Technischen, im Wirtschaftlichen und im Kulturellen – alle mit globalen Auswirkungen. Und alle wirken zusammen. Für mich ist dies Einladung, den Erzählstrang von Karl Polanyi „The Great Transformation" wiederaufzunehmen und weiterzuspinnen. Dabei konzentriere ich mich auf ausgewählte Wandlungen in der Sphäre des Wirtschaftlichen, Sozialen und Politischen und zeichne in der Folge eine problematische Spielart ihres Zusammenwirkens (so wie ich sie wahrnehme). Mich leitet dabei die Hypothese (und Befürchtung), dass mit der Zunahme der ökologischen und allgemein gesellschaftlichen Herausforderungen in heutiger Zeit gleichzeitig die gesellschaftliche Problemlösungsfähigkeit sinkt.

Globale Transformationen, Ohnmacht, Wut & Angst

Ich skizziere mit groben Pinselstrichen: Da sind einmal die neuen *Unternehmungsgiganten*, insbesondere im Internet-, Technologie- und Pharmabereich. Ihnen voran gingen zum Teil jahrzehntelange Vorinvestitionen durch die Steuerzahler:innen (Grundlagenforschung). Dann, zur rechten Zeit, schritt man zur Gründung, bezog möglicherweise eine Garage als ersten Firmensitz, holte sich Venture Capitalists an Bord und realisiert nun einige Jahre später beträchtliche Milliardengewinne. Dass dabei sogenannte internationale Steueroptimierung betrieben wird, ist – zynische Pointe – ganz selbstverständlich. Diese Unternehmen demonstrieren, wovor kritische (entwicklungsökonomische) Stimmen schon vor rund fünfzig Jahren gewarnt haben: dass wirtschaftliche Größe auch politische Macht mit sich bringt. Sie führt zu Ungerechtigkeit und Abhängigkeiten; lässt staunen, macht möglicherweise ohnmächtig.

Ähnliches gilt für die *To-big-to-fail-Häuser im Finanzsektor*. Hier geht es weniger um steuerfinanzierte Grundlagenforschung als um großzügige Deregulierungsmaßnahmen, die den Boom insbesondere im Bereich des Investmentbankings erst möglich gemacht haben – tatkräftig unterstützt durch entsprechend spezialisierte juristische Expertise und mit durchaus fragwürdigen Effekten für das Gemeinwohl. Macht vielleicht hilflos und wütend.

Dann wäre da die *neue Angst der Mittelklasse*, wie sie der berühmt gewordene Elephant-Chart[7] skizziert. Sie zeigt, dass die Verlierer:innen des heutigen Wirtschaftens nicht mehr *nur* im fernen Süden zu finden sind, sondern vermehrt mitten unter uns. Das merkt der einstige „Globalisierungsturbo" USA gegenwärtig besonders schmerzlich. Aber auch wir in Europa. Diese Dynamik in Richtung zunehmender ökonomischer Ungleichheit wirkt ungebremst, wie neue Studien belegen. Macht mit Sicherheit Angst und Wut.

Hinzu kommt, dass der *globale Mittelstand* sich zusehends nach Osten verschiebt, was die weltweiten ökonomischen Kräfteverhältnisse fundamental verschiebt – und in der Folge auch die politischen und militärischen. Sinnbild dafür ist der rasante (Wieder-)Aufstieg *Chinas* zur selbstbewussten ökonomischen und politischen Weltmacht. Das macht Eindruck, auch unsicher, wahrscheinlich sogar Angst.

Es geht ums Ganze!

Auch hier: War dies zu abgehoben und einseitig? Man könnte mühelos anders akzentuieren – und mit positiver Farbung. Mein Punkt ist jedoch: Obige Farbtupfer signalisieren beispielhaft wirtschaftliche, soziale und politische Ausprägungen und Trends unseres heutigen Wirtschaftens, die uns wie Naturgewalten treffen.

Betrachten wir das Bild unter Einbezug der ökologischen Herausforderungen. Und berücksichtigen wir die Fortschritte der letzten Jahre: ökologische Effizienzverbesserungen, vermehrte Kreislaufführung von Stoffströmen, generell das gesamte Repertoire der ökologisch

---

7 Milanović, Branko: Global Income Inequality by the Numbers: In History and Now, An Overview, The World Bank, Development Research Group, Policy Research Working Paper 6259, November 2012.

und sozial orientierten Unternehmungsführung, der Umweltpolitik, dann auch beispielsweise die Anstrengungen im Bereich Entwicklungshilfe und -zusammenarbeit, die Versuche zur Zivilisierung der Finanzmärkte, aber auch die individuellen Verhaltensänderungen usw. Es bleibt festzuhalten: Trotz all dieser Fortschritte in Details (so wichtig sie im Einzelfall sind), es ist – so wie ich erkennen kann – kein einziger globaler, wirklich existenzieller (ökologischer, sozialer, wirtschaftlicher oder politischer) „Belastungstrend" gebrochen worden. Im Gegenteil: Mir scheint, die existenziellen Negativtrends verstärken sich, und dauernd kommen neue hinzu. Es geht ums Ganze. Um das „gute Leben für alle"! Nicht mehr um isolierte Innovationen oder Nachbesserungen des Unzeitgemäßen, geschweige denn um dessen Förderung (Stichwort Politik der billigen Zentralressourcen, beispielsweise Subventionierung des fossilen Energiesystems).

Überforderungen

Wir scheinen überfordert. Viele Anzeichen sprechen dafür, dass *wir* (als Gesellschaft, Weltgemeinschaft) fatal jenen Mustern des Scheiterns folgen, die Jared Diamond in seinem Buch „Kollaps" beschrieben hat. Sie lassen sich etwa wie folgt zusammenfassen: Menschliche Gesellschaften haben die beunruhigende Fähigkeit, in entscheidenden Situationen nicht, falsch oder zu spät zu entscheiden und zu handeln – und zu scheitern. Es geht hier nicht um Katastrophenrhetorik und -pädagogik. Sondern schlicht darum, nicht einfach wegzusehen, sondern Lehren zu ziehen aus umfangreicher Literatur, erarbeitet aus verschiedensten Perspektiven.

Wortmeldungen: Ralph Dahrendorf, Soziologe und Liberalismusforscher, fragt sich, ob wir es schaffen werden, die global und regional zweifellos zunehmenden Konfliktenergien zur Erarbeitung konstruktiver Lösungen zu nutzen. Er bleibt kritisch. Der Historiker Timothy Garton Ash erachtet es angesichts der gegenwärtigen Problemlagen als durchaus möglich, ja wahrscheinlich, dass die dünne, nicht sehr belastbare Schicht der Zivilisation brechen wird. Madeleine Albright, ehemals US-Außenministerin und Politologin, warnt vor den Gefahren eines sich heranschleichenden Faschismus und Martha Nussbaum, Philosophin und Psychologin, vor dem „Königreich der Angst".

Es scheint immerhin möglich, dass wir unsere Problemlösungsfähigkeiten als Gesellschaften weiterentwickeln können und dass Hoffnung besteht, richtig und zur Zeit zu entscheiden und zu handeln. Darauf ist zurückzukommen. Vorerst aber bleiben wir bei der Dynamik des Scheiterns, das heißt in der Gegenwart.

Rückzüge & Fluchten

Die aufgestauten Probleme verursachen Verunsicherung und Ohnmacht. Beklagt werden Ungerechtigkeit und Kontrollverlust. Man sieht sich als Ball eines undurchschaubaren Spiels. Dies macht Angst, führt zu Wut. Beste Voraussetzungen für Rückzüge ins biedermeierlich Private. Aus wirtschaftshistorischer Perspektive kann der Biedermeier als Reaktion auf die Ängste und Unsicherheiten im Zuge der gesellschaftlichen Umwälzungen der Ersten Industriellen Revolution interpretiert werden. Ähnliches geschieht heute. Martha Nussbaum berichtet davon in ihrem Buch „Königreich der Angst – Gedanken zur aktuellen politischen Krise". Da wird das breite Repertoire von Angstreaktionen beschrieben. Dazu gehören: Rückzüge ins Kleine, Überschaubare, ins scheinbar Beherrschbare. Zuflucht bei einfachen Lösungen, herkömmlichen Methoden und Routinen. Zuflucht bei politischen Heilsbringern und starken Männern. Oft oder meist verbunden mit einem Wegducken, wenn diese in aller Offenheit die Institutionen von Demokratie und Rechtsstaatlichkeit diffamieren (zum Beispiel unabhängige Wissenschaft, Justiz und Presse), wenn sie sich dranmachen, diese zu demontieren oder zu zertrümmern. Flucht in Verschwörungstheorien. Schuldzuweisungen an Minderheiten. Militante Abgrenzung gegenüber „den anderen".

„Überforderungsspirale"

Diese Reaktionen scheinen mir Hinweise darauf zu sein, dass es offensichtlich nicht gelingt, adäquate Antworten auf die gegenwärtig zentralen Fragen zu finden. Ja, dass die eingespielten gesellschaftlichen Problemlösungsmechanismen für diese Ängste und Fragen gar nicht zugänglich scheinen. Keine Resonanz. Zynische Pointe ist, dass jene politischen Kräfte, die lautstark mit dem Anspruch antreten, die drängenden, die Menschen beschäftigenden Probleme anzugehen, auf die Karte Angst, Abgrenzung und einfache Lösungen setzen.

Eine Folge dieses Problemstaus ist, dass das Projekt Aufklärung an Leuchtkraft verliert. Der demokratische Rechtsstaat und die (zivilisierte) Marktwirtschaft sind in eine Legitimitätskrise geraten. Man glaubt immer weniger, dass Demokratie und Marktwirtschaft (bzw. ihre Weiterentwicklungen) Teil der Lösung sein können. Nicht nur, dass diese Institutionen für Menschen und Länder im Osten, in Afrika oder Südamerika (in sogenannten Schwellenländern generell) keine inspirierenden Modelle mehr sind. Mit der Erosion von rechtsstaatlicher Demokratie und zivilisierter Marktwirtschaft, denen im Prinzip Freiheit, Offenheit, Vielfalt, Inklusion, Kreativität, Innovationskraft und die Fähigkeit zu Gerechtigkeit in ihre DNA eingeschrieben sind, kommen uns selbst Werte und Problemlösungskompetenzen abhanden, auf die wir dringend angewiesen sind. Die Erosion dieser Institutionen zieht weitere Spiralläufe der Überforderung nach sich. Mir scheint, da stecken wir mittendrin!

Noch folgen wir dem Drehbuch von Jared Diamonds Kollaps[8].

Im Grunde geht es darum, (1) bestehende Handlungsräume in Wirtschaft und Gesellschaft in Richtung Nachhaltigkeit kreativ und intelligent zu nutzen, (2) an unseren Verfassungen weiterzuschreiben, um die Handlungsräume auszuweiten, und darum, (3) freudig und auch mutig zu handeln als Akteure an unseren jeweiligen Plätzen und vor allem auch als Citoyenne und Citoyen.

Immerhin: Die Verfassungen etwa der europäischen und nordamerikanischen Demokratien können als Protokolle der erfolgreichen Suche nach „Erfindungen für Freiheit und gegen Machtmissbrauch"[9] gelesen werden. Im Lichte obiger Ausführungen geht es nun um die Bekräftigung dieses Anspruchs und um die kreative Weiterentwicklung: um *Erfindungen für ein gutes Leben für alle*.

---

8 Vgl. „Kollaps. Warum Gesellschaften überleben oder untergehen" von Jared Diamond (Anmerkung Hrsg.)
9 Riklin, Alois: Erfindungen gegen den Machtmissbrauch. Ein Beitrag zur Geschichte der politischen Ideen, in: Küng, E. (Hrsg.): Wandlungen in Wirtschaft und Gesellschaft. Die Wirtschafts- und Sozialwissenschaften vor neuen Aufgaben, Tübingen 1980.

Annäherungen & Aufbrüche

Plurale Ökonomie

Die Disziplin Ökonomie muss sich aus der selbst verordneten Wertvergessenheit befreien. Sie muss es wagen, sich wieder der Wertfrage anzunähern. Und sich fragen, was sie beitragen kann zu einer umfassend verstandenen Wirtschaft für die Menschen im Einklang mit der Natur. Dies bedingt eine radikale Öffnung für den ganzen Menschen und für alle Orte der Wert- und Sinnstiftung. In diese Richtung zielt die Forderung nach einer „Pluralen Ökonomik", wonach sich die Wirtschaftswissenschaften konzeptionell und methodisch aus unterschiedlichen Perspektiven den relevanten ökonomischen Fragestellungen des 21. Jahrhunderts annähern sollen. Dafür stehen auch die Forderungen einer größeren Zahl deutschsprachiger Wirtschaftswissenschaftler:innen nach einer „transformativen Wirtschaftswissenschaft".

Zivilisierung der Marktwirtschaft

Verantwortung!

Verantwortung und Haftung waren zentrale Pfeiler der Marktwirtschaft, so wie sie in den 1950er-Jahren beispielsweise von Walter Eucken konzipiert wurde. Mit der Globalisierung der Waren- und Finanzwelt sind sie in Vergessenheit geraten. Beziehungsweise: Die globalisierte Wirtschaft hat sich ihnen entwunden. Zu einer zivilisierten Marktwirtschaft gehört die Reintegration von Verantwortung und Haftung. Dies gilt insbesondere für die internationalen Angebotsketten und die Finanzmärkte! Die in der Schweiz im Jahre 2019 zur Volksabstimmung gelangte sogenannte Konzernverantwortungsinitiative beispielsweise hatte dies im Sinn. Sie mag damals abgelehnt worden sein, die Idee jedoch ist meines Erachtens nicht weg von der gesellschaftlichen Traktandenliste. Die Reichweiten von Verantwortung und Haftung müssen mit den Reichweiten der globalen wirtschaftlichen Aktivitäten in Übereinstimmung gebracht werden.

Gemeineigentum mehr Raum geben!

Immer dann, wenn wir es mit absoluten Knappheiten zu tun haben, ist Privateigentum eine besonders problematische Konzeption. Im Grunde ist sie ein Erbe der „leeren Welt", wo relative Knappheiten die

Regel waren und die Expansionsräume weit offen standen. Eine höhere Nachfrage nach natürlichen Ressourcen (und daraus produzierter Güter) war leicht zu realisieren, wenn auch vielleicht zu steigenden Kosten. Denn das Reservoir an eigentumsrechtlich „einhegbaren" Naturressourcen war groß. Und auf dem Wege des Kolonialismus wurde dieses Reservoir noch vergrößert. In einer „vollen Welt" hingegen, wo auch koloniale Ressourcenvermehrungen glücklicherweise an Grenzen stoßen, gelingt diese Einhegungspraxis immer weniger bzw. zu immer höheren sozialen Kosten. Denn wenn zentrale Naturgüter (Ressourcen und Rohstoffe) und vor allem Naturdienste (Regenerationsfähigkeit von Ökosystemen, Biodiversität, aber auch Landschaftsbilder und Naturschönheiten) absolut knapp werden, findet nur noch Verdrängungswettbewerb statt: mit Gewinnern und Verlierern. Und mit Ungerechtigkeiten. Unter dem Regime des Privateigentums verstärken absolute Knappheiten die ohnehin schon wirkende Dynamik in Richtung zunehmender ökonomischer Ungleichheiten. Die Schwächen der meritokratischen Ethik potenzieren sich. In einer „vollen Welt" heißt Zivilisierung der Marktwirtschaft demnach auch: dem Gemeineigentum (und der Verfassung des Gemeineigentums) mehr Raum geben.

Abschied von der Politik der billigen Zentralressourcen

Billige Zentralressourcen sind ein wirkungsmächtiges Lernprogramm in die ökologisch und sozial falsche Richtung. Dieses hat sich über viele Jahrzehnte hinweg herausgebildet, beinahe unbemerkt. Auch diese Politikdoktrin leitet sich ab vom Bild oder eher schon vom Mythos der „leeren Welt". Davon müssen wir wegkommen und damit von der heutigen Abhängigkeit von billiger Naturzufuhr.

Möglichst adäquate Bepreisung von Ressourcen

Das Preissystem ist ein sehr effektives gesellschaftliches Informationssystem. Falschinformationen werden ebenfalls schnell und breit gestreut. Von einem funktionierenden Preissystem erwartet man daher, dass die Preise die ökologischen und sozialen Knappheiten möglichst gut wiedergeben (von der Schwierigkeit der adäquaten Übersetzung vieldimensionaler Werte in ein eindimensionales Preissignal sprachen wir bereits). Das Zurückfahren der künstlichen Verbilligung ist ein erster Schritt in diese Richtung. Keine künstliche Verbilligung heißt jedoch noch nicht korrekter Preis. Unverzichtbar bleibt der Einsatz geeigneter Instrumente zur adäquaten Bepreisung in so zentralen Bereichen wie Klima-, Energie- und Verkehrspolitik (zum Beispiel Energiesteuern mit pauschaler Rückerstattung nach dem Vorbild des Ökobonus). Diese Forderung ist natürlich weder neu noch originell (gehört zum Kernbestand der Umweltökonomie), leider aber aktueller denn je. Noch versorgt uns das Preissystem mit ökologischen und sozialen Fake News. Vergessen wir nicht: Trotz über vierzigjähriger Umweltpolitik ist es uns und der Weltgemeinschaft nicht gelungen, wirklich existenzielle ökologische und soziale Belastungstrends zu brechen. Und es kommen dauernd neue hinzu.

Die vorangehenden vier Abschnitte befassten sich mit ausgewählten Aspekten des Reformprojekts Marktwirtschaft. Weitere können und müssen dazukommen. Insgesamt gilt: Eine „zivilisierte Marktwirtschaft" setzt den Anreizrahmen für Experimente und Suchprozesse, kurz für neue Formen des Wirtschaftens.

Aber da ist noch die Wachstumsfrage.

Keine künstlichen Wachstumszwänge

Es besteht die Gefahr, dass unter Verweis auf den im modernen Geld- und Kreditsystem angelegten systemischen Wachstumszwang die Motivation für eine Ökologisierung der Wirtschaft erlahmen könnte: „Wir schaffen es eh nicht!" Oder dass sie sich in heroischen paradigmatischen Debatten entlädt: „Weg mit dem Kapitalismus!" Solche Debatten überfordern sich systematisch. Denn komplexe soziale Systeme können zwar zertrümmert, aber nicht in einem großen Wurf erschaffen werden, nicht im Denken, schon gar nicht in der Praxis.

Meine Erzählung schlägt bescheidenere Töne an. Zuerst ist abzuklären, inwiefern das vorgefundene Wirtschafts- und Gesellschaftssystem grundsätzlich begabt ist, um die anstehenden Herausforderungen in Freiheit, Gerechtigkeit und in Frieden zu lösen. Dies traue ich einer zivilisierten Marktwirtschaft und einem demokratisch verfassten Rechtsstaat zu – mein Werturteil und meine analytische Vermutung.

Dann gilt es genau hinzuschauen, zu analysieren und konkrete Schritte der Weiterentwicklung zu erarbeiten. Diesem Ziel dienen die obigen fünf Postulate und die folgenden Überlegungen im Zusammenhang mit der Wachstumsfrage:

Zwar lässt sich ein Wachstumszwang schlüssig begründen, allerdings relativiert sich dieser Zwang vor dem Hintergrund weiterer Wachstumsursachen, die keinesfalls Zwänge darstellen, sondern auf politische Entscheide zurückzuführen und zum Teil explizit gegen die Natur gerichtet sind. Hier muss und kann angesetzt werden!

(1) Von der Politik der billigen Zentralressourcen war schon die Rede: dies ist eine Wachstumspolitik gegen die Natur! Davon ist wegzukommen. An ihre Stelle haben zu treten Verantwortung, Haftung sowie ökologisch und sozial adäquate Preissignale.

(2) Es existiert eine ganze Reihe von staatlichen Dienstleistungen, die rund ums wirtschaftliche Wachstum aufgebaut sind und mehr oder weniger von ihm abhängen: allen voran das Sozialversicherungssystem, aber auch das Gesundheitssystem und das Bildungssystem. Ursprünglich gut gemeint, heute jedoch zunehmend dysfunktional und grundlegend neu zu überdenken.

Schließlich (3) war Wachstumspolitik lange Zeit wichtig zur Befriedung von Gesellschaften (Europa nach dem Zweiten Weltkrieg). Diese Befriedungsfunktion erodiert angesichts zunehmender Ungleichheiten; die neue Angst des Mittelstands genügt hier als Stichwort.

Neue Orte der Wertschöpfung und Sinnstiftung: Resonanz & Care

Ein *Gutes Leben für alle* verlangt mehr als nur Reformen am marktwirtschaftlichen Setting und neue Formen des Wirtschaftens innerhalb dieses Settings. Das, was ein gelingendes Leben ausmacht, kann nur zu einem geringen Teil von der Wirtschaft – im herkömmlichen Sinne verstanden – gewährleistet werden. Es ist nach meiner Einschätzung illusorisch, Lösungen primär angebotsorientiert im Rahmen von Exzellenz-, Innovations-, Förderungs- oder Bildungsinitiativen und Ähnlichem mehr anzustreben. Die Menschen sind mehr als zu perfektionierende Marktbürger:innen.

Gutes Leben für alle nimmt sämtliche gesellschaftlichen Bereiche in den Blick. Sie alle können als Orte der Wertschöpfung – und Sinnstiftung – entdeckt und kultiviert werden: Nachbarschaft, Quartier, Schule, Universität, Kirchengemeinde, „Transition Town" und vieles mehr – und ja, auch Unternehmungen als produktive soziale Systeme.

„Corporation 2020"[10] steht stellvertretend für Diskurs und Bestrebungen zum Neudenken der Institution Unternehmung.

Doch was macht ein gutes Leben aus? Zwei Leitideen scheinen mir vielversprechend: Resonanz und Care. Anders als bei Marktbeziehungen, wo sich Güter oder warenförmige Dienstleistungen zwischen die Menschen schieben, zählt in der „Care Economy" die direkte persönliche Beziehung. In den Wirtschaftswissenschaften ist die „Care Economy" inzwischen denn auch eine gut vernehmbare Stimme.

Erfolgreiche Gesellschaften sind Offene Gesellschaften

Erfolgreiche Gesellschaften zeichnen sich dadurch aus, dass überlebenswichtige Herausforderungen in ihnen Resonanz erzeugen. Dass sie sich nicht abschließen, nicht abblenden, sich nicht mit Symbolik oder mit Symptombekämpfung begnügen oder mit der Nachbesserung des Überholten, wenn es um grundsätzlich Neues geht. Konkreter! Erfolgreiche Gesellschaften zeichnen sich dadurch aus, dass sie sich (mindestens) folgende Fähigkeiten erarbeiten:

Offenheit und Reflexion

Wille und Fähigkeiten, die (ökologisch, sozial, politisch, wirtschaftlich) überlebenswichtigen Herausforderungen wahrzunehmen und im Hinblick auf ihre Bedeutung (Gefahren und Chancen) zu reflektieren. Unter den Wertprämissen der Menschenrechte, des demokratischen Rechtsstaats, kurz: der *Offenen Gesellschaft* – zu der ich mich bekenne! – gehört dazu der radikale Wille zur Offenheit und zur kritischen Hinterfragung wirtschaftlicher, politischer und gesellschaftlicher Konzepte und Strategien.

Analyse

Die Fähigkeit, diese Herausforderungen unter Berücksichtigung der relevanten systemischen Bezüge (Zusammenhänge zwischen Ökologie, Sozialem, Politischem, Wirtschaft und Technik) adäquat zu analysieren. In Bezug auf die Offene Gesellschaft heißt dies: Die Bezüge sind umfassend zu verstehen. Es geht um alle für die Menschen wichtigen lebensweltlichen Aspekte. Also keine a priori bereichspolitischen, wissenschaftlich-disziplinären, technischen oder auch politisch-opportunistischen Verengungen oder Vorlieben!

---

10   Sukhdev, Pavan: Corporation 2020. Warum wir Wirtschaft neu denken müssen, München 2013.

Inspirierende Narrative

Die Fähigkeit, die Erkenntnisse aus Reflexion und Analyse in inspirierende, prinzipiell handlungsleitende Erzählungen (Narrative) zu übersetzen. Die im vorliegenden Essay gebotenen Reflexionen und Analysen skizzieren Bausteine zu einem möglichen Narrativ *Gutes Leben für alle*.

Suchen, Lernen & Gestalten

Die Fähigkeit und die Bereitschaft, technische, wirtschaftliche, politische und gesellschaftlich-kulturelle Such- und Gestaltungsprozesse auszulösen, zu unterstützen und zu moderieren. Offene Gesellschaften zeichnen sich aus durch radikale Betonung der Partizipation. Sie ermöglicht vielfältige Prozesse der Suche, des Lernens und der Gestaltung im Zeichen

- von gesellschaftlicher Kreativität,
- von Teilhabe und Kooperation,
- von Machtausgleich und Konfliktregelung,
- von Gerechtigkeit und
- von friedlichem Umgang mit absoluten Knappheiten, gesellschaftlicher Selbstbeschränkung.

Die Offene Gesellschaft hat keine Angst vor dem kreativen Chaos vielfältiger gesellschaftlicher Suchprozesse.

Institutionelle Innovationen

Schließlich gilt es sicherzustellen, dass die Erarbeitung und Ausübung obiger Fähigkeiten zum gesellschaftlichen Normalfall werden. Als „Erfindungen für ein *Gutes Leben für alle*" sollten sie in die gesellschaftlichen Institutionen und Normensysteme (Verfassung) eingeschrieben werden. Sie ergänzen die bisherigen „Erfindungen für Freiheit und gegen Machtmissbrauch".

Mein Bekenntnis zur Offenen Gesellschaft bedeutet zweierlei: (1) das Bekenntnis zum *(Selbst-)Wert* von Freiheit, Gerechtigkeit, Menschenwürde generell und (2) die Einsicht, dass die diesen Werten nachgebildete Offene Gesellschaft zugleich wirkungsvolles *Instrument* ist, um den vielfältigen Herausforderungen heute zu begegnen. Darüber berichten meines Erachtens schlüssig unter anderem Amartya Sen in seinem Buch „Entwicklung als Freiheit" und Daron Acemoğlu, James A. Robinson in „Warum Nationen scheitern". Der Komplexität heutiger Problemlagen müssen wir gesellschaftliche Vielfalt und Kreativität entgegenstellen. *Gegenkomplexität.*

Lob der Komplexität & Anfänge

Zu den bestehenden Herausforderungen gesellen sich laufend neue (wir sprachen davon). Wir sind einer Vielfalt von Problem-Nadelstichen ausgesetzt. Unter den Voraussetzungen einer Offenen Gesellschaft ist dies für mich ein Grund zur Hoffnung. Es wird immer deutlicher, dass wir uns nicht mehr länger in biedermeierliche Klein- und Scheinlösungen flüchten können. Ebenso wenig können wir uns auf althergebrachte Routinen verlassen. Diese Bequemlichkeiten verlieren meines Erachtens zusehends auch an politischer Zustimmung (vielleicht ein Grund für die in den letzten Jahren zunehmenden Schwächeanfälle der europäischen Volksparteien). Die Vielfalt an Problemen und Herausforderungen lädt ein oder eher: zwingt zu einem NeuSehen, NeuDenken und NeuGestalten von Grund auf. Oder anders herum und zugespitzt: Es sind die vielen Probleme, Herausforderungen, Dysfunktionalitäten in Wirtschaft und Gesellschaft, die alles fragwürdig erscheinen lassen – Ohnmacht, Wut und Ängste hervorbringen –, die im Rahmen einer Offenen Gesellschaft Resonanz gewinnen und zum Handeln anstoßen.

Dies ist meine Hoffnung und unsere Aufgabe.

Die immer wieder herbeizitierte große Katastrophe, die notwendig sei, um gesellschaftliche Lernprozesse auszulösen, gehört in die volkspädagogische Rumpelkammer. Es ist eine Entschuldigungsfloskel, um sich der Verantwortung zu entziehen.

Wer nach einer Öko- oder Expertendiktatur ruft oder auch nur die Umsetzung gesellschaftlicher Großentwürfe fordert, hat die wichtigste Lektion der Offenen Gesellschaft als Selbstwert *und* als immer wichtiger werdenden Wahrnehmungs-, Problembearbeitungs- und Problemlösungsprozess in einer komplexen, dynamischen Welt nicht begriffen.

In der Tat: Mit offenem und neugierigem Blick können viele neue wirtschaftliche, politische, gesellschaftliche und auch wissenschaftliche Initiativen ausgemacht werden. Es sind viele Anfänge sichtbar (auch in den Wirtschaftswissenschaften).

Um es in Anlehnung an Hannah Arendt zu sagen: Die Geburt jeder/jedes von uns ist ein Anfang. Insofern sind wir alle existenziell immer Anfängerinnen und Anfänger. Jede Berufswahl, jedes individuelle Studium, jede Gründung einer wirtschaftlichen Existenz, jede Tätigkeitsaufnahme in der Wirtschaft und jede individuelle „Bewegung" im Politischen, im öffentlichen Raum, in der Zivilgesellschaft und auch in den Wissenschaften sind Anfänge. Hannah Arendt gab ihrer Schrift den Titel „Die Freiheit, frei zu sein".

Durchbruch oder Zusammenbruch

von

Tomas Björkman

Tomas Björkman ist ein schwedischer Sozialunternehmer und angewandter Philosoph. In den vergangenen 25 Jahren hat er innovative internationale Unternehmen in den Bereichen Banken und Immobilien aufgebaut. Eine seiner Initiativen ist die in Stockholm ansässige Stiftung Ekskäret, die jungen Menschen hilft, ihr Leben auszurichten und eine bewusstere und nachhaltigere Gesellschaft aufzubauen. Er hat mehrere Bücher geschrieben, von denen drei („Das skandinavische Geheimnis", „Die Welt, die wir erschaffen" und „Der Markt-Mythos") ins Deutsche übersetzt wurden.

Unvorhersehbare Begegnungen verändern uns; wir haben keine Kontrolle, nicht einmal über uns selbst. Da wir uns nicht auf eine stabile Struktur der Gemeinschaft verlassen können, werden wir in sich verändernde Zusammenhänge hineingeworfen, die sowohl uns als auch die anderen um uns herum verändern. Wir können uns nicht auf den Status quo verlassen; alles ist im Fluss, auch unsere Fähigkeit zu überleben.

Anna Lowenhaupt Tsing,
„The Mushroom at the End of the World"

Die Zeit ist reif

Wir bewegen uns rasch auf eine Zukunft zu, die wir nicht sehen können. Die Ereignisse der letzten zwei Jahrzehnte deuten darauf hin, dass wir in eine Phase der existenziellen Krise eingetreten sind. Schwere Unwetter, globale Erwärmung, Luftverschmutzung, Versauerung der Meere und Wüstenbildung deuten auf eine sich beschleunigende Krise in der Natur hin, die die Zukunft allen Lebens auf dem Planeten, nicht nur der Menschheit, bedroht. Politische Instabilität und wirtschaftliche Unsicherheit, die durch die Große Rezession 2007 – 2009 und das Wiederaufleben totalitärer Ideologien geschürt wurden, haben die Zukunft des Marktes und der Demokratie infrage gestellt. Abgesehen von der Zahl der Todesopfer hat Covid-19 auch die Schwächen unserer Wirtschafts- und Sozialsysteme aufgezeigt und die finanziellen und gesundheitlichen Ungleichheiten, die unsere Gesellschaften durchdringen, deutlich gemacht. Es hat auch gezeigt, wie sehr wir miteinander verbunden und voneinander abhängig sind.

Im Jahr 2021 scheint sich diese Situation noch zu verschärfen. Die anhaltende globale Pandemie mutiert und eskaliert. Der Brexit wirft einen langen Schatten sowohl auf das europäische Projekt als auch auf die langfristige Zukunft und Stabilität des Vereinigten Königreichs. Der Machtwechsel in den Vereinigten Staaten ging mit einem Streit über die Ergebnisse der Präsidentschaftswahlen einher und war begleitet von der Erstürmung des US-Kapitols durch eine militante Menge, die von einem amtierenden Präsidenten aufgehetzt und in die Irre geführt wurde. Verschiedene Menschenrechtsbewegungen entstehen, wie #MeToo und Black Lifes Matter. In Afghanistan ist die Demokratie innerhalb kürzester Zeit kollabiert.

Keines dieser Ereignisse steht für sich allein da oder kann isoliert betrachtet werden. Viele von ihnen beeinflussen und verstärken sich gegenseitig, sodass so etwas wie ein perfekter Sturm von Herausforderungen entsteht, die bewältigt werden müssen. Einige Denker sprechen in diesem Zusammenhang von Metakrisen unserer Zeit. Diese Realität der komplexen Verflechtungen entlarvt den Mythos der Trennung, auf dem die westliche Wirtschaft, Politik und Kultur so lange aufgebaut waren. Dabei wird es uns klar, dass sich das Leben, wie wir es kennen, ändern muss. Damit wir uns anpassen und eine Überlebenschance haben, müssen sich unser Weltbild, unsere Politik, unsere Gesetzgebung und unsere Praktiken wandeln. Ein gesellschaftlicher Wandel im großen Stil ist unvermeidlich.

Wie sich die Welt verändert

Bereits in den frühen 1970er-Jahren stellten die Paläontologen und Evolutionsbiologen Stephen Jay Gould und Niles Eldredge in den Fossilienaufzeichnungen anstelle lang anhaltender, stetiger und schrittweiser Veränderungen schnelle Übergänge fest, gefolgt von längeren Perioden der Stabilität mit nur minimalen Veränderungen. Das führte zu der Theorie des sprunghaften Wandels biologischer Arten, die sie Punktualismus nannten, die dem Gradualismus, also der Vorstellung der gleichmäßigen Evolution, widerspricht. Ganz ähnlich verhält es sich mit allen grundlegenden Veränderungen der gesamten menschlichen, planetaren und universellen Geschichte, die ohne frühzeitige Vorankündigung auftreten.

Eines der Probleme mit langen Perioden des Status quo ist, dass sie zum Verknöchern, zur Inflexibilität führen. Wie James Arbib und Tony Seba in ihrem Buch „Rethinking Humanity" darlegen, trägt dies in Bezug auf die Organisation von Systemen und die Entscheidungsfindung gerade dann zum Widerstand gegen Veränderungen bei, wenn eine Anpassung am dringendsten erforderlich ist, weil das System angesichts vielfältiger, miteinander verwobener Herausforderungen an einen Scheideweg gelangt ist. An diesem Punkt seiner Entwicklung kann das System einen der zwei Wege nehmen: sich noch mehr differenzieren, also seine Komplexität erhöhen, oder seine

Komplexität reduzieren, was eine Entwicklung in Richtung Entropie bedeutet. Angesichts grundsätzlicher Herausforderungen hat somit jedes System, das durch Selbstorganisation gezeichnet ist, die Wahl zwischen Erneuerung durch Differenzierung und Zerfall. Auch wir stehen gerade an einem solchen Punkt.

Es geht also um die Wahl zwischen Durchbruch und Zusammenbruch. Wir finden dieses Muster immer wieder in Bezug auf die Zyklen des Planeten, in Bezug auf den Aufstieg und Fall biologischer Arten und menschlicher Zivilisationen. Der theoretische Physiker Geoffrey West hat es in seinem Buch „Scale" bei Organismen, Städten und Unternehmen beschrieben und der Sozialphilosoph Charles Handy in seinem Buch „The Second Curve" unabhängig davon auf die kapitalistische Wirtschaft übertragen. Was wir aus beiden lernen können, ist, dass, wenn wir uns anpassen und überleben wollen, wir mit dem Experimentieren und der Innovation beginnen müssen, lange bevor wir zum Scheideweg kommen. Andernfalls ist es wahrscheinlich, dass die Kräfte der Entropie die Oberhand gewinnen.

Arbib und Seba weisen jedoch auf einen wichtigen Vorbehalt hin: Ein Durchbruch ist nicht immer zum Wohle der Allgemeinheit. Durchbrüche können ebenso zerstörerisch wie heilsam sein. Wir sehen zum Beispiel an den wissenschaftlichen Entdeckungen und dem technologischen Fortschritt, die wir noch vor Kurzem als heilsam betrachtet haben, wie sie die Klimakrise ausgelöst oder zur Verbreitung von Atomwaffen geführt haben. Die Abschaffung alter politischer Regime hat uns in vielen Regionen der Welt zu Totalitarismus, Ungleichheit und Verfolgung geführt. Unser Interesse liegt also darin, jene Veränderungen herbeizuführen, die zu einem positiven Durchbruch, zu einer Erneuerung der Gesellschaft und des Planeten führen. Zum Glück gibt es bereits genug Innovationen und erste Erfolg versprechende Experimente, die uns dazu befähigen. Die Umsetzung der Erkenntnisse aus diesen Experimenten wird eine enorme Veränderung unserer Lebens-, Arbeits-, Organisations- und Verhaltensweisen erfordern.

Bestehende Grenzen werden überwunden, Grenzen werden zu Verbindungen. Dies erfordert einen Wahrnehmungswandel, bei dem die starre, in sich geschlossene Denkweise nun

als ein zusammenhängendes, umfassendes Netzwerk aufgefasst wird. Die einzelnen Gesichtspunkte bleiben zwar bestehen, sind aber nicht mehr isoliert, sondern ergänzen sich gegenseitig und werden als integraler Bestandteil des Ganzen betrachtet. In dieser neuen integrierten Landschaft liegt das Potenzial für ein umfassenderes Verständnis.
Nick Sousanis, „Unflattening"

Die Geologie des Wandels

Über mehrere Jahre hinweg hat der Futurist Jordan Hall in einer Reihe von Artikeln, YouTube-Videos, Interviews und Dokumentarfilmen sein Deep-Code-Projekt entwickelt. Er hat die voneinander abhängigen und interagierenden Systeme aufgezeigt, aus denen sich unsere Gesellschaft und Kultur zusammensetzt, und behauptet, dass wir jetzt in eine Krisenzeit eintreten, die grundlegende Veränderungen in diesen Systemen oder sogar deren Austausch erfordert. Hall unterscheidet zwischen vier Stufen des Wandels, die jeweils von zunehmender Tiefe und Komplexität sind, und argumentiert, dass es gerade die tiefgreifenderen dieser Stufen sind, die jetzt notwendig sind.

Für Hall ist ein Wandel der Stufe 1 mit Veränderungen der gesellschaftlichen Werte und Verhaltensweisen verbunden. Dies wird beispielsweise durch die Art und Weise veranschaulicht, in der sich die westliche Einstellung zu Bürgerrechten und zur Homo-Ehe in den letzten fünfzig Jahren verändert hat. Der Wandel ist wichtig, aber oberflächlich, wenn man ihn aus der langfristigen Perspektive der Entwicklung der Menschheit betrachtet. Ein Wandel der Stufe 2 wiederum entspricht eher dem, was die Gesellschaft während der industriellen Revolution erlebte, als sich das gesamte Weltsystem auf die eine oder andere Weise veränderte. Diese Veränderung wirkte sich darauf aus, wie wir lebten, arbeiteten und reisten. Dies ging jedoch nicht mit einem Wandel der Weltanschauung einher, weshalb das aufklärerische Denken im industriellen Zeitalter fortbesteht.

Grundsätzlich gilt: Je tiefer der Wandel ist, den wir erleben, desto tiefer müssen wir in uns selbst schauen und unsere Gesellschaft untersuchen, wenn wir verstehen wollen, was geschieht. Der Wandel der Stufe 3 ist so tiefgreifend, dass er eine echte und dauerhafte Veränderung unserer Weltsicht und unseres Verständnisses mit sich bringt. Er betrifft also unser kollektives Bewusstsein. Die europäische Aufklärung ist ein offensichtliches Beispiel aus westlicher Sicht: Vor etwa drei Jahrhunderten vollzog die Menschheit den Übergang von einem feudalen zu einem marktwirtschaftlichen System, wobei der religiöse Dogmatismus dem wissenschaftlichen Rationalismus wich.

Im Laufe der Menschheitsgeschichte haben wir jedoch noch tiefgreifendere Veränderungen erlebt, die durch den Zusammenbruch von Zivilisationen markiert wurden, wie etwa den Untergang des Römischen Reiches. Ein Zusammenbruch ist sowohl ein Ende als auch ein neuer Anfang. Wie John Vervaeke und Jordan B. Peterson dargelegt haben, war die radikale Veränderung, die zwischen dem 8. und 3. Jahrhundert vor Christus stattfand, ein solcher Zusammenbruch und Wiedergeburt. Diese „tektonische" Verschiebung ist ein Beispiel für den Wandel der Stufe 4. Es handelte sich um eine Übergangszeit, in der eine agrarische und von Jägern und Sammlern geprägte Lebensweise durch etwas radikal anderes ersetzt wurde. In dieser Zeit entwickelten unsere Vorfahren außerdem Kommunikationssysteme und begannen, die Schriftsprache zu verwenden. Durch große, organisierte Religionen begannen sie, eine neue Weltanschauung und eine neue Lebensweise zu schaffen, die es ihnen ermöglichte, in Städten mit Zehntausenden von Fremden zu leben, Nationen zu gründen und sogar Imperien zu bilden. Sie legten dadurch den Grundstein für die moderne Welt, die wir geerbt haben.

Kürzlich hat der Evolutionsphilosoph Daniel Schmachtenberger vorgeschlagen, dass es nun notwendig sein könnte, über Halls Kategorisierungen hinauszugehen und die Notwendigkeit eines Wechsels auf Stufe 5 zu erwägen. In Bezug auf Ausmaß und Bedeutung wäre dieser Wechsel vergleichbar mit dem biologischen Übergang von einzelligen zu mehrzelligen Organismen. Ein Wandel der Stufe 5 signalisiert ein neues Kapitel in der Geschichte des Universums, für das die Geschichte der Menschheit nur eine Momentaufnahme ist, ein Wimpernschlag.

Wandel der Werte und Perspektiven

Wenn Veränderungen stattfinden, können sich komplexe soziale Systeme in zwei Richtungen entwickeln. Wir können entweder einen Anstieg der Komplexität und der Eleganz der Organisation des Systems – also einen Durchbruch und Fortschritt – oder einen Zusammenbruch und Zerfall erleben.

Ich bin der Meinung, dass wir angesichts der Zusammenwirkung von Klimakrise, globaler Pandemie, exponentiellem technologischem Fortschritt, wirtschaftlicher Unsicherheit und politischer Instabilität am Beginn eines Wandels der Stufe 3 oder sogar noch tiefer stehen. Folglich hat das, was wir jetzt erleben, mindestens die gleiche Größenordnung wie der Wandel der Aufklärung, der zum Übergang von der mittelalterlichen, vormodernen Gesellschaft zu einer modernen Gesellschaft führte.

Dieser Wandel zeigt sich in dem seit vielen Jahren laufenden internationalen Forschungsprojekt World Value Study. Diese Studie wird seit über 40 Jahren durchgeführt und umfasst mehr als hundert Länder. Wenn man die bekannte Inglehart-Welzel-Kulturkarte aus diesem Projekt studiert, kann man leicht den falschen Schluss ziehen, dass die stabilen „postmodernen" Länder wie Dänemark und Schweden das Ende der kulturellen Evolution in einer Art Fukuyamas „Ende der Geschichte" erreicht haben. Das wäre natürlich falsch. Auch wenn sich die meisten Länder den Langzeitdaten der Studie zufolge langsam in Richtung der nordischen Länder, an den Rand der „Domäne der modernen Zeit" (individualistisch, säkular), zu bewegen scheinen, sollten wir uns daran erinnern, dass vor 300 Jahren alle Kulturen in der kleineren „Domäne der vormodernen Zeit" (Überleben, traditionell) gefangen waren. Erst durch die Aufklärung und die industrielle Revolution gelang es einigen Kulturen, aus dieser vormodernen Zeit auszubrechen.

Ich glaube, dass wir als Zivilisation an einem Punkt angelangt sind, an dem wir als Zivilisation beginnen müssen, aus der „Domäne der modernen Zeit" auszubrechen und neues kulturelles Terrain in einem bis jetzt unerforschten metamodernen Gebiet zu suchen.

Dies würde sowohl eine Veränderung des Selbstverständnisses der Menschen als auch eine Veränderung der Weltanschauung mit sich bringen. Der Wandel des Selbstbildes würde dazu führen, dass immer mehr Menschen die vormodernen Überlebenswerte und die modernen individualistischen Werte hinter sich lassen und beginnen, die „Werte jenseits der Selbstbezogenheit" anzunehmen und mehr zum Allgemeinwohl beizutragen. Diese Uneigennützigkeit steht für ein reiferes Selbst des Menschen, der das Privileg hatte, in einem Umfeld zu leben, das sicher genug war, um eine tiefere innere Entwicklung zu ermöglichen. Der Wandel der Weltanschauung würde bedeuten, dass wir uns von der rationalistischen, säkularen, materialistischen Weltsicht, die in der Moderne vorherrschend ist, zu einer postsäkularen, ganzheitlichen und integrativen hinbewegen.

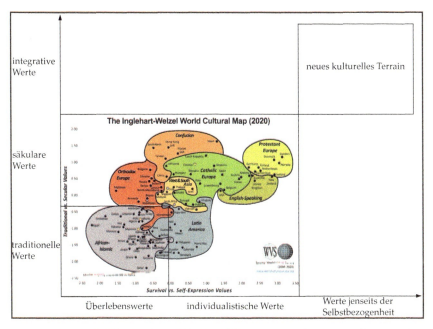

Inglehart-Welzel World Cultural Map, World Values Survey 7 (2020, vorläufige Version). Quelle: http://www.worldvaluessurvey.org/; ergänzt vom Autor.

Je tiefer der Wandel ist, desto tiefer müssen wir in uns selbst und in die Gesellschaft hineinschauen und uns kritisch mit der Vergangenheit auseinandersetzen. Im Bereich der Ökologie bezeichnen wir diesen Ansatz als Tiefenökologie, weil sie die tieferen Schichten des Menschen einbezieht und die Natur als etwas Lebendes und Bewusstes betrachtet. Für unser neues Welt- und Selbstbild werden wir uns analog dazu auf die Erkenntnisse der so verstandenen Tiefenpsychologie und Tiefensoziologie stützen müssen und die Geschichte in einer Art der „Tiefengeschichte" betrachten, also nicht mehr aus der Perspektive des Individualismus und der Trennung des Menschen von der Natur und von seiner Seele sehen.

Auf diese Weise können wir viel über die gemeinsamen Mythen lernen, die in das Gefüge unserer Gesellschaft eingewoben sind, sei es in Bezug auf Identität oder, wie ich in meinem Buch „Der Markt-Mythos" untersucht habe, auf Märkte. Yuval Harari, David Christian und Charles Eisenstein haben diesen Bereich immer wieder erforscht und dabei erkannt, dass wir die Geschichte, die Mythen und die grundlegenden Metaphern unserer Kultur analysieren müssen, wenn wir besser verstehen wollen, was heute vor sich geht. Mythen sind Träger von Wahrheiten. Sie erklären die Welt, wenn sie nicht wörtlich genommen werden. In meinem Buch argumentiere ich, dass es solche Mythen sind, die die Gesellschaft in ihrem Griff halten und den Wandel verhindern. In der Tat gibt es keine Gesellschaften ohne Mythen. Aber Gesellschaften, die sich ihrer Mythen nicht bewusst sind oder – was vielleicht noch schlimmer ist – sie ignorieren, gehen eher den Weg des Zusammenbruchs als des heilsamen Durchbruchs.

Disziplinen wie Anthropologie und Soziologie bieten eine andere Perspektive auf unsere gemeinsamen Mythen und sozialen Strukturen, indem sie das, was in unserer Kultur eingebettet ist, genauestens untersuchen. Der Sozialwissenschaftler Charles Taylor hat sie als *Social Imaginaries* (also etwa *Soziale Vorstellungen*) bezeichnet. Ein gutes Beispiel ist das Geld. Wenn wir Geld aus der Perspektive des Einzelnen betrachten, stellen wir fest, dass wir davon so abhängig zu sein scheinen wie von Sauerstoff. So wie wir Sauerstoff zum Atmen brauchen, betrachten wir auch Geld als überlebensnotwendig. Wir nehmen dies als eine Tatsache hin, ohne wirklich darüber nachzudenken. Wenn eine *Social Imaginary* dysfunktional wird, wie bei einer Finanzkrise, sehen wir einen „glitch in the matrix" oder Fehler im System, und das, was vorher unsichtbar war – unsere Abhängigkeit –, wird plötzlich sichtbar; umso mehr, wenn wir unseren Arbeitsplatz verlieren, den Konkurs unseres Unternehmens erleben oder von dem Zusammenbruch eines Finanzinstituts betroffen sind. Wenn wir aber bemerken, dass eine *Social Imaginary* nicht mehr unserem Zweck dient, werden wir nach Veränderung streben.

In seinem Buch „Social Myths and Collective Imaginaries" erweitert der Soziologe Gérard Bouchard die Idee der *Social Imaginaries* und verbindet grundlegende gesellschaftliche Mythen mit den tieferen Schichten der Psyche und bezeichnet sie als „kollektive Vorstellung". Die Mythen liegen unter dem, was man als Zeitgeist bezeichnet, und unter der vorherrschenden Ideologie. Sie prägen die Gesellschaft auf die gleiche Weise, wie unser eigenes Unterbewusstsein unser individuelles Handeln und Denken prägt. Das liegt vor allem daran, dass sie „sakralisiert" und deswegen nicht hinterfragt werden. Es sind die durch eine Gesellschaft geteilten Mythen, die das kollektive Handeln der Menschen bestimmen, weil sie auf der emotionalen Ebene wirken und in der rational geführten Debatte gar nicht zum Vorschein kommen.

Wenn wir nun zu unserem Vergleich von Geld und Sauerstoff zurückkehren, stellen wir einen bedeutenden Unterschied zu einer kollektiven Vorstellung fest: Ohne Sauerstoff würden wir alle sterben; beim Geld ist das jedoch nicht der Fall. Wir könnten uns alle gemeinsam darauf einigen, das Geldsystem durch etwas anderes zu ersetzen. Wenn wir uns morgen dafür entschieden hätten, würden wir uns sicherlich in der Folge an die neue Situation anpassen. Das macht den fundamentalen ontologischen Unterschied zu etwas objektiv Existierendem wie Sauerstoff deutlich. Für mich als Unternehmer ist es eine wichtige Erkenntnis, dass man den Finanzmarkt nicht als natürliches, sondern als soziologisches Phänomen sehen muss, das von Menschen umgestaltet werden kann.

Die kollektiven Vorstellungen prägen also alles in unserer sozialen Welt. Ehen, Nationalstaaten, Präsidenten, Eigentum und Sprachen existieren nur aufgrund unserer kollektiven Vereinbarung. Sie sind wie das Wasser für die Fische oder die Matrix für die schlafenden Menschen in dem gleichnamigen Film. Wir können sie nicht sehen, sind aber völlig von ihnen abhängig. Sonst würde unsere Gesellschaft gar nicht funktionieren. Sie umfassen alle unsere sozialen Mythen, unsere kollektiven Werte, unsere Grundmetaphern und Vereinbarungen sowie das kollektive Verständnis der Welt. Diese Mythen sind zwar eigentlich völlig willkürlich, aber trotzdem erstaunlich wirksam. Sie sind das, was unsere Gesellschaft am Laufen hält und uns in die

Lage versetzt, Sinn zu schaffen, zu bestimmen, was für uns wichtig und bedeutsam ist, und sogar uns an den technischen Fortschritt anzupassen.

Für Bouchard besteht der eigentliche Zweck unserer kollektiven Mythen darin, der Gesellschaft eine Richtung zu geben, wie zum Beispiel durch die Idee der Beseitigung von Ungleichheit oder die Forderung nach Freiheit. Sie beeinflussen und lenken, ohne eine faktische Dimension zu besitzen. Wenn sich die Gesellschaft zu verändern beginnt, werden die ersten Samen dieser Veränderung deswegen auf der mythologischen, poetischen Ebene der kollektiven Vorstellungen gesät. Was sich tief im kollektiven Unbewussten verwurzelt hat, beginnt sich seinen Weg an die Oberfläche zu bahnen, wird vom Wunsch zum Effekt und manifestiert sich in Form von radikaler Veränderungsbereitschaft und Handeln. Die kollektiven Vorstellungen haben dabei eine steuernde Kraft. Manchmal schränkt uns dieser Veränderungsprozess ein, indem er zu Unzufriedenheit und Verschwörungstheorien führt. In anderen Fällen befreit er uns und lässt das Neue möglich erscheinen.

Diese Schicht der kollektiven Vorstellungen ist eine der drei von Karl Popper beschriebenen Welten, in denen wir Menschen leben. Sie bildet unsere sozial konstruierte Welt und liegt irgendwo zwischen den beiden anderen: der natürlichen Welt, der Welt des Sauerstoffs und der Schwerkraft, und unserer inneren Welt, der Welt der Träume, Fantasien, Werte, des Sinns und des Zwecks. Wir navigieren immer gleichzeitig durch die persönliche und die kollektive Welt und passen uns ihnen an, wobei wir in beiden grundlegend unterschiedliche, oft widersprüchliche Perspektiven einnehmen.

Unser Problem ist, dass wir im Laufe der Menschheitsgeschichte dazu neigten, eine einzige Perspektive auf diese Schicht der kollektiven Vorstellungen zum Nachteil anderer Perspektiven zu bevorzugen, und dadurch unser Verständnis der Welt um uns herum verzerrten. Zuletzt hat uns die wissenschaftliche Weltanschauung, die während der Aufklärung entstand, dazu gebracht, unser Handeln in der Welt und unsere Interaktionen mechanistisch aufzufassen, alles in Einzelteile zu spalten und selbst sozial konstruierte Phänomene wie den Markt in Begriffen der natürlichen Welt zu interpretieren. Das Überleben des Stärkeren, der Drang, zu dominieren und zu konkurrieren, zieht sich daher wie ein roter Faden durch unsere Bildungs-,

Politik- und Wirtschaftssysteme. In jüngerer Zeit hat die postmoderne Philosophie diese Sichtweise zwar kritisiert, ist aber ihrerseits dazu übergegangen, die Schicht des kollektiv Imaginären zu favorisieren. Die spirituellen Traditionen haben sich wiederum zu sehr auf die innere Welt konzentriert und den äußeren Kontext und die sozialen Abhängigkeiten, die uns zu dem machen, was wir sind, zu sehr ausgeklammert. Keine dieser Perspektiven allein bietet das erforderliche Gleichgewicht.

Daher muss unsere moderne Weltanschauung samt ihrer postmodernen Kritik durch etwas ersetzt werden, das manche Denker als postpostmoderne oder metamoderne Weltanschauung bezeichnen. Sie muss über die notwendige erkenntnistheoretische Flexibilität verfügen, um mit allen drei Welten der Menschheit umzugehen. Eine andere Art, die metamoderne Weltsicht zu beschreiben, wäre zu sagen, dass wir die besten Erkenntnisse, Einsichten und Erkenntnistheorien aus den indigenen (prähistorischen), prämodernen, modernen und postmodernen Weltbildern in ein ganzheitlicheres Verständnis unserer Welt integrieren müssen.

Wie würde ein solches metamodernes Weltbild aussehen? Und ist es möglich, dass der Wandel, in dem wir uns befinden, oder zumindest sein erster Schritt, gleichzeitig ein Wandel hin zu einer solchen komplexeren Weltsicht sein wird?

Während wir diese Fragen zu beantworten anfangen, dürfen wir nicht vergessen, dass der Wandel und unsere gemeinsamen Vorstellungsbilder etwas sind, was sich organisch, kraft ihrer eigenen Dynamik entwickelt. Wir werden nie alle ihre Dimensionen kennen. Wir werden nicht in der Lage sein, sie zu planen und zu steuern. Aber wir können sie vielleicht erleichtern, ihnen den Weg bereiten.

Integratives Weltbild jenseits der Selbstbezogenheit

Unser Verständnis der Welt, also unser Weltbild, ist die Grundlage, auf der wir unserem Leben einen Sinn geben und auf der wir die Welt um uns herum gestalten. So war es bereits seit den prähistorischen Zeiten, und die Menschheitsgeschichte kann auch als die Geschichte unserer Weltbilder betrachtet werden. Nun sehen wir uns an einem Punkt der Geschichte, an dem wir das starke Gefühl haben, dass wir unser Weltbild korrigieren müssen, weil uns das bisherige an den Rand einer Klimakatastrophe geführt hat. Die Zerstörung der Biosphäre unseres Blauen Planeten erfolgt mit einer Geschwindigkeit, die von uns eine rasche Veränderung in der Art und Weise, wie wir wirtschaften und leben, erfordert. Und weil unser Verständnis der Welt unser Handeln bestimmt, haben wir keine Wahl, als unsere Weltsicht zu ändern. Die Menschheit muss heute dringend ein neues Verständnis ihrer Rolle in dem evolutionären Prozess der Biosphäre erlangen. Nun stellt sich die Frage: Wie können wir ein neues, evolutionäres Weltbild herbeiführen, wenn unser Verständnis dieser Rolle erst anfängt, Konturen anzunehmen?

Wir sehen die Weltbilder der Vergangenheit nur deswegen so klar umrissen, weil wir sie aus unserer heutigen Perspektive betrachten. Die mittelalterliche Weltanschauung beispielsweise ist für uns irrational und abergläubisch. Die Vorstellung vom gottgegebenen Recht der Könige zu herrschen erscheint aus der heutigen Perspektive völlig absurd. Dieses Beispiel macht uns deutlich, warum wir die Beschränkungen aller früheren Weltanschauungen so klar sehen können: Wir betrachten sie aus einer Perspektive, die außerhalb dieser Weltanschauungen liegt. Es ist also einen Versuch wert, sich vorzustellen, wie unser gegenwärtiges Weltbild sich den kommenden Generationen stellen wird. Eins soll uns dabei von Anfang an klar sein: Unsere Nachkommen werden die Beschränkungen und Fehler unseres Verständnisses der Welt genauso klar sehen, wie wir die Einschränkungen und Defekte des mittelalterlichen Verständnisses sehen.

Es gibt noch einen wichtigen Fakt, der die Entwicklung eines neuen Weltbildes erschwert: Die alten Weltanschauungen sterben nicht ganz, sondern leben in Individuen und Gesellschaften parallel zu einer neu entstandenen, komplexeren Entwicklungsstufe weiter. So leben wir heute in einer Welt, die gleichzeitig vormoderne, moderne, postmoderne und aufkommende metamoderne Weltanschauungen enthält.

Obwohl es sich bei Weltanschauungen um komplexe psychologische Konstrukte handelt, lassen sich ihre wesentlichen Bestandteile mit relativ einfachen Worten beschreiben. Im Zentrum jeder Weltsicht stehen nämlich eine oder mehrere Kernüberzeugungen über die Natur dessen, was wirklich, wahr und wichtig ist, die auch „Perspektiven" genannt werden. Sie bestimmen über die Welt, die wir erschaffen. Die jüngsten Entwicklungen in der Wissenschaft und Philosophie haben zur Folge, dass in vielen Bereichen die bisherigen Perspektiven durch neue Erkenntnisse infrage gestellt werden. Diese neuen Erkenntnisse beeinflussen die Art und Weise, wie wir über die natürliche Welt, über die Gesellschaften, die wir aufgebaut haben, denken, und fangen sogar an, daran zu rütteln, wie wir den Menschen selbst verstehen.

Neben neuen Erkenntnissen in etablierten Fachgebieten (wie bei unserem Verständnis der Quantenwelt in der Physik) gibt es auch neuartige Einsichten aus neuen Disziplinen wie der Komplexitätstheorie, der Netzwerktheorie, den Neurowissenschaften und der Entwicklungspsychologie. Die jüngsten Arbeiten von Denkern wie Brian Arthur (Komplexität), Albert-László Barabási (Netzwerk/Komplexität), António Damásio und Michael Gazzaniga (Neurowissenschaften), Robert Kegan und Michael L. Commons (Entwicklungspsychologie), Jürgen Habermas (Soziologie) sind besonders wichtig. Ihre neuen Erkenntnisse müssen allerdings noch verbreitet werden: sogar innerhalb der akademischen Welt, ganz zu schweigen von außerhalb der Universitäten.

Wenn man all diese Erkenntnisse auf das Wesentliche verdichtet, kann man aus ihnen fünf neue Perspektiven einer neu entstehenden Weltsicht ableiten:

1. Bezogen auf unsere Sicht auf uns selbst: von der Trennung zur Verbindung und Beziehung;

2. Bezogen auf unsere Sicht auf die Welt: von einer Welt der Dinge zu einer Welt der Prozesse;

3. Bezogen auf unsere Sicht auf unseren Geist: von starr und rein rational zu einem sich ständig entwickelnden, lebendigen System;

4. Bezogen auf unsere Sicht auf die Gesellschaft: von etwas Vorgegebenem zu etwas gesellschaftlich Konstruiertem, das aus unserem gegenwärtigen Denken und Handeln entsteht;
5. Bezogen auf unsere Sicht auf unser Leben: von der Konzentration auf den materiellen Erfolg als Selbstzweck zu einer Konzentration auf Zweck und Sinn.

Schauen wir uns nun diese fünf Perspektiven einzeln an.

Von Trennung zu Verbindung

Das Erkennen des Ausmaßes und der Tragweite unserer sozialen Verflechtungen und Beziehungen ist der erste große Themenbereich bei der Entwicklung einer neuen, metamodernen Weltsicht. Er ist am einfachsten zu erkennen und zu verstehen und daher ein natürlicher erster Schritt. Die Herauslösung des Individuums aus dem Kollektiv (einschließlich der Anerkennung der individuellen Rechte) war eine wichtige Errungenschaft der Aufklärung. In diesem Sinne wollen wir nicht zu einer vormodernen Auffassung vom Kollektiv als der bestimmenden sozialen Einheit zurückkehren. Allerdings sind in Folge wichtige Aspekte der Gemeinschaft verloren gegangen. So sind beispielsweise die Freiheit und die Rechte des Einzelnen wichtiger geworden als die Verantwortung, die wir füreinander haben. Unsere Herangehensweise an Politik und Wirtschaft ist von der Vorstellung geprägt, dass wir isolierte, nutzenmaximierende Individuen sind. Diese Sichtweise wurde von den Philosophen der Aufklärung entwickelt und findet sich immer noch im Denken zeitgenössischer Ökonomen und Politiker wieder.

Das Ergebnis dieses Denkens sind die Selbstbezogenheit in der Gesellschaft und der Individualismus in der Kultur. Wir tun so, als ob wir von der Natur und dem Planeten, von dem unsere Existenz abhängt, getrennt wären. Zum Glück entdeckt die Wissenschaft zunehmend, wie tief wir nicht nur mit anderen Menschen, sondern auch mit dem lebenden und unbelebten Universum um uns herum verwoben sind. Das stellt die Vorstellung über die getrennten, egoistisch handelnden Menschen infrage.

Einige Aspekte dieses Perspektivwechsels

Die Erkenntnis, dass wir von der Gesundheit der Natur abhängig sind, ist ein offensichtlicher Grundstein für diesen Perspektivenwechsel, aber trotzdem nur ein Teil des Bildes. Unsere Verbundenheit mit anderen Menschen, mit unserer Kultur und Gesellschaft sowie mit der Natur ist entscheidend dafür, wer wir sind und was wir tun können (und sollten). Wir haben ein biologisches Bedürfnis, uns mit einer Gruppe zu identifizieren und zu ihr zu gehören. Unser Überleben und unser Wohlergehen als Individuen waren schon immer eng mit dem unserer Gruppe verbunden. Unsere Gehirne haben dementsprechend die Fähigkeit und das Bedürfnis entwickelt, sich innerhalb einer sozialen Gruppe zu entwickeln und auf eine soziale Welt zu reagieren und sich darin zurechtzufinden. In diesem Sinne sind wir soziale Wesen. Wir haben das, was man ein kollektives soziales Gehirn nennt. In einer digital vernetzten Welt hat sich die Definition dessen, was „unsere Gruppe" ist, geändert und die Komplexität der Vernetzung dieses sozialen Gehirns erhöht. Das Wohlergehen aller Kulturen und Gesellschaften geht uns jetzt alle an.

In der neuen Sicht auf uns selbst ist das Individuum nicht nur egoistisch, wettbewerbsorientiert und nur auf den persönlichen Vorteil bedacht. Sie bietet ein differenzierteres Verständnis der Menschheit als kooperativ und altruistisch, eingebettet in größere soziale und natürliche Netzwerke. Der Mensch gehört auf verschiedenen Ebenen zu unterschiedlichen Gemeinschaften: Familie, größere Gruppen, Nation, Menschheit. Seine Interaktionen und Beziehungen innerhalb dieser Gemeinschaften bestimmen entscheidend darüber, wie er lebt und ob er sein Leben als sinnerfüllt und glücklich wahrnimmt. Deswegen sucht er sie und versucht sie zu gestalten. Unsere gegenwärtige Sichtweise legt uns jedoch nah, dass wir nicht automatisch in der Lage sind, uns mit allen Mitgliedern einer größeren Gruppe zu identifizieren und tiefe, unmittelbare Empathie für sie zu empfinden. Dies zu überwinden ist eine Herausforderung, bei unserer inneren Entwicklung gleichermaßen wie bei dem Wandel in der Gesellschaft.

Was bedeutet diese neue Perspektive für uns?

Eine stärker vernetzte Sicht auf uns selbst schafft eine universellere Denkweise und hilft uns, uns auf alle Menschen und den Planeten als Ganzes zu beziehen. Gegenwärtig bleiben wir gewöhnlich in einer

Vielzahl von Wir-gegen-sie-Perspektiven gefangen. Um dies zu überwinden, müssen wir in der Lage sein, uns auch mit denjenigen zu identifizieren, mit denen wir nicht übereinstimmen. Eine vernetzte Sichtweise des Selbst ermöglicht es uns außerdem, über die Dichotomie der Verantwortung hinauszugehen, die entweder nur beim Einzelnen oder nur bei der Gesellschaft gesehen wird. Wirksame Lösungen gesellschaftlicher Probleme erfordern nämlich immer, dass sich sowohl Rechte als auch Pflichten in einer Art verschachtelter Hierarchien auf mehrere gesellschaftlichen Ebenen verteilen.

Eine integrative Perspektive betrachtet die Frage der Verantwortung anders und kann uns deswegen ermöglichen, unsere Probleme zu lösen. Sie legt uns eine kollektive, sogar globale Verpflichtung auf. Sie liefert uns die Begründung für Veränderungen, die im Rahmen der heutigen Sichtweise nicht möglich erscheinen. Aus ihrem Blickwinkel gesehen erscheint beispielsweise unsere Verpflichtung, die Natur zu erhalten, gewichtiger als das Recht des Einzelnen oder der Nationalstaaten auf Ausbeutung der natürlichen Ressourcen. Sie betrachtet auch Dinge wie Steueroasen und das grenzüberschreitende Verschieben von Gewinnen durch multinationale Konzerne, die die Entwicklungsländer daran hindern, eine effektive steuerliche Grundlage zu bilden, grundsätzlich anders.

Mit dieser Sichtweise wird außerdem deutlicher, dass wir durch unseren kollektiven Kontext psychologisch, kognitiv und kulturell geformt und verändert werden und dass dieser Kontext unser Verhalten und unsere Entwicklung bestimmt. Das Verständnis für diesen Zusammenhang wird unsere Fähigkeit verbessern, Einflüsse zu verstehen und auf Belastungen zu reagieren, die unserem längerfristigen kollektiven Interesse zuwiderlaufen.

Eine neue Sichtweise auf die Persönlichkeit als nicht von der Welt getrennt ist unerlässlich, um die Art von Institutionen, Organisationen und Lösungen zu schaffen, die unsere Welt braucht. Aber im Gegenzug sollten diese gesellschaftlichen Strukturen selbst so geschaffen werden, dass sie die Tendenz der Menschen verstärken, ihre Individualität nicht als isoliert, sondern als eingebunden zu begreifen. Die Frage nach der Grenze des Selbst soll im kulturellen Nachdenken neu aufgegriffen werden. Die Auswirkungen des heute vorherrschenden Individualismus auf die Gesellschaft und die Natur muss auch öffentlich diskutiert werden. Das wird automatisch dazu führen, dass wir uns in Abhängigkeit und in Beziehungen zu allem sehen: von den Spiegelneuronen bis hin zu der Sprache und Kultur. Diese neue Perspektive wird uns helfen, die alte selbstbezogene und egoistische Sichtweise auf die Welt abzuwerfen und uns als Teil der Gesellschaft und der Biosphäre zu begreifen.

Von Dingen zu Prozessen

Die Art und Weise, wie wir die Welt wahrnehmen, ist eine Funktion unserer evolutionären Entwicklung, und wir verstehen unser Umfeld in der Regel in einfachen Kategorien von Ursache und Wirkung. In einer weniger komplexen Gesellschaft war dies eine effiziente Nutzung unserer begrenzten kognitiven Fähigkeiten. Unsere Vorfahren lernten, dass es überlebenswichtig ist, die Welt in feste „Dinge" einzuteilen und sie in Kategorien zu gruppieren (zum Beispiel in Essbares und Nichtessbares oder Freunde und Feinde). Diese Perspektive bildete später die Grundlage der newtonschen Wissenschaft (Teilchen und Kräfte) und des reduktionistischen analytischen Denkens. Sie lag im Kern der industriellen Revolution und war die Basis des wirtschaftlichen Fortschritts im Zeitalter des Materialismus.

Diese Art, die Welt zu betrachten, wurde auch von der frühen westlichen Philosophie übernommen (im Gegensatz zu einer eher systemischen frühen östlichen Philosophie). Die Grenzen dieser Sichtweise liegen darin, dass reduktionistische Ansätze (die Welt der Dinge und Kategorien) komplexere Sachverhalte nicht erklären können. Sie liefern uns keine Erkenntnisse, mit denen sich viele unserer heutigen, schwer lösbaren Probleme wirksam angehen lassen.

Einige Aspekte dieses Perspektivwechsels

Die Prozessphilosophie und die Systemtheorie haben neue Wege zum Verständnis der Welt entwickelt, die von einem reduktionistischen Ansatz zu einem ganzheitlichen führen. Dies wird als Systemdenken bezeichnet. Das Systemdenken bietet ein neues Verständnis des Lebens im Allgemeinen und des Menschen und der Gesellschaft im Besonderen. Es ersetzt den Reduktionismus nicht, der weiterhin seine Berechtigung hat. Stattdessen bietet es einen neuen Weg zum

Verständnis von Aspekten der Natur und der Gesellschaft, die der Reduktionismus nicht erklären kann.

Diese Perspektive ist besonders wichtig bei der Betrachtung dessen, was lebendig ist oder aus lebenden Einheiten besteht, wie zum Beispiel Organismen, Ökosysteme und menschliche Gemeinschaften. Diese können nur aus der Perspektive der Integrationsprozesse vollständig verstanden werden, bei der erkannt wird, wie die einzelnen Teile in Beziehung zueinander und zum Ganzen stehen. Die systemtheoretische Betrachtung bietet wichtige Einblicke in die Natur der Realität. Sie widerlegt viele der Annahmen, die die Grundlage für die derzeitig vorherrschende Sichtweise bilden, mit der wir unsere heutige Welt aufgebaut haben. Sie zeigt uns, dass die Beziehungen zwischen den Einheiten oft wichtiger sind als die Einheiten selbst und dass sich alles in einer dynamischen Entwicklung befindet und nicht statisch ist.

Sie sagt uns auch, dass die sich selbst organisierenden Systeme häufig in andere sich selbst organisierende Systeme eingebettet sind: Eine Zelle kann Teil eines Organismus sein, der wiederum Teil einer Gemeinschaft ist, die wiederum in ein Ökosystem eingebettet ist. Wenn wir versuchen, den Menschen aus biologischer Sicht zu beschreiben, ist die Vorstellung, dass er eine Reihe von Prozessen ist, aufschlussreicher, als ihn als ein Ding zu betrachten. Wir haben wahrnehmbare biologische Rhythmen, messbare Energie- und Informationsflüsse. Solche Flüsse von Materie, Energie und Information sind nicht nur in uns, sondern in allen ökologischen und physikalischen Systemen immer vorhanden. Sogar einem Felsbrocken kann man einen langsamen Prozess des Energieflusses zuordnen – er ist immer, in gewissem Sinne, auf dem Weg von einem Zustand zum anderen.

Viele menschliche Konstrukte lassen sich ebenfalls besser als Prozesse verstehen. Volkswirtschaften, Länder und Organisationen sind allesamt Strömungen. Wenn etwas schiefläuft, ist es oft nicht eine bestimmte „Sache", die das Problem verursacht; vielmehr funktioniert etwas in der Dynamik des Prozesses nicht gut.

Der Wechsel zum Systemdenken hat erhebliche philosophische und ethische Auswirkungen. Diese Denkweise erkennt an, dass alle lebenden Systeme voneinander abhängig sind und dass der Mensch ein integraler Bestandteil der natürlichen Welt und des gesamten Netzwerks des Lebens ist. Sie verändert auch die traditionelle Auffassung davon, wie die Natur funktioniert. Was uns als ein Kampf ums „Überleben der Stärkeren" erschien, wird zu einem Netz miteinander verbundener Systeme, die sich dynamisch in Bezug aufeinander entwickeln.

Die Entwicklung komplexer offener Systeme lässt sich nicht vorhersagen oder „managen", aber sie kann vom Menschen beeinflusst werden, zum Guten oder zum Schlechten. Ein wichtiger Bestandteil der Systembetrachtung ist das Konzept der Emergenz, das das plötzliche Entstehen oder Auftauchen neuer Eigenschaften beschreibt: Bei ausreichender Zeit und Energiezufuhr kann ein komplexes, sich selbst organisierendes System einen Bifurkationspunkt, einen „Kipppunkt", erreichen und eine grundsätzliche Veränderung durchlaufen, die es zu einer neuen, komplexeren Art der Organisation führen kann. Dieser veränderte Zustand kann völlig neue, aus dem System selbst entstehende Eigenschaften enthalten, die durch eine Untersuchung der einzelnen Komponenten des Systems allein nicht verstanden oder vorhergesagt werden können. Leben beispielsweise kann als eine solche neu entstehende Eigenschaft der komplexen Organisation organischer Materie verstanden werden. In ähnlicher Weise kann das Bewusstsein als eine scheinbar spontan entstehende Eigenschaft der komplexen Organisation von Neuronen verstanden werden.

Emergente Eigenschaften erfordern neue Analyseebenen und oft auch neue Untersuchungsmethoden, die das Studium der „Dinge" nicht bieten kann. Diese Betrachtungsweise zieht sich wie ein roter Faden sowohl durch neue Wissenschaften als auch durch neue Perspektiven, die sich in etablierten wissenschaftlichen Disziplinen entwickeln: in der Informationswissenschaft, der Kognitionswissenschaft, der Neurologie, der Komplexitätstheorie, der Systemtheorie, der Ökologie, der Epigenetik, der Quantenphysik, der Gruppenpsychologie, der Memetik und bei den situationsbezogenen Ansätzen. Im Mittelpunkt der Betrachtung stehen dabei immer Prozesse – Dinge werden zweitrangig.

Auf der Prozessebene lassen sich der oben beschriebene Scheideweg und die Wahl zwischen Durchbruch und Zusammenbruch besser beschreiben.

Was bedeutet diese neue Perspektive für uns?

Dieser Perspektivwechsel kann überraschende Ergebnisse und erhebliche Vorteile bringen, wenn er auf verschiedene Wissensbereiche angewendet wird, wie die folgenden Bespiele zeigen: die Entwicklung von Governance-Strukturen in Unternehmen mithilfe von Informationsflüssen; Beseitigung von Ungleichheiten in der Welt mithilfe der Netzwerkforschung; Bewältigung des Klimawandels durch Veränderung der Materialflüsse in der Wirtschaft.

System- und Prozessdenken ist nicht einfach nur eine Frage der Entscheidung. Es erfordert großes Wissen, Aufwand und Können. Die Dinge erscheinen uns als solider und eigenständiger, wenn wir weniger über ihre Abhängigkeiten wissen, und wir merken gar nicht, wie starr und begrenzt unsere Denkstrukturen sind. Das Prozessdenken ermöglicht uns automatisch, mehr die Wechselbeziehungen zu sehen. Das Ergebnis ist oft, dass das, was uns als konkretes „Ding" erscheint, sich als eine emergente Eigenschaft eines Prozesses oder einer Dynamik entpuppt, die wir bisher übersehen haben. Selbst wenn wir das Prozessdenken gelernt haben, kommt es häufig vor, dass unser Verstand zum linearen Denken zurückkehrt, wenn wir mit einem Problem konfrontiert werden. Hier können uns pädagogische Ansätze, die das erlebte Lernen ermöglichen, helfen, mit dieser neuen Denkweise aufzuwachsen und deswegen in der Zukunft anders zu handeln.

Von der Entscheidungsmaschine zum Entwicklungsprozess

Unser Geist ist etwas viel Komplexeres und Dynamischeres, als bisher angenommen. Im Zeitalter des Materialismus haben wir unser Verständnis des Geistes auf die Sichtweise von Descartes und Locke aus dem 17. Jahrhundert gestützt, die ihn als rationale Entscheidungsmaschine betrachteten. Descartes vertrat die Auffassung, dass es eine Trennung zwischen unserem inneren Bewusstsein und unserem materiellen Körper und der Welt um uns herum gibt und dass der Rest der Welt mehr oder weniger ohne ein solches Bewusstsein auskommt. Diese Sichtweise auf den Geist steht im Einklang mit dem Reduktionismus, der durch die newtonschen Wissenschaft und den Ansatz, den menschlichen Körper insgesamt als Maschine zu verstehen, entstanden ist. Sie untermauert das westliche Denken über menschliches Verhalten – vor allem in wirtschaftlicher Hinsicht, wo das optimierende Eigeninteresse als eine zentrale Antriebskraft der Maschinerie der Wirtschaft betrachtet wird.

Wie auch bei den beiden vorangegangenen Perspektiven erwies sich diese veraltete Sichtweise als unzureichend, um viele Aspekte des menschlichen Verhaltens zu erklären, und wird von vielen wissenschaftlichen Disziplinen zunehmend als schlichtweg falsch bezeichnet. Sie ließ schon immer viele Fragen unbeantwortet, darunter „Wie kann der nichtmaterielle Geist den materiellen Körper beeinflussen?" und „Wie eigentlich entsteht das Bewusstsein?".

Nur wenige Menschen würden sich heute Descartes' Auffassung vom Geist anschließen, und doch prägt sie noch immer das moderne Leben. Der Geist wird auf unterschwellige Weise als getrennt vom materiellen Körper, von der Welt der Objekte, die er beobachtet, und von der Kultur, die ihn prägt, gesehen. Wir verstehen uns in der Regel nicht als Verursacher solcher Trennungen, so wie der mittelalterliche Geist sich selbst nicht als irrational und abergläubisch verstand. Diese Trennungen werden uns erst dann bewusst, wenn wir beginnen, die Sichtweise von uns selbst einzunehmen, die oben unter der ersten Perspektive formuliert wurde – als verbunden und nicht als getrennt –, und den Geist nicht als ein Ding, sondern als einen Prozess sehen, wie in der zweiten Perspektive beschrieben.

Einige Aspekte dieses Perspektivwechsels

Wir wissen heute, dass unser Geist keine rationale Entscheidungsmaschine ist, die im frühen Erwachsenenalter voll entwickelt ist. Biologisch gesehen ist unser Geist das Ergebnis einer komplexen Selbstorganisation von Milliarden von Neuronen. Dieser Selbstorganisationsprozess dauert das ganze Leben lang an. Ein ständiger Zustrom von Energie und Information ermöglicht dem Geist, sich im Laufe des Lebens auf immer komplexere Weise selbst neu zu ordnen, was eine immer komplexere und differenziertere Interpretation unserer Welt ermöglicht.

Wir können beispielsweise vom Übernehmen der Normen unserer Gesellschaft und von der Anpassung über das Infragestellen eben dieser Normen bis hin zu der Haltung, neue Normen entwickeln zu wollen, fortschreiten. Wir können von simplen Erklärungen mit nur einer Variablen und von Intuition über lineare Modelle bis zum Erkennen von Systemen und Interaktionen übergehen und schließlich in der Lage sein, übergreifende Muster in solchen Systemen zu erkennen. Wir können vom Schwarz-Weiß-Denken über das differenzierte Denken bis hin zu der Fähigkeit übergehen, nicht willkürlich zwischen den beiden hin und her zu wechseln. Als Menschen besitzen wir die Fähigkeit, kurzfristige Perspektiven zu verlassen und zu langfristigen Bestrebungen und Zielen überzugehen. Wir sind in der Lage, von engen Identitäten und Solidaritäten (ich und meine Gang gegen die Welt) zu breiteren (alle Römer) zu breiteren (die ganze Menschheit) zu noch breiteren (die ganze Biosphäre) zu wechseln. Wir können uns von der Konstruktion eines Selbst um unseren Körper und seine Bedürfnisse herum über ein Selbst, das auf unseren sozialen Rollen in der Gesellschaft basiert, dann weiter zu einem Selbst, das als einzigartig im Gegensatz zu den in der Gesellschaft angebotenen Rollen definiert ist („individualistisches Selbst"), bis hin zur Betrachtung unserer selbst als ein Entwicklungsprozess mit offenem Ausgang entwickeln. Wir wissen heute, dass es so etwas wie das „rationale Individuum" nicht gibt, sondern dass sich der Geist im Kontext einer sich verändernden Welt ständig weiterentwickelt.

Was bedeutet diese neue Perspektive für uns?

Diese Perspektive wird uns helfen, uns ein Bild von der breiten Palette möglicher Maßnahmen zu machen, mit denen wir die Gesellschaft bei ihrer Evolution unterstützen können – insbesondere im Hinblick auf unsere Fähigkeit, die Metakrise unserer Zeit zu überstehen. Wie sich Kulturen, Volkswirtschaften und Regierungssysteme entwickeln, hängt davon ab, wie Menschen und Gesellschaft mit ihnen interagieren. Denn auch wir verändern und entwickeln uns entsprechend unseren Motivationen, Inspirationen, Intuition, Emotionen, Ethik, Persönlichkeiten, Beziehungen und persönlichen Gewohnheiten. Und es kann zweifelsohne Kontexte geben, die einen fruchtbareren Boden als den heutigen für die Entwicklung des Geistes hin zu einer tieferen und komplexeren Wahrnehmung, zu tieferem Verständnis und zu Beziehungen bieten.

Wie viele von uns erreichen die Weisheit des hohen Alters? Wie viele beschäftigen sich mit wichtigeren, größeren Themen? Wie viele von uns können sich mit der gesamten Menschheit oder sogar mit der gesamten Biosphäre identifizieren? Während die Entwicklung auf individueller Ebene wohl tatsächlich anspruchsvoll sein kann, muss dies auf kollektiver Ebene aber nicht unbedingt der Fall sein, da wir die Vorteile unserer Vernetzung nutzen können (siehe die erste Perspektive). Es ist also möglich, Maßnahmen auf gesellschaftlicher Ebene zu ergreifen, die eine andere Dynamik zur Förderung der persönlichen Entwicklung erzeugen können als die, die jeder von uns zur Verfügung hat. Die neue Sicht auf unseren Geist gibt damit einen Hinweis auf die Richtung, in die wir uns als Menschheit entwickeln könnten.

Die dritte Perspektive ist ein Aufruf zu innerer Entwicklung und Transformation, zur Erweiterung und Vertiefung unseres Verständnisses von uns selbst und unserer Beziehung zu anderen und der Welt. Dies ist wichtig, denn in einer zunehmend komplexen Welt muss die Zunahme der Komplexität der äußeren Welt mit einer entsprechenden Zunahme der Komplexität unserer inneren Welten einhergehen. Wir brauchen eine komplexere Sinnbildung und die Fähigkeit, komplexere Weltanschauungen zu vertreten, sowie eine Entscheidungsfähigkeit, die über die Frage des bloßen Überlegens oder der Besitzanhäufung hinausgeht und die ganze Person umfasst. Damit wir fähig werden, uns an tiefgehende und geistig herausfordernde Weltanschauungen anzupassen (wie die, die wir in diesem Text erkunden), brauchen wir die entsprechende Komplexität des Geistes.

Das Wissen um die Tatsache, dass sich unser Geist weiterentwickelt, ist in dieser Zeit des Wandels (neben dem Verständnis für die Wege anderer Menschen) die Voraussetzung für eine effektive gesellschaftliche Kommunikation. Es ermöglicht uns zu erkennen, dass Menschen die Welt aus sehr unterschiedlichen Perspektiven und auf verschiedenen Ebenen der Komplexität verstehen. Im politischen Kontext sind solche Einsichten von entscheidender Bedeutung nicht nur, um mit den komplexen Herausforderungen fertigzuwerden, sondern auch, um einen Dialog mit politischen Bewegungen aufzunehmen, deren Lösungen rückschrittlich sind. Auf individueller Ebene mögen inneres Wachstum und die Entwicklung innerer Komplexität die Menschen nicht unbedingt „besser" machen, aber auf kollektiver Ebene ist dies für unser Überleben in einer immer komplexeren Welt unerlässlich.

Von Vorgegebenem zu Entstehendem

Wir können den Entstehungsprozess unserer sozialen Wirklichkeit nicht sehen. Dennoch ist unsere kollektive Fähigkeit, die soziale Realität zu schaffen, vielleicht unsere wichtigste menschliche Fähigkeit. Diese soziale Realität wird manchmal als unser kollektives Vorstellungsbild bezeichnet, und es ist dieses Vorstellungsbild, das sich gerade wandelt. Es handelt sich dabei um eine emergente Eigenschaft der komplexen Selbstorganisation vieler Intelligenzen mit der Fähigkeit zur symbolischen Sprache – sie ist einzigartig für den Menschen. Beispiele für unsere kollektiven Vorstellungsbilder sind Geld, Nationen, Ehe, Präsidenten, der Markt und die Demokratie. Sie alle sind kollektive Vereinbarungen und existieren nur, weil wir gemeinsam an sie glauben und unsere gemeinsamen staatlichen Ressourcen einsetzen, um ihre Existenz zu festigen.

Unsere kollektiven Vorstellungsbilder ermöglichen es uns, als Gesellschaft in unserem Umfeld von Natur und Technologie zusammenzuleben. Sie ordnen auch Macht zu und können für einige gesellschaftliche Gruppen sehr repressiv sein. Mit den kollektiven Vorstellungsbildern einer Steinzeitgesellschaft wäre es unmöglich, mit der heutigen Technologie zu leben. Sie ergeben unser derzeitiges Weltbild und bestimmen über unser gegenwärtiges Paradigma. Wenn wir über die Entwicklung unseres Weltbildes sprechen, geht es letztlich um eine bewusste Veränderung der Bilder, an die wir glauben.

Gegenwärtig verstehen die meisten von uns unsere soziale Realität als etwas, das sich außerhalb und getrennt von uns befindet. Wir erleben sie als etwas Gegebenes, auf das wir keinen Einfluss haben. Wir sehen sie nicht als etwas, das gesellschaftlich konstruiert ist und durch unser eigenes gegenwärtiges Denken und Handeln aufrechterhalten wird. Das bedeutet, dass wir in der Regel nicht wahrnehmen, wie wir selbst die soziale Wirklichkeit formen und sie dann von Generation zu Generation (mit nur geringen Anpassungen) wiederholen. Wir merken nicht, wie wir auf diese Weise aktiv an der Aufrechterhaltung der etablierten Machtstrukturen der Gesellschaft mitwirken. Wir verstehen auch nicht, wie unser individuelles und kollektives Bewusstsein und unsere Absichten die soziale Realität um uns herum beeinflussen.

Im Laufe der Geschichte scheint sich die soziale Realität unbewusst entwickelt zu haben – durch Ausprobieren, zufällige Handlungen oder Intuition. Im Laufe der Geschichte standen Tausende verschiedener Kulturen miteinander im Wettbewerb, und die effizientesten und relevantesten kollektiven Vorstellungen haben überlebt und sind gediehen. Heutzutage in unserer vernetzten Welt gibt es bestimmte kollektive Vorstellungsbilder, die global sind und so das Verhalten der meisten Gruppen in den meisten Gesellschaften bestimmen. Das globale Marktsystem ist vielleicht das offensichtlichste Beispiel. In anderer Hinsicht sind wir in kleine, fast private Blasen oder „Echokammern" der geteilten Bilder gespalten. In den verschiedenen Teilen der Welt finden wir verschiedene Aspekte dieser Vielfalt vor. Ein konstruktives Gespräch der Menschen mit verschiedenen kollektiven Vorstellungen ist keine leichte Aufgabe. Es ist wie ein Versuch, verschiedene Welten miteinander zu verbinden.

Um zu einem besser geeigneten Weltbild für die Menschheit zu gelangen, müssen wir uns der Bedeutung unserer kollektiven Bilder und der Art und Weise, wie sich die soziale Realität als offenes komplexes System entwickelt, bewusst werden. Wir müssen auch Wege finden, diese Entwicklung zu beeinflussen.

Die Art und Weise, wie wir die Welt durch unsere geteilten Vorstellungsbilder sehen und interpretieren, beeinflusst unsere Sinnstiftung und das, was wir für wichtig und wertvoll halten. Wir nennen sie oft „Werte" – sie prägen die Entscheidungen, die wir sowohl individuell als auch kollektiv treffen. Damit bestimmen sie die Art und Weise, wie sich die Geschichte entwickelt. Wir erschaffen also unser kollektives Denken (bewusst oder unbewusst), und dieses Denken bestimmt wiederum, wie sich unsere Welt verändert. Auf diese Weise ist die kollektive Imagination entgegen unserer alltäglichen Intuition sehr real! Ja, wir erschaffen tatsächlich unsere Welt selbst, aber auf eine viel tiefgreifendere und indirektere Weise, als wir es gewöhnlich annehmen.

Unsere moderne Welt wurde durch das mächtigste kollektive Vorstellungsbild der Geschichte geformt. Dieses war jedoch nicht in der Lage, die Komplexität der vernetzten Welt zu beherrschen, die es geschaffen hat. Dazu kommt noch, dass wir uns, wenn wir als Einzelne in einer Welt der kollektiven Vorstellungsbilder leben, die für uns zu komplex ist, entfremdet und verloren, abgekoppelt und orientierungslos fühlen. Wir neigen dann dazu, ein weniger komplexes Verständnis der Welt zu suchen – vor allem, wenn dieses simple Weltbild unsere Grundbedürfnisse erfüllt. Wir neigen dazu, nach einfachen Antworten auf komplexe Fragen zu suchen. Dieses Szenario ist in vielen Gesellschaften der heutigen Welt zu erkennen. Die Komplexität unseres kollektiven Weltbildes und die Komplexität unseres eigenen Geistes sind zwei eng miteinander verknüpfte Systeme.

Einige Aspekte dieses Perspektivwechsels

Zuerst müssen wir versuchen, unser gegenwärtiges Weltbild mit seiner ganzen Vielschichtigkeit zu verstehen und dabei die Teile, die uns nicht mehr dienen, klar als solche zu benennen und dann die Möglichkeiten für Veränderung untersuchen. Das ist ein besonders schwieriges Unterfangen, da eine demokratische Gesellschaft keine kollektiven Vorstellungsbilder übernehmen kann, die ein komplexeres Ganzes ergeben als die geistige Komplexität, die die Bevölkerung zu entwickeln und anzunehmen in der Lage ist.

Dann müssen wir das Entstehen eines neuen und komplexeren Systems kollektiver Vorstellungsbilder bewusst und gezielt fördern. Um dies zu erreichen, müssen wir zunächst anerkennen, dass es Alternativen geben kann. Wenn wir über Alternativen nachdenken, müssen wir das kritisch betrachten und dekonstruieren, was wir bisher für wahr hielten. Dabei müssen wir bis zu den Wurzeln der Art und Weise vordringen, wie wir gemeinsam die Realität erleben. Anschließend müssen wir neue Perspektiven entwickeln und auf diesem Fundament die Kultur „konstruieren", die wir ermöglichen wollen, wohl wissend, dass es sich dabei um einen Prozess handeln wird, den wir nicht steuern können, und dass Änderungen „auftauchende" Eigenschaften sind.

Dabei ist es unerlässlich, dass dies in Harmonie mit den Grundnormen unserer Gesellschaft geschieht, weil unsere Kultur eine ausreichende Verbindung zu ihren Grundsätzen behalten muss. Das Verständnis der Regeln, nach denen komplexe, sich selbst organisierende Systeme sich entwickeln, wird uns helfen, stets darauf zu achten, dass diese veränderte Kultur vielfältiger und komplexer wird als die alte, um der wachsenden Komplexität ihres Umfelds gerecht zu werden.

Was bedeutet diese neue Perspektive für uns?

Es ist äußerst schwierig, über die sozialen Konstrukte, die über unser Leben bestimmen, hinauszudenken. Das liegt daran, dass wir sie unhinterfragt übernehmen. Eine Diskussion darüber ist aber unausweichlich, und sie findet bereits statt. Innerhalb der europäischen Kulturen galt es beispielsweise noch vor nicht so langer Zeit als normal, rassistische Vorurteile zu haben. Die Mehrheit der Menschen verachtete offen Homosexualität. Nur sehr wenige machten sich Gedanken über die Umwelt, und Mitgefühl mit den nichtmenschlichen Bewohnern des Planeten war selten. Dies lag nicht daran, dass die Menschen schlecht waren, sondern in erster Linie an den sozialen Konstrukten, also vor allem an unseren kollektiven Vorstellungsbildern. Diese Denkweisen wurden von den Pionieren eines neuen Bewusstseins verändert, auch wenn sich die Mehrheit der Bevölkerung diesen Veränderungen widersetzte und einige dies immer noch tun. Wir müssen diese Arbeit intensivieren und sogar systematisieren, wenn wir den nötigen Wandel bewältigen wollen. Die einzige Chance, mit den rapiden Änderungen in der Technologie und in der natürlichen Umgebung Schritt zu halten, besteht darin, unsere Vorstellungen, Sichtweisen, Gewohnheiten und Kulturen im gleichen Tempo weiterzuentwickeln. Ansonsten werden unsere Gesellschaften zusammenbrechen.

Wenn wir diese neue Sicht auf die Kultur und Gesellschaft in der Breite der Gesellschaft angenommen haben, wird die Änderung schneller und tiefgreifender werden, als wir es uns heute vorstellen können. Die Agenda für diesen Wandel umfasst

- die Regeln der Märkte,
- die Gestaltung der Forschungsprogramme,
- die Neudefinition des Zwecks der Bildungssysteme,
- die Arbeitswelt,
- den Aufbau unserer lokalen, regionalen und globalen politischen Systeme und
- die Regeln und Denkweisen, die unsere Beziehungen zur Natur und zum Planeten bestimmen.

Wenn wir die Fähigkeit entwickeln, unsere lieb gewonnenen und unhinterfragten Annahmen kritisch zu betrachten und weiterzuentwickeln, wird unser neues Weltbild eine Zukunft herbeiführen, von der wir heute nicht einmal träumen können.

Von Geld zu Sinn

Worum geht es im Leben? Dies ist nicht nur eine theoretische Frage über unsere individuellen privaten Lebensphilosophien, sondern eine, die ganz einfach und konkret die Wirtschaft, die Politik, die öffentliche Debatte und das tägliche Leben bestimmt. So überrascht es nicht, dass es im Zeitalter des Materialismus für die meisten Menschen darum ging, ihren Lebensstandard zu sichern, und der gesellschaftliche Fortschritt darin bestand, die technologische und wirtschaftliche Entwicklung voranzutreiben, um das zu erfüllen, was als menschliche Grundbedürfnisse angesehen wurde. Aus der Sicht der Gesellschaft bestand der Zweck des Lebens aus dem Streben nach materiellem Auskommen und Komfort.

So wie verschiedene Menschen in allen Teilen der Welt naturgemäß unterschiedliche Ziele und Ideale vor Augen haben, können auch ganze Gesellschaften unterschiedliche gemeinsame, übergeordnete Zielsetzungen besitzen. Die geteilte Auffassung über den Sinn des Lebens, die unterschwellig über die gesellschaftlichen Strukturen bestimmt und in der Kultur zum Ausdruck kommt, verändert sich allerdings im Laufe der Zeit. Während sich die Metakrise entfaltet, können wir beobachten, dass Überzeugungen und Werte, die im Leben der Menschen implizit sind, zunehmend infrage gestellt werden. In dem Maße, in dem sich die alten Sinnstrukturen auflösen, treibt uns unser Instinkt zur Sinngebung dazu, ein neues Sinnmuster zu suchen, um das alte zu ersetzen. Gleichzeitig haben wir, zumindest in Teilen der Welt, ein Niveau des materiellen Überflusses erreicht, bei dem zusätzliches materielles Wachstum zunehmend sinnlos erscheint, ganz zu schweigen davon, dass es für die Natur völlig untragbar ist und sich negativ auf andere Gesellschaften auswirkt. Dieser Sinneswandel ist bei den jüngeren Generationen in einigen Teilen der Welt bereits weithin sichtbar. Besonders auffällig ist er bei Kindern von den Eltern, die sich zum Lebensziel gesetzt haben, ihr menschliches Potenzial voll auszuschöpfen, und von denen viele die Werte der Moderne bereits ablehnen.

Einige Aspekte dieses Perspektivwechsels

Welche Werte würden entstehen, wenn wir diese Perspektive einnähmen? Wie würden sich die neuen Sichtweisen auf uns als Individuen, unsere Gesellschaft, unseren Planeten und darauf auswirken, wie wir unserem Leben einen Sinn geben und was wir wertschätzen? Wie müssten wir in Anbetracht neuer Erkenntnisse unser Leben leben? Gesellschaften werden dadurch vorangetrieben, wie sie kollektiv einen Sinn und ein Ziel finden. Deshalb ist es so wichtig, dass wir uns solche Fragen stellen und über die Antworten ein öffentliches Gespräch führen.

Soweit wir es heute absehen können, wird uns der Wandel eine Verlagerung der kollektiven Ziele und Werte von der Erfüllung materieller Bedürfnisse durch wirtschaftlichen und technologischen Fortschritt zu den Prozessen der tieferen Sinnfindung bringen. Diese Prozesse sind vielschichtig und komplex und enthalten eine persönliche und eine gesellschaftliche Komponente. Auf der persönlichen Ebene setzen sie nach der Befriedigung der materiellen Bedürfnisse irgendwann automatisch an. Sie können und sollen allerdings dadurch gefördert werden, dass die kollektiven Antworten auf die Sinnesfrage in der Gesellschaft diskutiert und neu beantwortet werden und dass die Kultur diese Antworten assimiliert und sie mit ausreichend attraktiven und vielschichtigen Bildern und Geschichten untermauert.

Auf diese Weise können der persönliche und der gemeinsame Weg der neuen Sinnesfindung parallel verlaufen und als Resultat zu einer veränderten Perspektive führen, die das Augenmerk nicht mehr auf die Erfüllung materieller Bedürfnisse durch Fortschritt richtet, sondern die Suche nach einem tieferen Sinn nahelegt. Allerdings werden die Menschen diesen Weg von zwei verschiedenen Ausgangspunkten aus beschreiten. Einige müssen sich nicht darum bemühen, materielle Bedürfnisse zu befriedigen, und können ihren Fokus auf größere Fragen verlagern. Auf der anderen Seite gibt es aber auch Menschen, die im gegenwärtigen System keinen Zugang zu der Fülle der materiellen Produktion haben, und das kann bei ihnen Fragen nach der Funktionsweise und dem Sinn der Gesellschaft aufwerfen. Da sich an beiden Enden des Spektrums die gleiche Frage stellt, worum es im Leben geht, entsteht ein Spannungsfeld, mit dem wir uns auseinandersetzen müssen. Unsere Metakrise lässt uns die Option nicht, den Wandel nur in einem Teil der Gesellschaft vollzuziehen. Wir brauchen alle. Deswegen muss die Frage nach der Verteilung des Wohlstands in der Diskussion über den Wandel adressiert werden.

Auch die fünfte Perspektive ist mit den anderen vier verknüpft und wirft wichtige Fragen auf:

- Wenn wir miteinander verbunden sind, wie werden wir diese Verbindungen in unser eigenes Leben integrieren?
- Wenn es in der Welt um Prozesse geht, wie werden wir dann an ihnen teilnehmen?
- Wenn das Selbst nicht statisch, kein Körper, keine Rolle oder Identität ist, sondern eine evolutionäre Reise, wie werden wir diese Reise antreten?
- Wenn unsere Gesellschaft ein System aus kollektiven Vorstellungsbildern ist, mit welchen neuen Bildern können wir ein erfüllteres Leben führen?

Es scheint mir also, dass die Grundfragen des individuellen und des gemeinsamen Lebens in der Gesellschaft zwangsläufig an Bedeutung gewinnen werden. Das alleine bedeutet bereits einen tiefgreifenden Wandel. Infolgedessen werden die Deutungen, die unser heutiges Leben bestimmen, wahrscheinlich einer kontinuierlichen, ergebnisoffenen und expliziteren Suche nach dem Sinn weichen. Aus den Perspektiven, die dem Zeitalter des Materialismus zugrunde liegen, mag es seltsam, ja sogar widersinnig klingen, dass der Sinn des Lebens zu einer Kernfrage für die ganze Gesellschaft werden soll. Es passt jedoch in das Gesamtbild des Wandels, der sich bereits vollzieht und hier beschrieben wird. In dem Maße, wie die Notwendigkeiten des Lebens uns keinen Sinn mehr aufzwingen und der Pfad des sogenannten Fortschritts uns keine Orientierung mehr geben kann, müssen zunehmend viele von uns lernen, tief zu reflektieren und sich mit der Frage nach dem Lebenssinn auseinanderzusetzen. Die neuen Perspektiven werden unser Leben weniger vorbestimmt und vordefiniert, fließender machen. Sie werden unser Potenzial erhöhen, Teil eines grundlegenden Wandels zu einer neuen Weltsicht zu sein.

Was bedeutet diese neue Perspektive für uns?

Mit dieser neuen Perspektive wird es leichter sein, etwas wirklich Lohnenswertes im Leben zu entdecken. Wenn wir uns auf den Sinn des Lebens konzentrieren, werden wir automatisch ein zielgerichteteres Leben führen. Das Leben ist eine innere Reise, und je mehr von uns diese Reise bewusst antreten, umso mehr werden sie mit dem Gefühl beenden, dass sie ein gutes Leben geführt haben. Und das ist doch eine der Definitionen vom Lebenssinn und Glück. Die Suche nach beiden ist ein tiefes menschliches Bedürfnis und eine reichhaltige Quelle für Kreativität, Energie und Ausdauer.

Zu den Konsequenzen der Technologie am Arbeitsplatz gehört, dass uns vor allem die zeitaufwendigen operativen Aufgaben abgenommen werden. Das lädt uns dazu ein, mehr Zeit in Verbindung mit anderen Menschen und mit der Natur zu verbringen, was auch sinngebend sein kann. Beides erhöht die Fähigkeiten der Gesellschaft, angesichts der sich auftürmenden Probleme konstruktive Lösungen zu finden, die dem Gemeinwohl dienen. Die Umstellung auf ein zielgerichtetes Leben erhöht die Wahrscheinlichkeit solcher Lösungen erheblich. Es werden Lösungen sein, die von uns verlangen, dass wir uns auf den langen, beschwerlichen Weg der Politik und des gesellschaftlichen Engagements begeben. Dieser Weg ist für viele immer noch fremd und unattraktiv. Ihn zu beschreiben ist nicht selbstverständlich, umso mehr, als es die Alternative der Bequemlichkeit, des Aufgehens im Leben der anderen in den sozialen Medien, des Biers und der Halbfinale gibt, die uns von vielen Medien nahegelegt wird.

Die weltweite Wirtschaftstätigkeit hat sich seit 1980 mit exponentiellen Produktivitätssteigerungen real verdreifacht. Infolgedessen können es sich mehr Menschen leisten, sich der Verwirklichung ihrer inneren Ziele zu widmen, statt sich auf die Befriedigung ihrer Grundbedürfnisse konzentrieren zu müssen. Zusätzlich gibt es zahlreiche Anzeichen dafür, dass wir uns im Bereich des wirtschaftlichen Verhaltens bereits gegen den maximalen Konsum und für ein sinnerfüllteres Leben entscheiden. Immer mehr Menschen beginnen diesen Prozess bereits mit Mitte zwanzig und nicht erst in ihren Vierzigern, wie es früher üblich war. Vor diesem Hintergrund werden wirtschaftliche

Entscheidungen zunehmend durch Sinn bestimmt, wenn es darum geht, was wir kaufen, wo und wie wir arbeiten, in was wir investieren und wie wir Unternehmen gestalten und führen.

Bis vor Kurzem wurde die Trennlinie zwischen den privaten, gewinnorientierten Unternehmen einerseits und dem öffentlichen Sektor, NGOs, Wohlfahrtsverbänden und gemeinnützigen Organisationen andererseits scharf gezogen. Heute kann man hybride Formen der Wirtschaftstätigkeit beobachten: groß angelegte Sozialunternehmen und Unternehmen, deren Zweck auch durch soziale und ökologische Ziele definiert ist. Dies deutet auf das Entstehen neuer Arten von Unternehmertum hin, die die heute vorherrschenden Strukturen in der Wirtschaft verändern werden. In dem Maße, in dem Sinn und Zweck in der Gesellschaft zu einer zentralen Perspektive werden, entsteht bei den politischen Entscheidern und in der Wirtschaft die Verpflichtung, mehr die Konzepte und Organisationsformen zu fördern, die das Arbeitsleben und das Leben im Allgemeinen stärker mit Sinn und Zweck in Verbindung bringen können.

Eine wichtige Rolle bei der Sinngebung spielen Erzählungen. Geschichten sind ein mächtiger Mechanismus, um unser Leben zu erhalten oder zu verändern. Sie geben uns Richtung und Hoffnung. Sie formen Menschen und Gesellschaften gleichermaßen. Aber Storys können auch zerstörerisch sein. Für viele nationale Politiker beispielsweise ist das Narrativ heute das der Nationalstaaten, die miteinander konkurrieren. Dabei geht es um Gewinner und Verlierer, um Verhandlungen und Kompromisse. Das Narrativ der Rivalität und des Wettlaufs ist auch für viele Menschen weiterhin sinnstiftend, obwohl immer deutlicher wird, dass es zum Beispiel für die Definition unserer Beziehung zur Natur nicht hilfreich ist. Das macht die Notwendigkeit, neue Geschichten für das 21. Jahrhundert zu schmieden, deutlich.

Das Erstarken der Dimension des Sinns und Zwecks vervollständigt unser Modell der fünf Perspektiven, die die Grundlage für eine neue Weltanschauung bilden. Wir werden nun zum Schluss kurz auf die Bedeutung ihrer Wechselbeziehung eingehen.

Die vernetzte Weltanschauung

Ein aufmerksamer Beobachter des Wandels wird problemlos einen raschen Perspektivwechsel ausmachen und die einzelnen von mir beschriebenen Perspektiven erkennen, weil sie zunehmend akzeptiert und angewandt werden, zum Beispiel in der Wissenschaft und in den Bewegungen für soziale und ökologische Transformation. Aber viele Wissenschaftler, Organisationen und Initiativen nutzen heute nur eine oder zwei dieser neuen Perspektiven. Die Komplexität der übergreifenden Systeme der Weltwirtschaft, der technologischen Vernetzung, der internationalen politischen Strukturen, der gesellschaftlichen Spannungsfelder und letztendlich der gesamten Biosphäre ist viel zu groß, als dass die Änderung in nur einem einzelnen Bereich ihr Rechnung tragen könnte. Wir können das Potenzial für tiefgreifende Veränderungen nur dann aktivieren, wenn wir versuchen, alle fünf zusammen anzuwenden.

Isolierte Veränderungen in unserem Verständnis bei lediglich einzelnen Aspekten unserer menschlichen Welt werden der Vernetzung und Komplexität der modernen Zivilisation nicht gerecht. Das zukünftige Weltbild muss einfach differenzierter, umfangreicher und vielschichtiger werden. Es braucht viele Geburtshelferinnen und Geburtshelfer: von der Wissenschaft über das gesellschaftliche Engagement für den Wandel bis zu Bildung und Kultur. Was ich mit diesem Text sagen will, ist, dass Organisationen oder Projekte, die mehrere, am besten alle, dieser Perspektiven in ihrer Arbeit adressieren, effektiver und langfristig erfolgreicher werden. Und wir brauchen diesen Erfolg!

Unsere Zivilisation durchläuft gerade eine Metakrise. Wir treten in eine Zeit des turbulenten Wandels und des möglichen Chaos ein. Wir nähern uns einem Scheidepunkt, an dem unsere Zivilisation entweder zusammenbrechen wird oder einen Durchbruch schaffen kann. Wir wissen nicht, wie tiefgreifend dieser zivilisatorische Wandel sein wird, aber um einen Durchbruch zu schaffen, anstatt einen Zusammenbruch zu erleben, werden wir eine neue Weltsicht annehmen müssen.

Diese Situation ist nichts Außergewöhnliches. Die Menschheit hat schon viele Veränderungen in der Weltanschauung durchgemacht. Das Besondere diesmal ist, dass wir uns nicht auf den üblichen Evolutionsprozess mit Versuch und Irrtum verlassen können. Erstens haben wir nicht die Zeit dazu. Unser Planet brennt. Zweitens können wir uns keinen Fehler leisten. Diesmal steht nicht nur eine Zivilisation unter vielen auf dem Spiel. Diesmal ist es die globale Zivilisation, die in Gefahr ist, und ein Versagen könnte leicht das Ende der Menschheit bedeuten. Deshalb ist es dringend notwendig, dass wir uns sowohl persönlich als auch gemeinsam dieses tiefgreifenden Wandels bewusst werden und unser Bestes tun, ihn zu unterstützen.

Was ich hier skizziert habe, ist als Denkanstoß gedacht. Der Wandel wird chaotisch sein und sich stets weiterentwickeln, und es ist unmöglich, das Ergebnis zu kennen, aber wir müssen jetzt anfangen, darüber zu denken, zu diskutieren und Sachen einfach ausprobieren.

Wir bewegen uns rasch auf eine Zukunft zu, die wir nicht sehen können. Dennoch müssen wir handeln. Das Beste, was wir tun können, ist zu experimentieren, indem wir Brücken in den Nebel bauen. Immerhin sehen wir dann den einen Brückenkopf: unser Denken, unsere Ideen, unsere Überzeugungen, unser Weltbild. Wenn dieser Brückenkopf breit und solide wird, stehen die Chancen deutlich besser, dass wir durch den Nebel zu einer besseren Welt gelangen.

Die Macht der Onto-Politik

von

Silke Helfrich

Silke Helfrich ist eine deutsche Autorin, Forscherin und Commons-Aktivistin. Ihr Fokus liegt auf den sozialen Prozessen, in denen Gemeinsames und Gemeingüter entstehen und weiterentwickelt werden (Commoning), sowie auf Begriffen und Mustern, die Commoning beschreiben. Silke Helfrich engagiert sich im Commons-Institut e.V. Sie ist Mitbegründerin der Commons Strategies Group.

Der Essay entstand auf Grundlage von Textfragmenten aus dem Buch „Frei, Fair und Lebendig. Die Macht der Commons", das sie zusammen mit David Bollier geschrieben hat und das 2019 im transcript Verlag erschienen ist.

Der Essay von Silke Helfrich ist lizenziert unter der Creative Commons Attribution-ShareAlike 4.0 Lizenz (BY-SA). Diese Lizenz erlaubt unter Voraussetzung der Namensnennung des Urhebers die Bearbeitung, Vervielfältigung und Verbreitung des Materials in jedem Format oder Medium für beliebige Zwecke, auch kommerziell, sofern der neu entstandene Text unter derselben Lizenz wie das Original verbreitet wird. (Lizenz-Text: https://creativecommons.org/licenses/by-sa/4.0/deed.de)

Die Bedingungen der Creative-Commons-Lizenz gelten nur für Originalmaterial. Die Wiederverwendung von Material aus anderen Quellen (gekennzeichnet mit Quellenangabe) wie zum Beispiel Schaubilder, Abbildungen, Fotos und Textauszüge erfordert ggf. weitere Nutzungsgenehmigungen durch den jeweiligen Rechteinhaber.

Die Macht der Weltsicht

Überkommene Denkgewohnheiten haben sich in unseren Köpfen eingebrannt. Sie hindern uns daran, die Welt freier, fairer und lebendiger zu gestalten. Und sie prägen unseren Alltag genauso wie die Wirkmacht von Markt und Staat. Daher plädieren wir für mehr Unabhängigkeit von beidem, für ein „jenseits von Markt und Staat". Wie sonst sollten wir dieser merkwürdigen Logik entkommen, nach der wir uns und unsere Umwelt zuerst erschöpfen, um anschließend beides wieder reparieren zu müssen? Und dies nur, damit sich das Hamsterrad des Ewiggestrigen weiterdreht! Wie sollen Politiker:innen und Bürger:innen wirklich unabhängig handeln, wenn alles von Arbeitsplätzen, Börsennachrichten und dem Wettbewerbsgeschehen abhängt? Wie sollen wir Neues tun, wenn die Grundmuster des Kapitalismus durch uns hindurchgehen und das Gemeinsame unterspülen?

Wir brauchen eine andere konzeptionelle und institutionelle Matrix für die anstehende sozialökonomische und ökologische Transformation. Wo aber ist der Hebel anzusetzen? Unsere Antwort lautet: bei unserem Weltverständnis und unserer Seinsidee, beim Menschenbild und den damit verbundenen Handlungsrationalitäten. Wenn wir unser Weltverständnis vom Kopf auf die Füße stellen, gestaltet sich alles daraus Folgende neu: das, was wir für ein gutes Leben halten, unser Miteinander, unser Wirtschaften, unsere Praxis des Habens (Stichwort Eigentum), unser Verhältnis zum Staat sowie die Art und Weise, Institutionen zu formen und Politik zu machen.

In unserer modernen Welt dreht sich alles um das Individuum, das Wirtschaftswachstum und die Beherrschung der Natur. Commoning erscheint in solch einem Kontext wie etwas Sonderbares, bestenfalls Außergewöhnliches. Die von niederländischen Buurtzorg-Pflegekräften geleistete (Für)Sorge, die behutsame Gegenseitigkeit einer Solidarischen Landwirtschaft, die Kreativität eines kosmolokalen Designnetzwerks oder die kapitalarme Verfügbarmachung von erschwinglichem Internetzugang durch die Guifi.net-Infrastruktur in Spanien – alles Ausnahmen! Geschichten am Rande. „Politisch irrelevant". Commons sind noch immer *terra incognita*. Der Grund dafür liegt sehr tief: auf der Ebene der Ontologien, also der Seinsverständnisse, die all unserem Tun und Gestalten zugrunde liegen. Was meinen wir damit?

Unsere Weltsicht ist vorstrukturiert und beschränkt dadurch, was und wie wir wahrnehmen. Wir können die Welt niemals wirklich so sehen, „wie sie ist", weil wir zu stark damit beschäftigt sind, sie im Kopf zu erschaffen. Dennoch gehen wir davon aus, dass das, was wir wahrnehmen, offensichtlich und universell ist. Tatsächlich aber werden unsere Überzeugungen über das, „was ist", von unsichtbaren Annahmen geformt, die durch Kultur, Geschichte und persönliche Erfahrung beeinflusst sind. Kurz: Unsere Sicht auf die „Realität" beruht auf Vorannahmen, die uns die Sicht vernebeln.

Die Sprache ist für diese Art des Welterschaffens in unserem Bewusstsein ungemein wichtig. Welche Sprache (Wörter, Begriffe und Kategorien) wir in einer bestimmten politischen Ökonomie und Kultur verwenden, entscheidet mit darüber, welche Phänomene uns letztlich als bedeutend gelten, ob und wie sie moralisch aufgeladen werden und welche Phänomene unbenannt bleiben und damit ignoriert werden. So formt sich ein mentales Bild, ein Rahmen bzw. Frame für die Wahrnehmung und die *Nicht*-Wahrnehmung. Dass dies politisch nützlich sein kann, liegt auf der Hand. So fordern Konservative gern „Steuer*entlastungen*", was implizit behauptet, dass Steuern per Definition eine Last und Bürde seien, die es abzuschütteln gelte. In seiner klassischen Studie über die „Folklore des Kapitalismus" beschrieb Thurman Arnold, wie Konzerne in den USA fälschlicherweise als „Personen" charakterisiert werden und damit Bürgerrechte erhalten – etwa unbegrenzt im Wahlkampf zu spenden –, die ihnen sonst vermutlich verweigert würden.

Wenn wir hingegen für etwas gar kein Wort haben, bleibt es unbenannt, unbesprochen, unbemerkt. So gibt es keine wirklich treffende deutsche Entsprechung für den Begriff Commons. Kognitionswissenschaftler:innen verweisen zu Recht auf den ideologisch selektiven Charakter solcher Frames, denn sie sind hocheffektive und zudem allgegenwärtige Wahrnehmungsfilter. Das erklärt, warum Neues unsichtbar erscheint, obwohl es vor aller Augen existiert. Als John Maynard Keynes damit rang, die Wirtschaftswissenschaften neu zu erfinden, schrieb er: „Die Gedanken, die hier so mühevoll ausgedrückt sind, sind äußerst einfach und sollten augenscheinlich sein. Die Schwierigkeit liegt nicht so sehr in den neuen Gedanken, als in der Befreiung von den alten, die sich bei allen, die so erzogen wurden, wie die meisten von uns, bis in die letzten Winkel ihres Verstandes verzweigen."

Keynes weist darauf hin, dass eine vorherrschende Weltsicht unglaublich mächtig ist. Sie setzt Phänomene unbemerkt in einen geordneten mentalen Rahmen. Dieser wiederum verdrängt andere, potenziell wichtige Betrachtungsweisen der Welt. Wir haben also gegenwärtig nicht nur das Problem, dass die Institutionen liberal-demokratischer Staatlichkeit zerfallen – auch die Arten und Weisen, die Welt wahrzunehmen und darzustellen, tun dies. Die meisten grundlegenden Geschichten, die wir uns erzählen, funktionieren nicht mehr. Selbstverständlich ist beides eng miteinander verknüpft. Wenn also politische Systeme nicht mehr funktionieren, dann auch deswegen, weil sie auf Erzählungen (Narrativen) über das Sein aufbauen, die untauglich geworden sind oder nicht mehr respektiert werden. Entsprechend können lieb gewonnene Geschichten und Denkkategorien die sich verändernde Wirklichkeit nicht mehr angemessen abbilden. Wer aber die herrschende Ordnung bewahren will, hält sich gern an archaischen „Frames" und Ausdrucksweisen fest, um das Vertraute ein ums andere Mal zu bestätigen. Hinzu kommt, dass uns gedankliche Bezüge sowie das Vokabular fehlen, um neue Realitäten gewissermaßen aufzuschließen und für die jeweilige Kultur lesbar zu machen. So haben die Anerkennung der Existenz sowie der Begriff „Dinosaurier" im Kontext der Darwin'schen Evolutionstheorie die Erzählung der Bibel und die darauf beruhenden Weltsichten infrage gestellt ... und zugleich ganz neue Perspektiven eröffnet.

Als wir die Phänomene des Commoning erklären wollten, wurde uns bewusst, dass wir in der Sprache der konventionellen Politik- und Wirtschaftswissenschaften nicht angemessen ausdrücken konnten, was zu beobachten war. Da klafften zu viele lexikalische und kategoriale Lücken, die bestimmte Realitäten und Erkenntnisse im Dunkeln ließen. Der Historiker E. P. Thompson bemerkte einmal treffend: „Es war stets ein Problem, Commons mit kapitalistischen Kategorien zu erklären." Wie recht er hatte! Wenn wir über die Zukunft unseres Zusammenlebens sowie die Zukunft des Politischen nachdenken, kommt es sehr auf die tieferen Register unserer Wahrnehmungsmöglichkeiten an – mindestens so sehr wie auf die tägliche politische Auseinandersetzung. Vielleicht sogar noch mehr. Der Philosoph Hans-Georg Gadamer meinte nicht umsonst, dass es ein Fehler sei zu glauben, man müsse über Politik reden, um Politik zu verändern. Das stimmt. Wir müssen uns zunächst über unsere – oft im Verborgenen liegenden – Vorstellungen von der Welt und vom Menschen verständigen.

Die Idee des Onto-Politischen

Die Lehre von der Natur und den Grundstrukturen der Realität wird Ontologie genannt. Sie verweist auf das Fenster, durch das wir die Welt betrachten. Unsere Grundannahmen über die Wirklichkeit bestimmen, was wir für normal und wünschenswert halten. Sie strukturieren vor, was als gut oder schlecht gilt, als richtig oder falsch. Sie sind so etwas wie die Verfassung eines jeden Glaubenssystems. Als solche ordnen sie unsere Vorstellungen – etwa davon, welche politische Ökonomie oder Steuerung wir für notwendig und möglich halten. Kurz: Sie formen mit, was wir aus der Welt machen. Wenn alle Menschen als unverbundene Einzelne betrachtet werden, wird dies tendenziell zu einer sozialen Ordnung führen, die die Freiheit des Einzelnen auf Kosten zusammenwirkender Institutionen privilegiert. Wenn demgegenüber alle Menschen als miteinander verbunden sowie voneinander und von der Erde abhängig betrachtet werden (Stichwort Interdependenz), eröffnen sich ganz andere Möglichkeiten. Andere Vorstellungen von der Welt verlangen andere Kategorien ihrer Beschreibung sowie ein Vokabular, das die Welt entlang dieser Vorstellungen zu spiegeln vermag. Man könnte sagen, dass die jeweiligen ontologischen Prämissen – die Grundannahmen über das (Mensch-)Sein – verschiedene *Angebote* schaffen: Sie leisten Unterschiedliches, sind potenziell anders nutzbar und beinhalten andere politische und ökonomische Konsequenzen. So wie das Fahrrad andere Angebote für den Verkehr schafft als das Auto. Das Fahrrad ist verbunden mit körperlicher Anstrengung, kostengünstiger Mobilität und dem Antrieb durch Muskelkraft. Das Auto ist schneller, weitreichender, teurer und auf mehr als Muskelkraft zur Fortbewegung angewiesen. Stift und Papier – billig und leicht zu benutzen – bieten andere Möglichkeiten der Kommunikation als Smartphones, die von Stromzufuhr abhängen, interaktiv und vielseitig verwendbar sind. Mit Ontologien ist es genauso: Sie beeinflussen ganz entscheidend, welche Welt wir auf ihrer Grundlage aufbauen können.

Wer daher von *Weltsicht* spricht, muss auch fragen: Was behauptet eine Weltsicht hinsichtlich der Qualität der Beziehungen zwischen Individuen oder zwischen dem Einzelnen und Kollektiven? Schreibt sie Dingen und Phänomenen einen festgefügten Wesenskern zu? Wird dem Menschen ein So-Sein unterstellt oder enthält die Idee vom Menschen auch andere Menschen sowie den Gedanken der Veränderung durch Beziehungen? Überhaupt: Wie wird Veränderung und Wandel gedacht? Entsteht er durch konkrete Faktoren, die kausal aufeinander wirken – ähnlich einer Kettenreaktion, die ich auslöse, wenn ich eine Maschine in Betrieb setze? Oder entsteht er in einem Feld komplexer, subtiler, kurz- und langfristiger Interaktionen zwischen mehreren Faktoren in einem größeren Wirkzusammenhang mit zahlreichen positiven wie negativen Rückkopplungsschleifen? Sind Phänomene, die wir beobachten, historisch und kulturell unveränderlich, das heißt universell, oder sind sie kontextabhängig?

Gemeinhin gelten solche philosophisch anmutenden Fragen in der oft rauen Welt der Politik als irrelevant. Wir jedoch glauben, dass, gerade angesichts wankender politischer Institutionen, nichts strategischer ist als eine Neubewertung der Fundamente, auf denen Politik steht. *Deshalb* müssen wir uns genau anschauen, auf welche Arten und Weisen wir die Realität wahrnehmen. *Deshalb* müssen wir verstehen, wie diese Weltsichten mit Gestaltungsoptionen zusammenhängen. Einen solchen Ansatz könnte man „onto-politisch" nennen, denn – wie gesagt – unsere unterschiedlichen Verständnisse von der Beschaffenheit der Wirklichkeit beeinflussen sehr direkt, welche soziale und politische Ordnung wir für möglich halten. Wenn wir beispielsweise glauben, dass Gott als allmächtige Kraft existiert und in allen menschlichen Angelegenheiten die Quelle von Wahrheit und Sinn ist, dann werden wir eine andere gesellschaftliche Ordnung erschaffen als eine, in der Menschen davon ausgehen, dass sie ganz auf sich selbst gestellt sind, ohne göttliche Lenkung und göttlichen Schutz.

Weil unsere Weltsichten beeinflussen, wie wir politische Institutionen bilden, sollten wir die Welt nicht nur durch ein Fenster betrachten – als wäre dies die einzige und offensichtlich richtige Möglichkeit der Wahrnehmung. Wir sollten innehalten und beginnen, das Fenster selbst zu betrachten.

Onto-Geschichten des modernen Westens

Das Glaubenssystem, das sich im säkularen Westen während der Renaissance entwickelt und im 18. und 19. Jahrhundert verfestigt hat, gehört auf den Prüfstand. Wir „Modernen" umgeben uns mit einer großen Erzählung, in der die Hauptrollen prominent besetzt sind: die Freiheit des Einzelnen, das (Individual-)Eigentum und eine Staatsidee, die mit der „erfundenen Gemeinschaft" (Yuval Harari) der „Nation" verknüpft ist. In den Onto-Geschichten, die wir ständig weitergeben, sind wir vereinzelten Individuen die primär Agierenden. Wir bewegen uns in einem Außen: in einer Welt voller Dinge (einschließlich der „Natur"), denen bestimmte Eigenschaften zugesprochen werden. Diese Erzählung behauptet uns Menschen zunächst als vollkommen frei, gewissermaßen in einen präpolitischen „Naturzustand" hineingeboren. Allmählich haben sich unsere Vorfahren – Wer genau? Wann? Wo? – in Sorge um den Schutz unseres Eigentums und unserer individuellen Freiheit versammelt und – trotz ihres radikalen Individualismus – einen „Gesellschaftsvertrag" miteinander geschlossen. Schließlich haben alle die Etablierung des Staates autorisiert, der zum Garanten der individuellen Freiheit und des individuellen Eigentums aller werden sollte. Heute sind wir Erb:innen dieses Schöpfungsmythos, der die Ursprünge des liberalen, säkularen Staates erklärt – und der theologische Vorstellungen von Omnipotenz (Gott oder Monarch:innen) auf den souveränen Staat (Regierungen, Parlamente, Gerichte) überträgt. Der Leviathan handelt mit souveräner Macht und privilegiert individuelle Freiheit gegenüber sämtlichen sozialen Zugehörigkeiten sowie gegenüber Identitäten, die auf Geschichte, Ethnizität, Kultur, Religion, geografischer Herkunft etc. beruhen.

Die primären Akteure der Gesellschaft sind in dieser Konzeption das Individuum und der Staat. Dabei setzt der politische Liberalismus eine menschliche Natur voraus, schreibt Margaret Stout, „die eigennützige, atomistische Individuen mit voneinander unabhängigen, statischen Präferenzen dazu bringt, miteinander zu konkurrieren. Sie tun das im Bestreben, ihre eigenen Vorteile zu maximieren und die Konsequenzen für andere wenig oder gar nicht zu beachten. In dieser Denkform entsteht politische Repräsentation durch Wettbewerb unter souveränen Individuen und durch das Mehrheitsprinzip". Die gleiche Geschichte ist auch die Grundlage des Kapitalismus, der mit denselben Grundannahmen erklären will, warum es Marktwettbewerb und Hierarchien gibt. Der Nobelpreisträger und Ökonom James Buchanan hat einmal die Autonomie des Einzelnen, die Rationalität der Entscheidung („rational choice") und die spontane Koordination von Menschen auf dem „freien Markt" als die grundlegenden Prinzipien seiner Disziplin bezeichnet. In der Moderne sind diese Ideen nicht nur auf dem Markt, sondern auch in einem Großteil unseres Alltagslebens zu Ordnungsprinzipien geworden. Die individuelle Entscheidungsfreiheit – unseren Fernsehsender, unsere Biermarke, unsere politischen Parteien wählen zu dürfen – wird gefeiert. Dabei wird kaum bedacht, wie das Spektrum der Wahlmöglichkeiten überhaupt zustande kommt und welche Optionen darin gar nicht erst enthalten sind.

Es ist daher keine rein intellektuelle Übung, unsere Vorannahmen über die Welt genauer zu erkunden. Sie ist schlicht von höchst praktischer Bedeutung. Um die Kraft der Grundannahmen ins Bild zu setzen, verwendete der deutsche Physiker Hans-Peter Dürr gern folgende Metapher: Fischer:innen, die Netze mit einer Maschenweite von 5 cm benutzen, könnten verständlicherweise zu dem Schluss kommen, dass es im Meer keine Fische gibt, die kleiner als 5 cm sind. Zumindest werden sie nicht viel über die Welt der Fische lernen, die kleiner als 5 cm sind, denn 3 cm große Fische verfangen sich nicht im Netz. Wer sich auf bestimmte Vorstellungen von der Wirklichkeit festgelegt hat, wird es schwer haben, den weitreichenden Verstrickungen der eigenen „Wahrnehmungsnetze" zu entgehen.

Auch wenn den meisten Menschen und Entscheidungsträger:innen der Zusammenhang zwischen Ontologie, dem Gemeinwesen und politischer Ökonomie nicht geläufig ist, ist die Idee dahinter gar nicht so kompliziert. Vergegenwärtigen Sie sich dies mit einer Analogie: Stellen Sie sich vor, Sie bauen ein Haus. Leider legen Sie dafür ein schwaches Fundament. Die Grundfläche ist zu klein gewählt, was von vornherein viele Gestaltungsmöglichkeiten ausschließt. Zudem reicht das Fundament nicht tief genug. Auf diesem Fundament errichten Sie nun ein Gebäude in der Hoffnung, dass es dauerhaft stehen möge. Sie setzen die tragenden Bauteile auf. Fundament und Struktur können 100 Tonnen Gewicht tragen. Das tun sie auch und Sie leben eine Zeit lang ganz gut. Doch ein paar Jahre später hat sich vieles in Ihrem Leben verändert. Sie möchten ein weiteres Geschoss bauen. Es würde weitere 50 Tonnen wiegen. Dafür sind Fundament und Struktur nicht ausgelegt. Das zusätzliche Gewicht – Ihr neues Leben – hat auf diesem Fundament keinen Platz. Das Haus würde einstürzen. Es ist einfach nicht sinnvoll, an der Qualität der Fundamente zu sparen.

Genau das aber ist das Problem des modernen Kapitalismus. Er ist auf fehlerhaften Prämissen über unsere Welt, uns Menschen und über unsere Gestaltungsoptionen aufgebaut. Seine institutionellen Formen – auch Markt und (National-)Staat – sind zunehmend ineffektiv, ihnen wird misstraut. Die steigende Entfremdung und Wut von Wähler:innen in vielen Ländern gibt dies zu erkennen – in den USA genauso wie in Brasilien, in vielen europäischen Ländern genauso wie auf den Philippinen. Wenn unsere Verpflichtung auf „individuelle Freiheit" weder vor der Plünderung der Erde noch vor jener der Staatskassen haltmacht, wenn Kapitalanlagen und „Direktinvestitionen" in ihrem Charakter als Privateigentum mehr Schutz genießen als Landschaften oder Ökosysteme, dann sollte es nicht überraschen, dass das resultierende Wirtschaftssystem für den Planeten buchstäblich tödlich ist.

Oft wird „der Kapitalismus" kritisiert und „der Staat" angegriffen, ohne die onto-politischen Prämissen infrage zu stellen, auf denen beide errichtet sind. Das liegt daran, dass die meisten von uns diese Prämissen internalisiert haben. Das „vorherrschende Lebensmotiv" des modernen Kapitalismus und des liberalen Staates, schreibt der griechische Sozialkritiker Andreas Karitzis, „fördert die Vorstellung, dass ein gutes Leben im Grunde genommen eine individuelle Leistung ist. Gesellschaft und Natur sind lediglich Kulissen, eine Tapete für unser Ego und der zufällige Kontext, in dem unser vereinzeltes Selbst sich durch die Verfolgung individueller Ziele weiterentwickelt. Das Individuum schuldet niemandem irgendetwas, hat weder Achtung für die vorangegangenen Generationen noch Verantwortung für die zukünftigen – und Gleichgültigkeit gegenüber heutigen gesellschaftlichen Problemen und Verhältnissen erscheint wie eine angemessene Haltung."

Die sichtbaren Pathologien des Kapitalismus – Umweltzerstörung, Prekarität, Ungleichheit, Ausgrenzung etc. – sind nicht einfach seelenlosen Konzernen und zynischen Politikerinnen und Politikern zuzuschreiben. Sie spiegeln unser irriges Verständnis der Wirklichkeit selbst. Dies anzupacken, verlangt uns einiges ab. Es ist schwierig, *auf* das Fenster zu schauen, durch das wir die Welt betrachten, statt nur *durch* dieses Fenster zu schauen. Und es ist alles andere als trivial, die Onto-Grundlagen unserer sozioökonomischen und politischen Ordnung wirklich zu *sehen*, geschweige denn etwas Sinnvolles zu tun, um sie zu verändern. Diese Dinge liegen oft unter der Schwelle des Bewussten, wirken dort subtil und doch stark normierend. Dennoch gibt es Möglichkeiten, die Herausforderung anzugehen. Wir können ein anderes Weltverständnis beispielsweise durch eine andere Sprache und angemessenere Metaphern kultivieren. Wir können auch die Geschichten, die wir uns erzählen, etwas näher betrachten und dadurch mehr Achtsamkeit für onto-politische Fragen und für unsere eigenen Verstrickungen in die moderne Onto-Geschichte entwickeln. Was wir dabei erkennen, können wir mit Erfahrungen – etwa Commoning-Praktiken – abgleichen und daraus eine onto-politische Ordnung entwickeln, die auf einem besseren Fundament ruht. Dazu gehört zu begreifen, was es wirklich bedeutet, dass alles miteinander verbunden ist, dass die Dinge – gegenseitig – voneinander abhängen, so wie unser individuelles Wohlergehen vom kollektiven Wohlergehen abhängig ist und umgekehrt. Unser Gemeinwesen muss, um den kolumbianischen Anthropologen Arturo Escobar zu zitieren, „auf die relationale Dimension des Lebens abgestimmt sein".

Die verborgene Dimension der Politik

Viele Argumente, die auf den ersten Blick wie politische Meinungsverschiedenheiten aussehen, sind in Wirklichkeit Ausdruck tiefer liegender Meinungsverschiedenheiten. Nehmen Sie die Figur des „Selfmademan". Sie entspricht der in der Kultur des modernen Kapitalismus verankerten Fantasie, dass die Einzelnen ganz allein und ohne Unterstützung von anderen erfolgreich werden können. Diese Geschichte rahmt die öffentliche Diskussion genauso wie etliche persönliche Ambitionen. Oder denken Sie an die Erde selbst, die oft wie etwas beschrieben wird, das nicht-lebendig ist, wie ein Gegenstand, der unabhängig von der Menschheit existiert. Dies ist die Grundlage der Rede von Land und Wasser als „Ressourcen", die in Beschlag genommen und „verwertet" werden können.

Die Kategorien, die im Westen seit der Frühen Neuzeit eingeführt wurden, haben Denkweisen etabliert, die in den modernen kapitalistischen Gesellschaften als selbstverständlich gelten. Männer (!) wie Francis Bacon, Thomas Hobbes, René Descartes und John Locke artikulierten eine Erzählung von der Welt, in der vermeintliche Dualitäten aufeinanderprallen: Individuum und Kollektiv, Menschheit und Natur, Geist und Materie. Öffentlicher und privater Raum gelten als voneinander getrennt. Das Objektive wird dem Subjektiven entgegengesetzt. Es ist eine Erzählung des Entweder-oder, die zur Denkgewohnheit wird. Denkgewohnheiten wiederum prägen Kulturen, in denen sich spiegelt, was als Onto-Geschichten („*ontostories*") bezeichnet wird.

Es gibt ungezählte Ausdrucksformen verschiedener Onto-Geschichten, doch unterm Strich können sie entlang einiger zentraler Aspekte etwas geordnet werden. So basieren manche Geschichten auf der Vorstellung, dass „das Sein einfach *ist*" (statisch). Andere gehen davon aus, dass das Sein ein ständiges *Werden* ist (dynamisch). Eine dynamische Weltvorstellung erfasst das Sein als eine Aneinanderreihung von Ereignissen, als einen ständigen Prozess. In einer statischen Welt wird die Gegenwart als etwas erlebt, das stets ist und stets sein wird. Dieses „so ist sie eben", erklärt auch die Beharrungskraft eines Kastensystems, wie wir es aus Indien kennen. Eine statische Sicht auf Wirklichkeit wird ihren politischen Ausdruck eher in einer Theokratie, Monarchie oder einer ähnlichen Form autoritärer Herrschaft finden. In einer dynamischen Weltsicht hingegen entfaltet sich die Realität fortdauernd und entwickelt ständig neu – die politischen Organisationsformen müssten sich dem permanent anpassen, sie müssten modularer oder fluider sein, ausgerichtet auf ihre eigene Vergänglichkeit. Manche Onto-Geschichten gründen auf der Idee einer einzigen, ungeteilten Existenz, was tendenziell zum Sozialismus oder Kollektivismus führt. Andere postulieren viele Quellen des Seins, die nicht auf ein unteilbares Ganzes zurückgehen. Sie stützen eher eine politische Ordnung des modernen Liberalismus und des sozialen Anarchismus. In manchen Onto-Geschichten stammen Wahrheit und Sinn von einer transzendenten Quelle (Gott, König, Papst), in anderen wiederum stammen sie aus uns immanenten Quellen – dem Raum gelebter Erfahrung (das Göttliche in jedem Menschen bzw. in allen Lebewesen). Jedenfalls reflektieren Onto-Geschichten immer eine Weltsicht und das ihr entsprechende *Angebot* – ein vorstrukturiertes Möglichkeitsfeld.

Die Sprechweise und Praktiken, die auf den jeweiligen Onto-Geschichten aufbauen, verleihen dann bestimmten Archetypen des menschlichen Strebens Seriosität. Denken Sie an den Selfmademan! Die Figur zieht ihren Sinn aus ihrer Onto-Geschichte. So werden menschliche Energien nicht nur kulturell akzeptiert, sondern letztlich auch kanalisiert. Entsprechend geht es in der Dauerbeschallung mit Werbung und Marketing einerseits darum, Produkte zu verkaufen; und andererseits darum, ein Ideal zu stärken, in dem der Mensch durch individuellen Konsum Erfüllung findet, und mithin eine Geschichte darüber zu erzählen, wie die Welt ist und wie sie sein soll. Es sind die zwei Seiten derselben Onto-Medaille. Unsere Identität wird durch das definiert, was wir kaufen bzw. was wir kaufen sollen. Selbst Konzerne entwickeln heute Onto-Geschichten und schaffen so eine Wirklichkeit, die ihren Interessen dient. Auf Grundlage enormer Datenmengen hat Twitter ein ausgefeiltes Klassifikationssystem für die Nutzer:innen entwickelt. In diesem System werden wir zu Menschen, „die Küchenausstattung kaufen", „eine Oberklasselimousine besitzen", „Tiefkühlgemüse essen". Derlei Klassifikationen strukturieren den Verkauf der Datensätze an Werbetreibende und schlagen später auf uns zurück. Viele Gerichte setzen auf Datenanalytik über Kriminelle (Rasse, Alter, Wohngegend, Einkommen), um die Wahrscheinlichkeit weiterer Verbrechen zu prognostizieren und auf dieser Grundlage „angemessene" Gefängnisstrafen zu bestimmen. Dabei transportieren solche Kategorisierungen immer auch Vorstellungen von (anstrebenswerter) menschlicher Existenz, von sozialem Verhalten und kausalen Zusammenhängen mit. Sogar die nationalen Sicherheitsbehörden in den USA haben sich eine Onto-Geschichte ausgedacht, um ihre politischen Interessen voranzubringen. Brian Massumi beschreibt das in seinem Buch „Ontopower" so plastisch, dass es einen schaudert. Anstatt zu versuchen, Terroranschläge auf Grundlage bekannter, beweisbarer Fakten zu verhindern – eigentlich ein Standard für Militärinterventionen –, bringt die US-Regierung eine ganz eigene Zeit-, Verlaufs- und Kausalitätsvorstellung ins Spiel. Die Möglichkeit einer terroristischen Bedrohung wird von Sicherheitsfachleuten unilateral behauptet und dann genutzt, um tödliche staatliche Aggression gegen „Terroristinnen und Terroristen" zu rechtfertigen, *bevor* etwas geschehen ist. Was in der Zukunft möglich sein könnte, wird zum Faktum im Hier und Heute erklärt. Indem das Militär ein bedrohliches Narrativ spinnt, so Massumi, definiert es Wirklichkeit um und legitimiert zugleich die darauf folgende Gewaltausübung des Staates. Solche Beispiele lassen die im Verborgenen wirkende Kraft von Ontologien im Feld der politischen Auseinandersetzungen greifbar werden.

Wenn wir die Vorstellung des Selbst als unteilbare, abgegrenzte Einheit autonomen Handelns akzeptieren, folgt daraus alles andere: wie wir der Welt und den anderen begegnen; wie wir in der Welt agieren und Führung konzeptualisieren; wie wir Institutionen und Politiken konstruieren und wo wissenschaftliche Analyse ansetzt – nämlich beim „methodologischen Individualismus". Man könnte postulieren, dass die wichtigsten politischen Auseinandersetzungen nicht in den Parlamenten oder Gerichten stattfinden, sondern auf der Ebene der „Realitätsdefinition". Welch besseren Weg, welch mächtigeren Hebel gibt es, um langfristig die eigenen weitgesteckten Ziele durchzusetzen, als jenen, eine eigene Version der Wirklichkeit zu erschaffen? Auf diese Weise lassen sich alternative Zukunftsvorstellungen bereits im Vorfeld von Konflikten des politischen Alltagsgeschäfts an den Rand drängen.

Nun wird keine Ontologie, und sei sie noch so breit akzeptiert, garantiert ewig funktionieren oder respektiert werden. Eine Weltvorstellung, die über lange Zeit gültig war, vermag nicht mehr zu überzeugen, scheitert an ihren eigenen Ansprüchen, scheitert oder erfährt Risse aufgrund bahnbrechender neuer Erkenntnisse. Auch die ontologischen Grundlagen des Kapitalismus erscheinen uns heute antiquiert. Schon immer war die Vorstellung, dass Individuen frei und souverän geboren sind – Eckpfeiler des liberalen Staates und der „freien Märkte" –, eine Art Fabel. In dem Maße, wie Menschen erkennen, dass sie in einer höchst vernetzten Welt leben, lässt die Glaubwürdigkeit dieser Geschichte nach. Auch der allmähliche Kollaps verschiedener Ökosysteme diskreditiert die Idee, dass wir autonome Individuen sind und dass die Menschheit sich von „der Natur" unterscheidet.

Konfrontationen, die sich vordergründig auf eine staatliche Maßnahme oder ein bestimmtes Gesetz beziehen, sind nicht selten ontologisch unterlegt. So gründen Konflikte zwischen indigenen Völkern und der Staatsmacht oft darauf, dass die Staatsmacht einen bestimmten Teil der Natur als Marktressource betrachtet, die auszubeuten ist, um Arbeitsplätze zu schaffen, das Wachstum anzukurbeln und die öffentlichen Haushalte aufzubessern. Viele indigene Gemeinschaften sehen darin eher eine grobe Missachtung ihrer Kosmo-Vision. Doch moderne Politik ist auf dieser Ebene selten ansprechbar. Die Maori in Neuseeland kämpfen beispielsweise gegen die von der Regierung erteilte Genehmigung für Ölbohrungen in ihren angestammten Fischgründen, was zudem gegen den 1840 mit Königin Victoria geschlossenen Waitangi-Vertrag verstößt. Die vielfach ausgezeichnete Anthropologin Anne Salmond hat in ihren Studien zu diesem Konflikt bemerkt, dass Staat und Maori „grundlegend unterschiedliche Onto-Logiken der Beziehungen von Menschen zum Meer" vertreten. Der Staat betrachtet das Meer als nicht-lebendige Ressource. Eine solche kann man in abgegrenzte Einheiten aufteilen, quantifizieren und entsprechend einer abstrakten Logik vermarkten. Die Ölförderung passt perfekt zu diesem Verständnis. Im Gegensatz dazu sehen die Maori das Meer als Lebewesen mit intensiven, intergenerationellen Verbindungen zu ihrem Volk. Das Meer ist von *Mana* (der Macht der Vorfahren) durchdrungen. Es muss durch Rituale und Traditionen geehrt werden. Wenn Ihnen das *irrational* vorkommt, bedenken Sie Folgendes: Eine solche Weltsicht schützt die Meere. Die in unseren liberalen Demokratien dominierende tut dies nicht. Die Onto-Geschichten, auf denen „moderne" Politik ruht, sehen zunehmend aus wie ein schäbiger, schlecht sitzender Anzug. Es ist höchste Zeit, einen anderen Anzug zu schneidern.

Ich in Bezogenheit und Ubuntu-Rationalität

Commoning stellt den Kapitalismus schon deshalb grundsätzlich infrage, weil es auf einem anderen Seinsverständnis basiert. Wer dies nicht erkennt, sicht Commons vermutlich durch die normative Linse der modernen westlichen Kultur und hat – vielleicht – den methodologischen Individualismus und die Sprache der Trennung verinnerlicht. Dinge haben in diesem Verständnis unveränderbare Wesenseigenschaften und sind von ihrem Werden und ihrem Kontext losgelöst. Commoning hingegen beruht auf der Grundidee *tiefgreifender Relationalität* und *Interdependenz* von allem. Die Welt wird als Ort dichter zwischenmenschlicher Verbindungen und gegenseitiger Abhängigkeiten wahrgenommen. Die Praxis ist nicht einfach eine Angelegenheit von Reaktion und Gegenreaktion zwischen unmittelbaren, sichtbaren Akteur:innen, sondern ein pulsierendes Netz unzähliger Beziehungsdynamiken, aus dem Neues hervorgeht.

Für diejenigen unter uns, die aus dem euro-amerikanischen Kulturkreis stammen, ist es nicht so einfach, diese Grundierung des Commoning freizulegen. Schon unsere Sprache hat alle möglichen Einseitigkeiten fixiert, die uns in andere Richtungen schicken. Das lässt uns in dem Versuch, die Netze der Bezogenheit beim Namen zu nennen, sprachlos zurück. Wenn wir Commons wirklich verstehen wollen, müssen wir unpassende Konzepte aufgeben und neue entwerfen. Als wir versuchten, Commons-Wirklichkeiten zu beschreiben, haben wir immer wieder mit der Dualität der Begriffe *ich* und *wir* gerungen. In unserer Kultur werden sie in der Regel als Gegensatz behauptet. Das ist zwar Unsinn und wird auch praktisch überwunden, doch eben dies ließ sich mit den Wörtern *ich* und *wir* (im schäbigen Anzug) nicht darstellen. Eines Tages tauchte in einem unserer zahllosen Gespräche eine Lösung für diese verzwickte Angelegenheit auf: das *Ich in Bezogenheit*. Der Begriff mag nicht perfekt sein, doch er hilft uns die Praktiken und Selbstverständnisse von Commoners zu beschreiben. Er überwindet tief verwurzelte Annahmen über individuelle Identität und Handlungsfähigkeit als Gegensatz zum Kollektiven. Er verweist auf subtile Beziehungen in jeweiligen Situationen und Zusammenhängen, aus denen „Ich" und „Wir" letztlich hervorgehen. Wir mögen diese Idee mit unserer westlichen Mentalität nicht ohne Weiteres verstehen, dennoch wird sie überall gelebt. Ein Einzelner kann nur durch den Austausch mit anderen zu einem Selbst werden. „Es braucht ein Dorf, um ein Kind großzuziehen", weiß der alte afrikanische Spruch. Und umgekehrt gilt: Das Kollektive kann nur durch die Beiträge und die freiwillige Zusammenarbeit der Einzelnen entstehen. Dem Anthropologen Thomas Widlok zufolge sollten wir vielleicht davon sprechen, dass wir alle „miteinander verschränkte Identitäten", „miteinander verbundene Leben" und ein „erweitertes Selbst" haben. Mit anderen Worten, Individuen und Kollektive sind keine Gegensätze. Sie sind vielmehr verbunden und voneinander abhängig. Genau genommen entstehen „Ich" und „Wir" erst aus dem Bezug aufeinander. Sie sind – wie auch die Begriffe „individuell" und „kollektiv" – in sich *relational* und erhalten ihre Bedeutung nur *durch einander*. Vom *Ich in Bezogenheit* zu sprechen erlaubt uns, die so selbstverständlich erscheinende Denkkategorie des isolierten Individuums zu verabschieden – auch wenn sie weiterhin viele Debatten der Evolutionswissenschaft, der Biologie und verschiedener Sozialwissenschaften – insbesondere der Ökonomie – dominiert.

In mehreren Bantu-Sprachen des südlichen Afrika wird die Beziehung zwischen „mir" und „der/dem anderen" mit dem Wort *Ubuntu* ausgedrückt. John Mbiti, ein christlicher Religionsphilosoph und Autor aus Kenia, übersetzte Ubuntu folgendermaßen: „Ich bin, weil wir sind, und weil wir sind, deshalb bin ich." Das Individuum ist Teil eines „Wir" – genau genommen vieler „Wirs". Westliche Sprachen haben zwar kein Synonym für Ubuntu, aber auch hier gibt es Praktiken, die diesen Geist widerspiegeln. Daher bezeichnen wir mit *Ubuntu-Rationalität* eine Handlungsweise, die versucht, individuelles und kollektives Wohlergehen in Einklang zu bringen. Natürlich gibt es Spannungen zwischen dem Einzelnen und dem Kollektiv, doch über das Wagnis tiefer, ehrlicher Beziehungen und die Praxis eines fortdauernden Dialogs können sie abgebaut werden. Die vermeintliche Dualität tritt in den Hintergrund. Nicht nur wir selbst, auch unsere Welt braucht mehr Ubuntu-Rationalität als Quelle von Identitätsbildung – und als soziales Sicherungsnetz. Der Einzelne erfährt Sinn, Bedeutung und Identität im und *durch* den Kontext von Gemeinschaften und Gesellschaft – und diese wiederum konstituieren sich *durch* das Gedeihen des Einzelnen. Werden wir dieser Idee auch im Handeln und insbesondere in der Kommunikation gerecht; beziehen wir die Belange anderer in die eigenen Handlungen ein, dann leben wir Ubuntu-Rationalität. Dies bewusst zu tun ist wichtig, weil unsere Handlungen ohnehin mit dem Tun und den Interessen anderer zusammenhängen. Unser Tun wirkt immer durch andere hindurch. Entsprechend entsteht – Ubuntu-rational – ein Kooperationsimpuls nicht aus Berechnung und auch nicht aus Altruismus, sondern er entspricht zutiefst unserem Menschsein. Das erklärt, warum gelingende Kooperation uns zufrieden macht.

Diese Gedanken sind nicht neu, sie wurden von Ökophilosophinnen, feministischen Politologinnen, indigenen Völkern, traditionellen Kulturen, Theolog:innen und vielen anderen in unterschiedlichen Zusammenhängen entwickelt. Der indische Poet und Philosoph Rabindranath Tagore schrieb von der Beziehung als „fundamentaler Wahrheit dieser Welt der Erscheinung". Auch der Philosoph Martin Buber entfaltet in seinem Klassiker der existenziellen Philosophie „Ich und Du", dass Leben in Bezogenheit stattfindet. Wir erfahren Sinn im direkten Kontakt mit anderen lebendigen Präsenzen, ob mit anderen Menschen, der Natur oder Gott, und wir erleben Spaltung, wenn wir andere als Objekte betrachten, ausgedrückt in einer Ich-Es-Beziehung. Philosophisch ist eine derartige Sprache als Ausdruck einer *relationalen Ontologie* zu verstehen. Hier wird Sein so verstanden, dass *Beziehungen* zwischen *Einheiten* gewissermaßen grundlegender sind als die Einheiten selbst, weil sich die Einheiten überhaupt nur durch die Beziehungen hindurch fassen lassen. Lebende Organismen entwickeln sich *durch* ihre Interaktionen miteinander. Das ist die Basis ihrer Identität, ihres Lebendigseins. Und das bedeutet: Wenn wir irgendetwas politisch gestalten wollen – einen Raum, eine Sache, einen Bildungsprozess –, dann müssen wir die Beziehungen gestalten, in denen das zu Gestaltende existieren und gedeihen kann. Diese Beziehungen sind nicht nur omnipräsent, sondern auch vielfältig. Wir haben spirituelle Beziehungen, biologische Beziehungen zu Eltern und Großeltern, Beziehungen zu Freund:innen oder Kolleg:innen oder flüchtige Beziehungen zu Menschen im Internet. Die damit verbundenen Konzeptualisierungen sind so zahlreich wie die Vielfalt der Beziehungen selbst. Nur eine Gesellschaft, die die Vielfalt solcher Seinsverständnisse aufnimmt und auszudrücken vermag, kann eine Commons-basierte Gesellschaft sein. Jedes Individuum muss Raum haben, sein einzigartiges Selbst zu entfalten. Menschen werden unterschiedlich geboren, ihre Talente, Erziehung und Sehnsüchte sind ganz verschieden. Ebenso die Gegebenheiten, mit denen sie sich an unterschiedlichen Orten auseinandersetzen müssen. Es gibt keinen Grund, diese Unterschiede einzuebnen, auf einen universellen Standard zu reduzieren und in einem großen Ganzen versinken zu lassen. Daher ist der Ontologietyp, der die Realitäten von Commoning am besten beschreibt, *differenziert relational*. Dies bedeutet: Jede Einheit ist mit jeder anderen verbunden, weil alle ein Gemeinsames teilen, ohne jedoch als Einzelnes im Gemeinsamen, im Ganzen völlig aufzugehen (also darin zu verschwinden). Das Ganze entsteht *aus allen lebendigen Einheiten heraus* und manifestiert sich in sehr verschiedener Art und Weise. So wie Blut durch alle menschlichen Körper fließt und doch jeder Mensch einzigartig ist. Aufeinander bezogene Einzelne sind also sehr individuell und Teil eines großen Ganzen *zugleich*.

Vom Onto-Wandel zur behutsamen Gegenseitigkeit

Wer dieser Grundlegung nicht folgt oder in einer individualistischen Weltsicht gefangen ist, wird weder Commoning verstehen noch andere Weisen des Politischen für vorstellbar halten. Die Anerkennung relationaler Kategorien des Denkens samt der Würdigung unserer Beziehungserfahrungen „an erster Stelle" bezeichnen wir als *Onto-Wandel*. Dabei geht es nicht nur um *Inter*aktionen zwischen Individuen, sondern auch um *Intra*-Aktionen. Mit diesem Begriff beschreibt die Physikerin und Philosophin Karen Barad, wie *Beziehungen selbst* eine treibende Kraft für Veränderung, Transformation und Werden sind und zum Neuen beitragen, das nicht direkt von den Interagierenden initiiert war. Man könnte Commons mit einigem Recht als große Intra-Aktionssysteme beschreiben: als soziale Phänomene, die Sinnhaftes und Wertvolles aus dem Beziehungsraum heraus erzeugen, der Wirklichkeit wird, wenn Menschen zusammenkommen, um gemeinsam Probleme zu lösen oder Neues zu kreieren, und dabei Regeln verhandeln, Konflikte anpacken und eine Kultur bewusster Selbstorganisation entwickeln. Wenn wir sagen, dass Commoning das ist, was einfache Menschen in ihren jeweiligen Beziehungen und Umgebungen für sich selbst entscheiden und regeln, dann ist all dies mitgemeint und dann haben wir den Onto-Wandel im Gepäck. So wird verständlich, warum wir Commoning als Lebensweise oder als Kultur begreifen, die uns das gibt, was jegliche Kultur gibt: „Bedeutung sowohl in einem formalen als auch in einem zutiefst existenziellen Sinn", wie der Kultursoziologe Pascal Gielen schreibt.

In modernen Gesellschaften wurde Commoning weithin vergessen und nicht als gelebte Alternative zum Kapitalismus betrachtet, was im Lichte der dominierenden Denkmuster nicht verwundert. Zur Illustration dient uns das Prinzip „Leistung erfordert Gegenleistung". Freiwillig oder ohne Zwänge beizutragen, gilt im Kapitalismus als Ausnahme. Für gelingendes Commoning ist dies aber entscheidend. Zu einem Commons freiwillig beizutragen bedeutet zu geben ohne die Erwartung, etwas Gleichwertiges zurückzubekommen, jedenfalls nicht hier und jetzt. Es bedeutet auch, dass Menschen nicht den Zwang empfinden, eine direkte und unmittelbare Gegenleistung erbringen zu müssen, sobald sie etwas bekommen. Wo immer wir ohne

Zwänge beitragen, erfährt das Prinzip „Leistung erfordert Gegenleistung" einen Dämpfer, während das Potenzial des Aufteilens, Weitergebens und gemeinsamen Nutzens gestärkt wird. Selbstredend sind Commons kein Märchenland, in dem sich Freiwillige bedingungslos aufopfern und Gegenseitigkeit keine Rolle spielt. Das tut sie durchaus, wenngleich anders als beim Tauschhandel auf den Märkten. Letzterer beruht auf der Idee, dass Einzelne danach streben, möglichst viel für sich herauszuholen, während sie Waren desselben Geldwerts austauschen. Dabei stellt ein „Äquivalententausch in Geldwerten" gerade nicht sicher, dass alle Bedürfnisse aufgenommen wurden und auch strukturell benachteiligte Personen in würdevoller Weise bekommen, was sie benötigen. Ein selbstbewusstes Commons-Umfeld ist eines, in dem die Beteiligten gut damit leben können, im Laufe der Zeit in den Genuss eines ungefähr ausgeglichenen (aber nicht absolut gleichen) Verhältnisses von Geben und Nehmen zu kommen. Die Entscheidung, „nicht genau auszurechnen", nicht aufzurechnen, wer wem etwas schuldet, entspricht einer Praxis der behutsam ausgeübten Gegenseitigkeit. Sie ist nicht selten ein Ausdruck von sozialer Weisheit und Toleranz. Sie erzeugt eine Welt, in der Menschen nicht vor allem als Schuldner:innen oder Gläubiger:innen gesehen werden und in der Fairness nicht damit verwechselt wird, dass alle – trotz unterschiedlicher Bedürfnisse – das Gleiche bekommen.

Wir haben in „Frei, Fair und Lebendig. Die Macht der Commons" viele Dutzend Beispiele für Commoning beschrieben. Nach intensiver Beschäftigung mit dem Thema sind wir zu dem Schluss gekommen, dass es wirklich sehr wenig gibt, was nicht aus Commons-Perspektive gedacht und gemacht werden kann. Voraussetzung dafür ist, sich nicht ideologisch festzufahren, sich der komplexen Realität zu stellen und die Ansichten aller Beteiligten und potenziell Betroffenen zu berücksichtigen, statt hierarchischen Organisationsformen zu vertrauen oder selbstbetrügerischen Vorstellungen von „Rationalität" und „Effizienz" aufzusitzen. Dann können uns Commons bei der Umgestaltung von Wirtschaft und Gesellschaft als wertvoller und nahezu unerschöpflicher Erfahrungsfundus dienen.

Die Voraussetzung dafür ist jedoch, unsere Onto-Geschichten zu verändern, uns die Welt, die Natur und den Menschen neu zu *erzählen*. Wir brauchen neue Narrative, um uns an neue Lebensweisen heranzutasten: Lebensweisen, die der Natur Raum lassen und das zurückgeben, was sie braucht; die das Gemeinwohl nicht gegen Individualität ausspielen, weil Letzteres mit Individualismus verwechselt wird; die es dem Einzelnen nicht nahelegen, sondern schwer machen, auf Kosten anderer zu leben. Commoning beschreibt solche Praktiken, in denen andere Onto-Geschichten nicht nur erzählt, sondern gelebt werden. Daraus ergibt sich die transformative Kraft der Commons für das Ganze, doch wir können sie nur „hebeln", wenn wir das *Ich in Bezogenheit*, die Ubuntu-Rationalität, die Commons-Praktiken sichtbar machen und wenn wir diese Onto-Geschichten verbreiten – so oft wie möglich, so vielstimmig wie möglich und so schnell wie möglich. Das ist viel Arbeit, die von möglichst vielen Menschen und Organisationen zu leisten ist. Doch einen anderen Weg gibt es einfach nicht.

Nachdem wir das Buch bereits in Druck gegeben hatten, erreichte uns die traurige Nachricht, dass Silke Helfrich bei einer Wanderung in den Alpen tödlich verunglückt ist. Sie war einer von den wenigen Menschen, die sich bereits seit Langem mit einer beispiellosen Entschlossenheit für eine andere, eine klügere gemeinsame Welt für alle einsetzte. Ihr tragischer Tod ist für uns Ansporn, in unseren Bemühungen um eine bessere Welt nicht nachzulassen.

Der Herausgeber

Co-Autor und Freund David Bollier teilt mit uns seine Erinnerungen an Silke Helfrich in seinem Blog www.bollier.org/blog (16.11.2021).

Von den Grenzen des Wachstums zu lebensfördernden Ökonomien

von

Petra Künkel

Dr. Petra Künkel ist Vordenkerin, renommierte Autorin und führende strategische Beraterin für globale Nachhaltigkeitstransformationen. Als Vorstandsmitglied des Club of Rome und Geschäftsführerin des Collective Leadership Institute befähigt sie Führungskräfte, proaktive Maßnahmen für eine Zukunft zu ergreifen, in der wir in Balance mit unserem Planeten leben. Mit ihren akademisch fundierten Vorträgen inspiriert sie zu Ideen für umsetzbare Wege zu einer besseren Welt. Ihre zahlreichen Publikationen auf Deutsch und Englisch konzentrieren sich darauf, wie kollektive Verantwortung für transformativen Wandel strategisch und praktisch funktioniert.

Milliarden Jahre Lebens auf unserem Planeten haben eine ziemlich seltsame Gattung hervorgebracht, eine, die liebt und sich danach sehnt, am Leben zu bleiben und es möglichst zu verlängern, aber dennoch reichlich von der Fähigkeit Gebrauch macht, sich gegenseitig zu zerstören. Aber nicht nur das, sie ist sehenden Auges dabei, das planetare System, das die Grundlage für die Entwicklung dieser Gattung ist und sie erhält, so marode zu machen, dass sie nicht nur sich selbst, sondern alle anderen Arten von Lebewesen gefährdet. Die Menschheit scheint sich der Tatsache nicht mehr bewusst zu sein, dass Menschen Natur sind, dass wir nur eine Stufe im fortlaufenden Prozess der Evolution sind. Viele Protagonisten eines grenzenlosen Vertrauens in die technologische Entwicklung würden sich als die fortschrittlichste Spezies bezeichnen, die die Evolution jemals hervorgebracht hat, so fortschrittlich, dass einige in Momenten der Allmacht behaupten würden, sie könnten die Evolution in eine andere Richtung lenken. Und genau das tut die Menschheit im Moment tatsächlich, aber wahrscheinlich nicht mit dem angestrebten Ergebnis. Bevor der technologische Fortschritt es Erdenmenschen ermöglicht haben wird, sich auf dem Mars niederzulassen, wird uns der menschliche Einfluss auf unseren geliebten Blauen Planeten, vorangetrieben durch das Wachstumsparadigma unseres Wirtschaftens, in gefährliche Realitäten treiben, von denen der Klimawandel, Extremwetterereignisse, der Verlust von biologischer Vielfalt und die Zerstörung von Ökosystemen nur die Vorboten sind. Es ist Zeit, dass wir uns daran erinnern, dass wir nicht von der Natur getrennt, sondern ein Teil von ihr sind. Es ist an der Zeit für ein heiteres Maß an Demut, Zeit dafür, ein bescheidener Partner der Evolution zu werden, anstatt sie übernehmen zu wollen.

Auf globaler Ebene ist die Covid-19-Pandemie noch lange nicht vorbei, wir erleben Waldbrände erschreckenden Ausmaßes, Überschwemmungen und Stürme machen vielen Menschen nicht nur Angst, sie müssen aus ihrem Zuhause evakuiert werden. Nicht nur junge Leute sagen, dass die Zeit knapp wird. Der aktuelle Bericht des Weltklimarates[1] zeichnet ein bedrückendes Bild unserer kollektiven Zukunft, und viele Wissenschaftler warnen seit Jahren vor den Gefahren einer Erderwärmung – sogenannte „Hothouse Earth"-Szena-

1   Siehe https://www.wri.org/insights/ipcc-climate-report.

rien. Der berühmte Bericht an den Club of Rome „Die Grenzen des Wachstums", der schon 1972[2] dringlich darauf hinwies, dass der zunehmende Ressourcenverbrauch durch unsere Wirtschaftsweise zu katastrophalen Entwicklungen führen würde, wurde gelobt und zugleich belächelt – so, wie es vielen Menschen ging, und heute noch geht, die ernsthaft und wissenschaftlich fundiert in die Zukunft sehen. Der Gründer des Club of Rome, Aurelio Peccei, wies wenige Jahre nach der Veröffentlichung des obigen Bestsellers darauf hin, dass eine menschliche Revolution notwendig sei, um die Abwärtsspirale zu ändern. In der weit weniger bekannten Veröffentlichung des Club of Rome mit dem Titel „Die menschliche Qualität" schrieb er: „Eine konzertierte weltweite Aktion zur Unterstützung und Stärkung dieser revolutionären Bewegung ist unverzichtbar."[3] Erst heute, 45 Jahre später, sind die Vorausdenker und Visionärinnen nicht mehr allein. Noch zu langsam, aber immerhin wird mehr und mehr Akteuren in der Gesellschaft klar, dass wir handeln müssen.

Eine aktuelle Umfrage der Global Commons Alliance[4] zeigt, dass insgesamt 83 % der Befragten weltweit bereit sind, planetare „Stewards" zu werden, die die globalen Gemeingüter schützen. Es ist eine Lektion in Demut, dass Menschen in sogenannten Entwicklungs- und Schwellenländern eher bereit sind, Natur und Klima zu schützen, zum Beispiel Indonesien (95 %), Südafrika (94 %), China (93 %), als in sogenannten fortgeschrittenen Volkswirtschaften, zum Beispiel Japan (61 %), Deutschland (70 %) und die Vereinigten Staaten (74 %). Diese Ergebnisse sagen uns, dass es an der Zeit ist, uns daran zu erinnern, dass die seltsame Gattung Mensch doch zu einem globalen Bewusstsein in der Lage ist, und noch so viele andere Fähigkeiten hat – nämlich für das Leben, für ihre Mitmenschen und den Reichtum und die Schönheit der Natur zu sorgen. Ganz im Sinne von Aurelio Peccei und den vielen anderen Zukunftsdenker:innen: Als Menschheit ist es möglich zu lernen, wie man die Wege in die Zukunft der Menschheit hin zu einer regenerativen Zivilisation gemeinsam voranbringt. Vermutlich stehen wir am Anfang einer Wissensrevolution, an deren Ende nicht nur Wissenschaftler:innen, sondern alle Menschen planetare Evolution und ihren eigenen Beitrag dazu besser verstehen

---

2   https://www.cluboframe.org/blog-post/herrington-world-model
3   Peccei, A.: The human quality, Pergamon Press, Oxford 1977. S. 189.
4   Siehe https://globalcommonsalliance.org/news/global-commons-alliance/global-commons-g20-survey/) abgerufen am 10. September 2021.

und mit ihr zusammenarbeiten. Am Ende dieser Revolution wird die Menschheit zurückblicken und ein unbegrenztes Wirtschaftswachstum so belächeln wie die Zeit, in der geglaubt wurde, die Erde sei eine Scheibe, um die die Sonne kreist. In dieser Zukunft wird technologischer Fortschritt in Demut an die Bedarfe des planetaren Unterstützungssystem für das Leben angepasst sein und integriert sein in die unendliche Weisheit evolutionärer Prozesse. Verantwortung für und Ehrfurcht vor der Intelligenz unseres Blauen Planeten wird selbstverständlich sein. Bis dahin ist es noch ein weiter Weg, und wir sollten die ersten Schritte besser heute als morgen beginnen.

Dieser Text legt nahe, dass der Paradigmenwechsel im Denken und Handeln bereits begonnen hat. Allerdings müssen die Transformationsprozesse Geschwindigkeit gewinnen. Individuell, aber auch global, werden sich die Menschen ihrer Verantwortung für eine lebenswerte Zukunft bewusst. Lösungswege und Strategien müssen jedoch dauerhaft ausgehandelt werden, und der revolutionäre Wandel braucht viele verschiedene Akteure, Change-Maker und Entscheidungsträger. Vor allem aber müssen wir uns von dem irrationalen Glauben verabschieden, dass die extraktive Form des Wirtschaftens, die inzwischen fast überall auf der Welt verankert ist, zukunftsfähig ist. Ohne eine grundlegende Veränderung des globalen und lokalen Betriebssystems „Wirtschaft" werden wir die Chancen zur Rettung des Klimas, zur Wiederherstellung von Artenvielfalt und zur Regeneration von Land, Wald, Wasser und Ökosystemen nicht bewerkstelligen. Dies bedeutet, dass es an der Zeit ist, mit neuen Formen des Wirtschaftens aus den Nischen unserer Gesellschaften herauszutreten und auf die Bühne zu kommen. Dort, wo die Musik gespielt wird, muss die Transformation stattfinden, dort müssen wir gemeinsam herausfinden, was wir von der derzeitigen Form des Wirtschaftens behalten und was wir verändern wollen.

Das Aufkommen der 17 Ziele für eine nachhaltige Entwicklung im Jahr 2015 markierte einen wichtigen Wendepunkt in der Welt, denn zum ersten Mal in der Menschheitsgeschichte waren in mühsamen Verhandlungsrunden in einzigartiger Weise globale Ziele entstanden, die nun für alle Länder gelten sollten. Die Menschen können sich vielleicht nicht alle 17 Ziele merken, und es mag inhärente Widersprüche in den Zielen und Indikatoren zwischen den verschiedenen Zielen geben, aber sie dienen dazu, viel mehr Menschen darauf aufmerksam zu machen, dass wir zusammen auf diesem einen Planeten leben und gemeinsam in die Zukunft gehen müssen. Die Ziele haben zur Entwicklung eines globalen Bewusstseins beigetragen, das wiederum den Weg für die neuen Erkenntnisse ebnet, die eine menschliche Revolution braucht. Um bei den Transformationsbemühungen an Geschwindigkeit zu gewinnen, ist es wichtig zu erkennen, was Transformationen verlangsamt oder sogar blockiert oder – in einer Systemsprache – was das alte System an Ort und Stelle hält: Welche Trommeln schlagen einen Rhythmus im Hintergrund, der Menschen weiter dazu verleitet, nach Regeln zu handeln, die die Lage unseres Planeten weiter verschlechtern? Das wichtigste Element, das einen solchen Rhythmus vorgibt, ist unser derzeitiges Wirtschaftssystem, seine fatale Ausrichtung auf Wachstum als Motor und Indikator, seine Ausrichtung auf Gewinn statt auf Beitragsleistungen und seine offenen und versteckten Spielregeln, denen man sich nur schwer entziehen kann.

Der Wachstumsfokus des vorherrschenden neoliberalen Wirtschaftsrahmens geht auf Kosten der Integrität der Natur und des sozialen Zusammenhalts. Er basiert auf extraktiven Denkweisen und Jahrhunderten der Ausbeutung natürlicher und menschlicher Ressourcen. Das Narrativ ist einfach, aber perfekt in allen globalen Systemen und Institutionen verwurzelt: Es legt nahe, dass das einzige Ziel von Wirtschaft und Unternehmen darin besteht, finanziellen Reichtum zu erwirtschaften; dass die Freiheit des Einzelnen (Person oder Körperschaft) der primäre gesellschaftliche Wert ist; dass die Regierung wenig Einfluss auf Marktdynamiken haben und eher Einzelpersonen und Privateigentum schützen sollte; dass Märkte frei und uneingeschränkt sein müssen und sich zum Wohle aller selbst organisieren. Dieses Narrativ geht davon aus, dass Ressourcen uneingeschränkt sind. Es ignoriert planetare Grenzen und sorgfältig ausbalancierte geo-bio-physikalische Lebenserhaltungssysteme. Die Idee von Gemeingütern, zu denen alle Menschen (und andere Lebewesen) Zugang haben sollten und die den Menschen wichtig sind, fehlt. Im Gegenteil: Im gegenwärtigen Wirtschaftssystem können die Gemeingüter angeeignet und zum individuellen Nutzen verwendet werden. Als Problem werden Regierungen angesehen, die Märkte um des Gemeinwohls willen lenken oder steuern. Die Doktrin freier Märkte mit konstantem Wirtschaftswachstum ist immer noch als Hauptziel von guten Regierungen verankert und manifestiert sich in der Tyrannei des Anstiegs eines Bruttosozialproduktes als wichtigster Einzelmaßstab für gesellschaftlichen Fortschritt.[5]

Die globale Covid-19-Pandemie hat die Mängel des aktuellen Systems transparent gemacht und zumindest die Rolle des öffentlichen Sektors als Hüter der allgemeinen Gesundheit der Menschen neu definiert. Die Pandemie hat weitere Fragen aufgeworfen, unter anderem, wie wir als Menschen in naher Zukunft in größerem Einklang mit der Natur leben können. Die Änderung der Parameter unseres Wirtschaftssystems steht ganz oben auf der Agenda, nicht nur für Zukunftsvisionär:innen, sondern für all jene Akteure, die verstanden haben, dass uns die aktuellen Rahmenbedingungen des Wirtschaftens tiefer in gefährliche Achterbahnen ohne Sicherheitssysteme getrieben haben. Daher ist es an der Zeit, die vielen bestehenden Ansätze für neue und nachhaltige Wirtschaftsformen zu sammeln und die vielversprechenden Elemente zu kombinieren. Wenn die Transformationsgeschwindigkeit beschleunigt werden muss, ist das Schlüsselelement, sich mit menschlichen Kompetenzen, Innovationen, Initiativen und Kooperationen zu befassen, die bereits als Laboratorien der Zukunft funktionieren. Die Verbindung dieser Versuche, ein neues Betriebssystem für eine lebenswerte Zukunft zu finden, würde voranbringen, was so dringend benötigt wird: Transformationskompetenz als die Fähigkeit, transformativen Wandel über Institutionen, Nationen und Kulturen hinweg gemeinsam zu gestalten.

Könnten wir unser Wirtschaftssystem so umgestalten, dass es aufhört, dem Planeten Leben zu entziehen, sondern stattdessen unsere Lebenserhaltungssysteme regeneriert und fördert?

---

5   In den letzten Jahren gab es zahlreiche Diskussionen dazu, was eigentlich gemessen werden muss, damit das Messen des Bruttosozialproduktes als Wachstumsindikator uns nicht ständig wieder in die falsche Richtung lenkt. Gute Zusammenfassungen finden sich in Hoekstra, R. (2019): Replacing GDP by 2030: Towards a Common Language for the Well-being and Sustainability Community und ebenso in Costanza, R., Kubiszewski, I., Giovannini, E., Lovins, H., McGlade, J., Pickett, K. E. und Wilkinson, R. (2014): Development: Time to leave GDP behind.

Der neue Wirtschaftsfokus: Leben unterstützen

Die Zukunft braucht eine globale Wirtschaftsarchitektur, die sich auf die Lebensbedingungen auf unserem Planeten und die Vitalität oder Lebendigkeit aller Lebewesen konzentriert, einschließlich des Menschen, unserer Gesellschaften, unserer Technologien und unseres Wissens. Wirklich gut funktionierende Volkswirtschaften operieren innerhalb der planetaren Grenzen. Das bedeutet zunächst einmal, dass wir die Grundprinzipien des „Funktionierens" von Wirtschaft neu verstehen müssen: Wirtschaften muss lebensdienlich sein. Individuelles und kollektives Wohlbefinden müssen ebenso wie das Zusammenspiel von Mensch und Natur gemeinsam gedacht werden. Die Kernaufgabe für die Zukunft besteht also darin, die Bedingungen für verwobene soziale, ökonomische und ökologische Muster zu erkennen und kontinuierlich und kollaborativ dafür zu sorgen, dass diese Muster die Vitalität lokaler und globaler Systeme steigern.[6]

Dennoch fangen wir nicht bei null an. Viele Autorinnen und Autoren haben Ansätze für eine Ökonomie der Zukunft vorgeschlagen, die die grundlegende Rolle des Menschen im Anthropozän, dem Zeitalter, in dem der menschliche Fußabdruck den Planeten verändern kann, als verantwortlicher Akteur innerhalb der planetaren Grenzen thematisieren. Es liegen konkrete Vorschläge zur Umsetzung vor, manche konzeptionell inspirierend, andere in der Praxis ermutigend. Vielleicht hat niemand den heiligen Gral gefunden, aber alle tragen Teile zu einem Puzzle bei, das im Zusammenspiel letztendlich die revolutionäre Veränderung bewirken kann, die Peccei zu sehen hoffte. Inspirierende Ansätze für zukünftige Ökonomien sind zu Beispiel die Gemeinwohlökonomie, der Ansatz der Gemeingüter als Grundlage des Wirtschaftens[7], eine Ökonomie im Dienste des Lebens[8], die Fe-

---

6   Eine tiefgreifende Analyse dazu findet sich in Kuenkel, P. (2019): Stewarding sustainability transformations: An emerging theory and practice of SDG implementation.
7   Siehe Bollier, D., Helfrich, S. (2012): The wealth of the commons. A world beyond market and state.
8   Siehe Lovins H. L., Wallis, S., Wijkman A. und Fullerton J. (2018): A Finer Future. Creating an Economy in Service to Life.

ministische Ökonomie[9], die *Wellbeing* Ökonomie[10], die Kreislaufwirtschaft[11], die Donut Ökonomie[12], die Ökonomie des Ankommens[13], die *Mission* Ökonomie[14] und viele andere.

Durch all diese unterschiedlichen Ansätze für ein neues wirtschaftliches Betriebssystem ziehen sich Themen, die sich auf soziale und ökologische Vitalität fokussieren, das heißt auf das, was als Systemlebendigkeit bezeichnet werden kann. Sie alle thematisieren die Fähigkeit von Menschen und ökologischen Systemen, Vitalität und Widerstandsfähigkeit zu entwickeln, zu erhalten und zu erneuern im Zusammenspiel zwischen kleineren und größeren Systemen.

Erstens beziehen zukünftige Volkswirtschaften Ökosysteme und soziale Vitalität in ihre Bilanzen ein. Sie berücksichtigen klare Grenzwerte des wirtschaftlichen Handelns und verfolgen einen verantwortungsvollen Ansatz für globale und lokale Gemeingüter.

Zweitens sorgen zukünftige Volkswirtschaften für eine gerechte Verteilung von Ressourcen, Einkommen und Wohlstand. Die Wertschöpfung umfasst den kollektiven Wert und wird eher von Wertschöpfung als Beitrag – also einer neuen Definition von Werten – geleitet als von einem Habitus der Extraktion.

Drittens werden künftige Ökonomien mit Formen von demokratischer Teilhabe und politischer Partizipation so verknüpft, dass wirtschaftliche Entwicklung kontextuell angepasst sowie verhandelt und

---

9 Siehe Jacobsen, J.P. (2020): Advanced Introduction to Feminist Economics.
10 Siehe Fioramonti, L. (2017): Wellbeing Economy. Success in a World Without Growth.
11 Siehe Ellen MacArthur Foundation (2013): Towards the Circular Economy.
12 Siehe Raworth, K. (2018): Doughnut Economics. Seven Ways to Think Like a 21st-Century Economist.
13 Siehe Trebeck, K., Williams, J. (2019): The Economics of Arrival. Ideas for a Grown Up Economy.
14 Siehe Mazzucato, M. (2021): Mission Economy. A moonshot guide to changing capitalism.

hinsichtlich individueller und kollektiver Vitalität gestaltet werden kann.

Viertens brauchen auch Volkswirtschaften der Zukunft florierende Märkte, geben aber nicht ausuferndem Konsum und Marktdynamiken den uneingeschränkten Vorrang bei geringer oder gar keiner staatlicher Steuerung. Stattdessen besteht die Rolle vertrauenswürdiger und demokratisch legitimierter Regierungen darin, die Vitalität von ökologischen und sozialen Systemen zu erhalten oder herzustellen und die Lebenserhaltungssysteme des Planeten zu schützen.

Transformationskompetenz: voranbringen, was gebraucht wird

Diese vier Neuausrichtungen von Wirtschaftskonzepten, die die zugrunde liegenden Gemeinsamkeiten der vielen vorgeschlagenen Ansätze für eine zukünftige Rolle der Ökonomie widerspiegeln, sind von grundlegender Bedeutung. Obwohl vielen klar ist, dass die dringenden Umwälzungen, die die Welt braucht, durch solche bahnbrechenden Veränderungen untermauert werden müssen, bedarf es bewusster Anstrengungen, um diese neuen wirtschaftlichen Ansätze von den Rändern des heutigen Wirtschaftshandelns in den Mainstream-Kernprozess eines globalen wirtschaftlichen Betriebssystems zu verlagern. Dies erfordert einen integrierten und strategischen Ansatz für den transformativen Wandel. In der Tat erfordert es konzertierte Aktionen vieler verschiedener Akteure gleichzeitig, Prototypen, Tests, Experimente und Innovationen für verschiedene und neue Arbeitsweisen in einer Wirtschaft, die dem Leben dient. Es erfordert *Transformationskompetenz* – das Wissen und die Fähigkeit von individuellen und institutionellen Akteuren, eine Reorientierung von Volkswirtschaften über Institutionen, gesellschaftliche Sektoren und Nationen hinweg effektiv gemeinsam zu gestalten. Dabei sind drei Elemente einer Transformationskompetenz, wie in Tabelle 1 erfasst, gleichermaßen wichtig: die Ebene der Denkweisen, die Ebene der Systeme und die Ebene des Umsetzungsprozesses. Sie müssen alle gleichzeitig strategisch adressiert werden.

Denkweisen: die Grundlage einer Reorientierung

Die Anerkennung der intrinsischen Beziehung zwischen Mensch und Natur (oder die Akzeptanz, dass wir ein Teil der Natur sind, ein Teil dieses Planeten) ist der Kern der Transformation hin zu lebensdienlichen Ökonomien. Dies bedeutet: weg vom Primat der Gewinnmaximierung und von einer gefährlichen Veränderung des planetarischen Lebenserhaltungssystems hin zu Regeneration und Erhalt von lebenswichtigen ökologischen und sozialen Systemen. Zweck und Ziel einer neuen Wirtschaftsarchitektur müssen daher neu definiert werden. Sich für eine kollektive Verantwortung für die Sicherung der zukünftigen Integrität unseres Planeten einzusetzen hat viele praktische Konsequenzen, die von veränderten Konsummustern über grüne Investitionen, vom Schutz von Ökosystemen bis zum Ausbau erneuerbarer Energiesysteme reichen. Es bedeutet auch, den alten menschlichen Weltanschauungen mit Ehrfurcht vor Mutter Erde aufmerksamer zuzuhören und solche Perspektiven in die postindustrielle rationale Weltanschauung zu integrieren. Denkweisen verändern die Wahrnehmung der Realität – sie sind der erste Baustein der Transformationskompetenz hin zu neuen, lebensverbessernden ökonomischen Ansätzen.

Denkweisen	Das Verständnis der komplexen Vernetzung und relationalen Co-Konstruktion der Welt, in der die menschliche Handlungsfähigkeit ihre koevolutionären Wege untereinander und mit der Erde anerkennt.
Systemverständnis	Das Verständnis zukünftiger Systeme, die regenerative Zivilisationen aufbauen und Lebenserhaltungssysteme in ihren politischen, sozialen und wirtschaftlichen Aspekten sichern.
Prozessmanagement	Das Verständnis der Prozesse, die erforderlich sind, um Transformationen herbeizuführen, und die kollektive Kompetenz, effektive und groß angelegte transformative Veränderungsprozesse auf vielen Ebenen mit vielen Akteuren parallel zu gestalten und umzusetzen.

Tabelle 1: Kernelemente einer Transformationskompetenz

Systemverständnis

Nicht nur durch den Bekanntheitsgrad des Berichts des Club of Rome „Grenzen des Wachstums" ist in den letzten 50 Jahren die Forderung nach einem systemischen Blick auf die Welt laut geworden. Mehr und mehr Autor:innen weisen darauf hin, dass die großen Transformationen, die vor uns liegen, nur mit einem anderen Blick auf das Gesamtsystem zu bewältigen sein werden. Es wurde viel über die Notwendigkeit gesprochen, eine systemische Perspektive auf die großen Transformationen einzunehmen, die der Menschheit bevorstehen.[15] Auch wenn eine systemische Sicht auf die Welt vielleicht noch nicht bei allen Zukunftsakteuren angekommen ist, wird deutlich, dass in den letzten 20 Jahren, zuletzt beschleunigt durch die globale Covid-19-Pandemie, viele Entscheidungsträger sich dazu bekennen, Gesamtzusammenhänge in den Blick zu nehmen und Strategien auf der Erkenntnis von Systemdynamiken aufzubauen.

Dennoch dominiert immer noch die newtonsche Weltanschauung, die das Universum als eine maschinenähnliche Einheit sieht, die kontrolliert werden muss. Zudem favorisieren viele Akteure Zukunftsoptionen, die die Wirtschaftssysteme am Laufen halten, wie sie derzeit sind, fügen aber „grüne" Lösungen hinzu, setzen auf technologischen Fortschritt zur Lösung der Klimakrise oder hoffen, dass die Digitalisierung einige der Zukunftsbedrohungen beseitigt. Wer aus einem Systemverständnis heraus agiert, weiß, dass das nicht ausreichen wird. Denn trotz mehr als 100 Jahren Systemwissenschaft wissen wir sehr vieles noch nicht. Es ist an der Zeit zu erforschen, wie Systeme in Zukunft funktionieren müssen, damit wirtschaftliches Handeln auf einem gesunden Planeten zu Wohlstand führen kann. Daher ist Systemverständnis der zweite Baustein der Transformationskompetenz hin zu neuen wirtschaftlichen Ansätzen, die lebensdienlich sind.

---

15 Ein hilfreicher Überblick über die Entwicklung des systemischen Denkens findet sich in Capra, F., Luisi, P. L. (2014): The system's view of life: A unifying vision. Die Schlussfolgerungen daraus für das Management von Transformationsprozessen sind nachzulesen in Kuenkel, P. (2019): Stewarding sustainability transformations: An emerging theory and practice of SDG implementation.

Prozessmanagement

Viele Wissenschaftlerinnen, Politiker und Aktivistinnen betonen, dass das laufende Jahrzehnt entscheidend für die Fähigkeit der Menschheit ist, die destruktiven Entwicklungen zu stoppen und die planetaren Grenzen zu schützen. Sie fordern radikale und schnelle Transformationen. Das bedeutet nicht nur mutige Turnaround-Entscheidungen zu treffen, sondern auch erfolgreiche transformative Veränderungsprozesse auf allen Ebenen der globalen Gesellschaft zu orchestrieren und umzusetzen. Wissen und Kompetenz für transformativen Wandel sind gewachsen und werden zum Beispiel in Multi-Akteur-Partnerschaften, branchenübergreifenden Kooperationen und globalen Allianzen praktiziert. Solche Kooperations- und Dialogprozesse sind Laboratorien für eine Zukunft, in der schneller gelernt werden muss und in der kollektive Intelligenz wichtiger ist denn je. Die erfolgreiche Gestaltung transformativen Wandels erfordert neues Wissen über die Muster und Dynamiken menschlicher Interaktionssysteme, über die Erfolgsfaktoren kollektiver Führung und über die Bedingungen für eine freiwillige Übernahmen kollektiver Verantwortung.[16] Prozessmanagement ist für die Transformationskompetenz so essenziell, dass sie nicht an Spezialisten delegiert werden kann. Transformationen zu gestalten ist eine Aufgabe, die in Zukunft viele Entscheider und Veränderungsmanager:innen meistern müssen.

Leitprinzipien für Lebensökonomien

Auch mit neuen Denkweisen, mit Systemverständnis und Prozesskompetenz ist die Umstellung des globalen wirtschaftlichen Betriebssystems keine leichte Aufgabe. Zudem muss sie viel schneller vonstattengehen, als die meisten denken. Für die exponentielle Beschleunigung, die wir brauchen, gibt es viel zu lernen aus den innovativen Transformationen, die bereits am Rande des wirtschaftlichen Kernprozesses stattfinden: verantwortungsvolle Wertschöpfungsketten, zirkuläre Wirtschaftskreisläufe, regionale Bioökonomien, regenerative Innovation, die Sharing Economy, wertorientiertes Banking,

---

16   Was dies als Führungskompetenz für Entscheidungsträger:innen bedeutet, ist nachzulesen in Kuenkel, P. (2016): The Art of Leading Collectively – Co-creating a Sustainable, Socially Just Future und auch in Kuenkel, P. (2020): Führung mit Sinn – Wie Manager verantwortlich Zukunft gestalten.

regenerative Gemeinschaften oder dezentrale erneuerbare Energien – und vieles andere mehr. Das heißt: Im Grunde hat der Umbau unseres Wirtschaftssystems bereits begonnen. Die Essenz von Transformationskompetenz ist die Fähigkeit, sozusagen diese neuen Formen des Wirtschaftens sukzessive in die veralteten Strukturen einzubringen und sie Schritt für Schritt zu verändern. Dies funktioniert umso besser, je mehr mitmachen: Unternehmen, Gemeinden, Universitäten, politische Institutionen, Konsumenten. Die Umorientierung unserer Volkswirtschaften bedeutet wohl oder übel, das Neue aufzubauen, während das Alte noch in Betrieb ist. Prototypen des Neuen, einer besseren Art zu wirtschaften, müssen in die bestehenden Strukturen, Organisationen und Verfahren integriert werden. Das bedeutet nicht etwa, das Alte zu renovieren und die neoliberale Doktrin des Kapitalismus zu retten. Es bedeutet, die Transformation von Volkswirtschaften wirklich ernst zu nehmen und die neuen wirtschaftlichen Ansätze zu verbinden und zu skalieren, sodass sie gemeinsam darauf hinwirken, ökologische und soziale Vitalität auf der Erde zu regenerieren, zu erhalten und zu schützen. Es geht also auch darum, die nützlichen Elemente des veralteten Wirtschaftssystems anzuerkennen und die vielversprechenden neuen Wirtschaftsansätze zu verstärken.

Bei aller Einigkeit über die Notwendigkeit eines grundlegenden Wandels braucht eine Ökonomie der Zukunft eine Vielzahl von unterschiedlichen Ansätzen. Eine neue Wirtschaftsarchitektur muss Raum für unterschiedliche Umsetzungsformen lassen, solange sie dem Prinzip der Regeneration und dem Erhalt von ökologischer und sozialer Vitalität dienen und solange sie auf der Idee beruhen, dass Mensch und Natur untrennbar miteinander verbunden sind.

Lebensökonomien als übergreifender Begriff spiegelt am treffendsten wider, wie die Zukunft aussehen kann. Ökonomien, die dem Leben dienen, arbeiten in Übereinstimmung mit den Bedürfnissen des planetarischen Lebenserhaltungssystems bzw. der planetaren Grenzen. Sie werden von Rahmenwerken geleitet, die das Gemeinwohl schützen und das Wohlergehen des Einzelnen und des Kollektivs in Einklang bringen. Daher ist das Verständnis davon, was Systemen Lebendigkeit und Vitalität verleiht, Teil der Grundlage einer neuen Wirtschaftsarchitektur.

Die Leitprinzipien für Lebensökonomien, in Abbildung 1 und in Tabelle 2 zusammengefasst, sind grundlegende, aber praxistaugliche Konzepte, die das Verhalten in zukünftigen Volkswirtschaften bestimmen. Solche Leitprinzipien informieren und inspirieren, schreiben aber kein Handeln vor. Bausteine zukünftiger lebensdienlicher Ökonomien sind bereits vorhanden, prototypisiert, in realen Laboren getestet oder zumindest konzeptioniert. Sie finden sich, durchaus verstreut, in Konzernen und kleinen und mittelständischen Unternehmen, in Regierungen und Kommunen, im gemeinnützigen Sektor sowie in Forschung und Bildung. Wenn die vielen bereits existierenden Schritte in die richtige Richtung miteinander verbunden und skaliert werden könnten, kämen wir einer Transformation des Gesamtsystems näher. Im Folgenden werden die Leitprinzipien in ihrer Funktionalität für Lebensökonomien beschrieben und mit Beispielen unterlegt, die es heute schon gibt.

1. Regeneration und Zirkularität	Produktions- und Konsumzyklen sind sozial eingebettet und haben keine negativen Auswirkungen oder regenerieren lebenserhaltende Systeme.
2. Verortung und Kontextgebundenheit	Wirtschaftliche Aktivitäten werden kontextuell angepasst und stärken regionale Kreisläufe.
3. Anpassungsfähigkeit und Innovation	Lernmechanismen fördern lebensverbessernde technologische und soziale Innovationen.
4. Transparenz und Rechenschaftspflicht	Berichtsmechanismen und Metriken schaffen ein Bewusstsein für die Vitalität von Systemen und verfolgen diese.
5. Partizipation und Verteilungsgerechtigkeit	Governance- und Verteilungsmaßnahmen lenken das Wohlergehen aller und gewährleisten Geschlechter- und soziale Gerechtigkeit.
6. Regulierung und Beitrag	Freiwillige und verpflichtende Vereinbarungen sichern Gemeingüter und tragen zur Vitalität sozialer und ökologischer Lebenserhaltungssysteme bei.

Tabelle 2: Leitprinzipien von Lebensökonomien

Regeneration und Zirkularität

In einer lebensdienlichen Wirtschaftsarchitektur sind Produktions- und Konsumzyklen sozial eingebettet. Sie haben keine negativen Auswirkungen auf lebenserhaltende Systeme oder regenerieren sie vielmehr. Die Leitprinzipien Regeneration und Zirkularität ziehen sich durch alle Produkte und Wertschöpfungsketten, gelten aber auch für Dienstleistungen. Ökosysteme werden geschätzt, soziale Systeme kultiviert. Ressourcen werden so genutzt, und Produkte werden so produziert, dass entweder aus Abfall neue Produkte entstehen, die Verwendung von Produkten abfallfrei ist oder verbrauchte Produkte biologisch abbaubar sind. Bereits existierende prototypische Ansätze sind beispielsweise Cradle-to-Cradle-Ansätze, Recycling-Ansätze, biologisch abbaubare Produkte, Zero-Waste-Ansätze, CO_2-neutrale Strategien, Netto-Null-Strategien, regenerative Investitionen, Städte oder Nationen, die sich Kreislaufwirtschaft auf die Fahnen schreiben und in Strategien umsetzen, regenerative Finanzierung und vieles mehr. Als Teil dieser Leitprinzipien wird die Natur als Richtschnur für Produktion und Konsum in ihrer Regenerationsfähigkeit und Zirkularität, aber auch in der Begrenzung von Nutzung, Wiederverwendung und Erhaltung gesehen. Prototypische Ansätze, die die Weisheit der Natur einbeziehen, sind ebenso regenerative oder biologische Landwirtschaft, Agrarökologie, Naturschutz und Wiederherstellung von Ökosystemen, Bodenmanagement, Waldschutz und Aufforstung, Wiederverwilderung, Zuweisung von Landanteilen für Natur- und Nationalparks, naturbasierte Lösungen, Erhaltung von Bodenfruchtbarkeit in Pachtverträgen, solidarische Landwirtschaft, Bewertung von Ökosystemleistungen, Kohlenstoffbindung in der Landbewirtschaftung, regenerative und erneuerbare Energiesysteme oder verantwortungsvolle landwirtschaftliche Wertschöpfungsketten. Regeneration und Zirkularität beziehen sich aber auch auf soziale Systeme: Sie müssen so konstruiert sein, dass soziale Dienste, Pflege, Kunst und Kultur sowie Dienstleistungen für die Gesellschaft nicht nur als wichtig anerkannt, sondern als unverzichtbare Elemente der Regeneration geschätzt werden. Die Leitprinzipien gelten also auch für den sozialen Bereich, der gegenseitige Unterstützung und damit die Resilienz und Vitalität von Gesellschaften stärkt. Vorbildliche Ansätze sind Care Economy, Social Entrepreneurship, Dienst an der Gesellschaft, Anerkennung von Reproduktionsarbeit als Wirtschaftsleistung oder Kunst- und Kulturförderung.

Verortung und Kontextgebundenheit

Wirtschaftliche Aktivitäten werden kontextuell angepasst, lokal verhandelt und stärken regionale Kreisläufe. Globalisierung und regionale Zyklen sind angemessen ausbalanciert. Volkswirtschaften respektieren kulturelle Wertesysteme. Die Leitprinzipien Verortung und Kontextgebundenheit erkennen das Potenzial lokaler oder regionaler Wirtschaftskreisläufe an. Sie leben nicht nur von kultureller Vielfalt, sondern verbinden Menschen auch in Netzwerken von gegenseitig vorteilhaften Beziehungen. Zukünftige Volkswirtschaften sind daher lokal eingebettet und an lokale Bedürfnisse angepasst. Prototypen solcher Ansätze existieren bereits in der Form von regionalen Bioökonomien, gemeinschaftsbasierten Wirtschaftseinheiten, geteiltem Eigentum wie zum Beispiel in Genossenschaften, von Eigentum an Produkten zum Teilen von Produkten oder in lokal verwalteten Gemeingütern. Die Globalisierung hat durchaus nicht nur negative Auswirkungen und trägt massiv zum Verständnis der Welt als Ganzem bei. Aber globale Wertschöpfungsketten mit ausbeuterischen Arbeitsbedingungen, hohem Abfallaufkommen, hohem Energieverbrauch für die Logistik oder Ressourcenerschöpfung sind zu negativen Entwicklungen geworden. Die Leitprinzipien Verortung und Kontextgebundenheit können dem entgegenwirken. Die Menschheit hat schon immer auf der ganzen Welt gehandelt und wird dies auch in Zukunft tun, aber Lebensökonomien werden es erforderlich machen, die wahren Kosten für Ressourcen und Logistik aufzuzeigen und die Internalisierung der Kosten in Produkte zu berechnen. Globale Wertschöpfungsketten werden weiterhin funktionieren, aber anders: auf verantwortungsvolle Weise, mit vertrauensvollen Beziehungen zwischen Akteuren und als Unterstützung für regionale Wirtschaftskreisläufe. Prototypen, die in diese Richtung gehen, sind verantwortungsvolle Rohstoff-Wertschöpfungsketten, ein gesundes Gleichgewicht zwischen kleinen, mittleren und großen Wirtschaftseinheiten, Stärkung von Kleinbauern und Kleinproduzenten sowie die Einbeziehung schwächerer und marginalisierter Gemeinschaften.

Anpassungsfähigkeit und Innovation

Lernmechanismen fördern lebensdienliche technologische und soziale Innovationen. Institutionsübergreifendes Lernen findet sowohl lokal als auch global statt. In Lebensökonomien investieren Regierungen und Unternehmen in lebensverbessernde Innovationen, die allen anderen Leitprinzipien auch Rechnung tragen. Die Leitprinzipien Anpassungsfähigkeit und Innovation beziehen sich auf den menschlichen Erfindungsreichtum in zukünftigen Volkswirtschaften, auf die Fähigkeit zur Exzellenz und die Kreativität in sozialen und technologischen Innovationen. Prototypische Ansätze gibt es bereits in Form von regenerativen Produktinnovationen: Zero-Waste-Technologien, Methoden zur CO_2-Abscheidung, die auf der Natur basieren, technologische Innovation zur Ressourceneffizienz, Digitalisierungstechnologien, die Regeneration und Zirkularität unterstützen. Innovation und Anpassungsfähigkeit fördern einen Aspekt der marktwirtschaftlichen Doktrin, den es wert ist beizubehalten: das Bekenntnis zu Qualität und der Rolle eines gesunden Wettbewerbs, um diese zu erreichen. Prototypische Ansätze finden sich in Ressourceneffizienz, Qualitätsstandard, sozialen Innovationen, Impact Investing oder in Unternehmen, deren Geschäftszweck am Beitrag für Gesellschaften und Ökosysteme ausgerichtet ist. In zukünftigen Volkswirtschaften wird die Produktqualität die zusätzliche Bedeutung haben, die Umwelt ohne Belastung, wenn nicht sogar mit einem positiven Beitrag, einzubeziehen. Die Frage „Inwiefern ist das, was wir erfinden, lebensdienlich?" wird Marktdynamiken und Innovationen leiten.

Transparenz und Rechenschaftspflicht

Berichtsmechanismen und messbare Indikatoren schaffen ein Bewusstsein für den Zustand und die Entwicklung von sozialer und ökologischer Vitalität in Gesellschaften. Die Messinstrumente für gesellschaftlichen Fortschritt umfassen zukünftig eine Vielzahl von Aspekten, die das soziale und ökologische Wohlergehen reflektieren. Die Leitprinzipien von Transparenz und Rechenschaftspflicht schaffen Vertrauen in Volkswirtschaften, was wiederum die Transaktionskosten der Gesellschaften senkt. Ohne die Verantwortung von Wirtschaftsakteuren – seien es private, öffentliche, gemeinschaftliche oder zivilgesellschaftliche –, die Auswirkungen ihres Handelns auf Sozial- und Umweltfragen offenzulegen, können Lebensökonomien nicht gedeihen. Prototypische Ansätze, die die Leitprinzipien von Transparenz und Rechenschaftspflicht veranschaulichen, sind Berichtsstandards, Nachhaltigkeitsberichte, Produktrückverfolgbarkeit, transparente Steuersysteme oder auch Indikatoren für wirtschaftliche Entwicklung, die den Beitrag zur Gesellschaft und zu Ökosystemen widerspiegeln. Aber der Wandel hin zu lebensdienlichem wirtschaftlichem Handeln erfordert mehr als nur Schadensverhütung oder die Einhaltung gesetzlicher Mindeststandards. Die Zukunft wird die „License to Operate" für Unternehmen an deren positive Auswirkungen auf Mensch und Natur koppeln. Dies kann unterschiedliche Formen annehmen, wie zum Beispiel die Reinvestition eines bestimmten Teils der Gewinne in regenerative Aktivitäten, die gesetzlich verankerte Rechenschaftspflicht von Unternehmen gegenüber der sozialen oder gesellschaftlichen Entwicklung oder eine grundsätzliche Hinterfragung der negativen Pfadabhängigkeiten[17] der gesamten Gewinnlogik. Wirtschaftlicher Erfolg ebenso wie wirtschaftlicher Fortschritt wird in Zukunft anders gemessen werden. Bereits existierende Ansätze, die die neue Richtung aufzeigen, sind beispielsweise die breite Palette von „Wellbeing"- und Nachhaltigkeitsindikatoren oder die ESG-Kriterien für nachhaltige Investmentstandards.

Partizipation und Verteilungsgerechtigkeit

Mechanismen der Beteiligung an wirtschaftlichen Entscheidungen stärken die Fähigkeit von Bürgern und Bürgerinnen, den Zweck und die Wirkung wirtschaftlichen Handelns im Sinne des Gemeinwohls zu beeinflussen. Damit verbunden sind Maßnahmen zur Verteilungsgerechtigkeit, die sicherstellen, dass sowohl strukturelle Disparitäten ausgeglichen werden, als auch extreme Ungleichheit in Einkommen den sozialen Zusammenhang von Gesellschaften nicht untergräbt. Die Leitprinzipien Partizipation und Verteilungsgerechtigkeit sichern eine annähernde gesellschaftliche Gleichstellung, das Wohlergehen aller und sorgen für Geschlechter- und soziale Gerechtigkeit. Beide Prinzipien sind eng miteinander verbunden und erzeugen einen Wertekanon, der wirtschaftliches Handeln in den Kontext gesellschaftlicher Verantwortung stellt. Die Verringerung von Einkommensungleichheit ist dabei nicht nur eine moralische Aufgabe. Sie braucht eine staatliche Einflussnahme auf Mechanismen des Ausgleichs durch Steuersätze, Unterstützungsleistungen oder Besteuerung von Reichtum, die Vertrauen in Gesellschaften erzeugt. Europäische Länder haben die positiven Zusammenhänge zwischen Verteilungsgerech-

---

17 Pfadabhängigkeiten beschreiben in den Sozial- und Wirtschaftswissenschaften relativ kontinuierliche Entwicklungen, die deswegen einem Pfad ähneln. Sie haben Kreuzungen, an denen mehrere Möglichkeiten zur Auswahl stehen. Zwischen den Kreuzungen bleibt der Prozessverlauf aber stabil, auch wenn er ineffektiv ist. (Anmerkung Hrsg.)

tigkeit, politischer Partizipation, Umweltregulierungen und Umverteilungssteuersystemen aufgezeigt. Märkte alleine sorgen nicht dafür. Die Geschichte seit der Industrialisierung hat vielfach gezeigt, dass ungesteuerte Märkte soziale und ökologische Probleme eher erzeugen als sie zu lösen.[18] Marktdynamiken können durchaus eine Rolle bei der Verbesserung der Lebensbedingungen spielen, aber nur, wenn der Staat eine starke Rolle bei der Sicherung der Vermögensverteilung übernimmt. Starke und vertrauenswürdige Staaten mit transparenter Regierungsführung sind für Lebensökonomien unverzichtbar. Es zählen nicht unbedingt nur Steuersysteme zu den Rahmenbedingungen für Lebensökonomien, sondern auch eine gute Regierungsführung sowie das Fehlen korrupter Wirtschaftstätigkeiten oder auch die Unterstützung kleiner und mittlerer Unternehmen oder Genossenschaften. Bereits existierende prototypische Ansätze sind beispielsweise Maßnahmen zur Vermögensverteilung, progressive Steuersysteme, Beteiligung der Öffentlichkeit an wirtschaftlich relevanten Strategien, partizipative Corporate-Governance-Modelle, soziale Gerechtigkeit als Leitfaden für wirtschaftliche Aktivitäten. Neoliberale Narrative des freien Marktes haben ihren Tribut an sozialen Ungleichheiten gefordert. Einkommensdisparitäten ebenso wie Macht- und Vermögensmonopolisierung verschlechtern die Widerstandsfähigkeit von Gesellschaften und ihre Fähigkeit, auf zukünftige Herausforderungen zu reagieren. Lebensökonomien funktionieren am besten mit zuverlässiger Beteiligung von Gemeinschaften und Bürgern an der Entwicklung wirtschaftlicher Prioritäten, die Mensch und Natur dienen. Skalierbare Prototypen existieren bereits, wie breiter Zugang zu Bildung und politischer Partizipation oder die Förderung der Demokratiekompetenz.

Regulierung und Beitrag

Freiwillige ebenso wie verpflichtende Vereinbarungen sichern Gemeingüter und tragen zur Vitalität sozialer und ökologischer Lebenserhaltungssysteme bei. Dabei geht es nicht nur darum, Schaden zu verhindern, sondern im Gegenteil durch wirtschaftliches Handeln zum Gemeinwohl beizusteuern. Verfassungen, Wirtschaftsrecht und

---

18   Sehr eindrückliche und überzeugende Argumentationen hierzu liefert die Ökonomin Mariana Mazzucato, die unter anderem auch die EU berät, zum Beispiel in ihrer Publikation: Mazzucato, M. (2021): Mission Economy. A moonshot guide to changing capitalism.

Landrechte sichern in Lebensökonomien die Rechte der Natur ebenso wie der zukünftigen Generationen. Die Leitprinzipien Regulierung und Beitrag thematisieren die menschliche Fähigkeit, gemeinsam Vereinbarungen zu treffen, die das Verhältnis zwischen Individuum und Kollektiv sowie zwischen Menschen und der nichtmenschlichen Welt regeln – eine Fähigkeit, die es in der Menschheitsgeschichte schon immer gegeben hat. Die derzeit bedrohlichen Pfadabhängigkeiten des Klimawandels erfordern einerseits verbindliche globale Vereinbarungen, und andererseits ein radikales Umdenken hin zu der Frage, wer wie viel zu einer lebenswerten Zukunft beitragen kann. In Lebensökonomien wird das Geben wichtiger als das Nehmen. Die UN-Klimakonferenzen sind ein Beispiel dafür, dass die Menschheit in die richtige Richtung geht, obwohl viele zu Recht argumentieren mögen, dass sowohl die Ergebnisse als auch die Umsetzung zu langsam sind, um die aktuellen negativen Entwicklungen aufzuhalten.

Die Sicherung der Gemeingüter und das Erreichen eines neuen Wohlstandsverständnisses erfordern verschiedene demokratisch und verfassungsrechtlich legitimierte Instrumente der Regulierung. Auch Finanzsysteme müssen sich dahin entwickeln, wirklich im Dienste von Gesellschaften zu stehen. Prototypen, die diese Leitprinzipien reflektieren, sind zum Beispiel Steueranreizsysteme, die Natur, Gemeingüter und soziale Gerechtigkeit schützen, Gesetze, die gleiche Wettbewerbsbedingungen für Unternehmen in Bezug auf Menschenrechte, Arbeitnehmerrechte und Naturrechte schaffen, Fiskalpolitik, die Anreize für regenerative Investitionen bietet, Anerkennung von Naturrechten oder die Einführung eines Ökozidgesetzes. Regulierungsansätze wie Verfassungen, Gesetze, Normen und Verordnungen sind wichtig, funktionieren aber nur, wenn Normen und Werte für wirtschaftliches Handeln in Narrativen der Lebensdienlichkeit verankert sind. Die Umorientierung von Unternehmen hin zu einem gesellschaftlichen Beitrag bedeutet einen Abschied von der neoliberalen Doktrin der Gewinnmaximierung und eine Wiederbelebung der menschlichen Fähigkeit zur Fürsorge und Zusammenarbeit. Die lebensökonomischen Leitplanken demokratisch legitimierter Staaten tragen zu sozialer und ökologischer Lebensqualität bei. Die Kernfrage „Wie tragen wir zu Vitalität bei?" ist die zentrale Frage für die Umorientierung des Wirtschaftens. Auch dafür gibt es bereits prototypische Ansätze wie zum Beispiel die Verankerung von Zukunftsverantwortung in Verfassungs-, Wirtschafts- und Landnutzungsrechten;

Leitlinien für nachhaltiges öffentliches Beschaffungswesen, obligatorische Beiträge von Unternehmen zum gesellschaftlichen Wohlergehen, Gesetze im Wirtschaftsrecht, die den neuen lebensverbessernden und gemeinsamen Zweck beinhalten, das universelle Grundeinkommen oder Gemeinwohl-Dividenden.

Abb. 1: Die sechs Leitprinzipien für Lebensökonomien können skaliert werden, um die globale Wirtschaftsarchitektur zu transformieren.

Schlussfolgerungen: Die Prototypen der wirtschaftlichen Zukunft vernetzen

Wenn wir die Leitprinzipien für Lebensökonomien betrachten, erkennen wir, dass Versuche, solche Ökonomien in Nischen zu etablieren, und sogar ihre auf Teilbereiche beschränkte Umsetzung bereits existieren. Es geht darum, diese Ansätze zu verstärken, zusammenzubringen und zu skalieren. Angesichts der tief verwurzelten veralteten Denkweise der Gewinnmaximierung als Kernelement der gegenwärtigen Volkswirtschaften ist dies eine herausfordernde Aufgabe, die eine enorme kollektive Anstrengung erfordert. Alle prototypischen Ansätze sind wichtig, weil sie zum Lernen anregen und Teile beitragen, die zusammen ein zunehmend vollständigeres Puzzle ergeben. Doch keines der Leitprinzipien allein wird den Durchbruch bringen, alle müssen zusammenwirken. Zukünftige Lebensökonomien müssen auf alle Prinzipien gleichzeitig eine Antwort finden.

Darüber hinaus müssen sie auf intelligente Weise verbunden und mit dem zugrunde liegenden neuen Narrativ der Lebensdienlichkeit verbunden werden. Transformationskompetenz zur Veränderung von Denkweisen, Systemverständnis und Prozesssteuerung bedeutet, die Funktionsweise von Volkswirtschaften radikal zu verändern. So zentral dafür politische Richtungsentscheidungen sind, umsetzbar sind die Transformationen nur, wenn sie von globalen und lokalen Akteuren gleichzeitig in Angriff genommen werden. Dies wird nur dann geschehen, wenn sich viele Menschen, viele politische Akteure und viele Wirtschaftsakteure in aller Unterschiedlichkeit ihrer kulturellen Wertesysteme dennoch gemeinsam auf das berufen, was doch eigentlich selbstverständlich sein sollte: dass wir die Strukturen und Systeme, die eine hochentwickelte menschliche Zivilisation erst ermöglichen, schätzen und erhalten und dass unsere wirtschaftlichen Aktivitäten immer zu dieser Erhaltung beitragen.

Die Narrative der Lebensdienlichkeit sind vielfältig und mögen unterschiedliche Ausprägungen haben. Für manche Kulturkreise bedeuten sie ein Erinnern an das, was in den Traditionen an Ehrerbietung gegenüber der Natur, anderen Menschen und dem Universum noch vorhanden ist. Diese Erinnerungen gilt es zu reaktivieren, lebendig zu machen und in eine neue Modernität so einzubauen, dass die Verbindung zwischen dem Neuen und der geistigen Tradition gelingt. In anderen Kulturkreisen, in denen Weisheiten, die sich auf die Verbundenheit des Menschen mit der Natur und mit anderen Menschen beziehen, in den Hintergrund gedrängt wurden, werden es rationalere Narrative sein, die Transformationen im Denken und Verhalten bewirken. Hier werden Zahlen, Daten, Fakten im Vordergrund stehen und messbare Indikatoren ein erster Zugang zu Verhaltensänderungen sein. Das mag das Einsparen von CO_2-Emissionen sein, das Engagement für Naturschutz und Biodiversität oder der Einsatz für soziale Belange. In einer Zukunft, in der Lebensökonomien im Mittelpunkt stehen, haben wirtschaftliche Aktivitäten den Stellenwert, der ihnen gebührt – sie sind eine Form, Waren, Ressourcen und Dienstleistungen so auszutauschen, dass für alle im Endeffekt ein Mehrwert entsteht. Die Ökonomie dient den Ökosystemen und den sozialen Systemen, stützt sie und bringt sie voran. Dies wird immer ein Prozess des Verhandelns sein, ein dynamisches Equilibrium, das nie perfekt sein wird, weil Leben nicht perfekt ist.

Unsere Zivilisation, wie sie geworden ist, wird von einer seltsamen Tendenz und zugleich von unterstützenden Strukturen der individuellen und kollektiven Selbstzerstörung dominiert. Dazu gehören die Ausbeutung von Menschen, von Frauen, von Ressourcen und von Ökosystemen. Dennoch gilt, was von medizinischen Pflanzen bekannt ist: Das Heilkraut wächst immer dort, wo es gebraucht wird, auch wenn es nicht alle bemerken. In den Nischen der dominanten Strukturen wächst neues (oder altes) Denken und Handeln: geschätzt, genährt, geschützt und zugleich gefährdet. Fast wie eine vom Aussterben bedrohte menschliche Spezies müssen wir dafür sorgen, dass diese vielen schon vorhandenen Beispiele einer aufkommenden weiterentwickelten Zivilisation wachsen, genutzt werden und sich Gehör verschaffen. Dafür müssen wir uns daran erinnern, wer wir sind, welches Potenzial in der menschlichen Evolution steckt, und dies freisetzen und unterstützen.

Diese Transformation im Denken und Handeln wird große Entscheidungen (wie die Änderungen von Verfassungen, Wirtschaftsrecht, Steuerpolitik oder Finanzregulierungen) und gleichzeitig viele kleine Schritte bei der Verbreitung emotional überzeugender Zukunftsnarrative oder der strategischen Vernetzung von Bewegungen, Projekten und Initiativen zu neuen ökonomischen Ansätzen brauchen. Die Zeit der Umsetzung von Transformationen hin zu Lebensökonomien hat begonnen. Ob uns in den nächsten Jahrzehnten der Klimawandel, die sozialen und die planetarischen Herausforderungen ins Chaos stürzen oder ob das derzeitige Flickwerk vielversprechender Veränderungen uns zu einem positiven Wendepunkt des transformativen Wandels führen wird, kann heute noch nicht beantwortet werden. Aber wir müssen mit diesen Veränderungen beginnen, und zwar alle, ohne Ausnahme.

Es bleibt zu hoffen, dass nicht alle Menschen zunächst wie Amazons CEO Bezos ins All reisen müssen, um zu erkennen, dass wir uns um unseren zerbrechlichen Planeten kümmern müssen. Wir müssen darauf vertrauen, dass die meisten Menschen wissen, dass es das einzige Zuhause ist, das wir bisher haben. Wie die Umfrage der Global Commons Alliance zeigt, haben viele Menschen verstanden, dass dieser immens schöne, aber winzige zerbrechliche Planet ein empfindliches Lebenserhaltungssystem hat, um das wir uns kümmern müssen. Ganz praktisch können Lebensökonomien zum strategischen Treiber einer Haltung der Fürsorge und des Beitrags werden. Die Skalierung dieser Praktiken wird das gesamte System in eine Zukunft bringen, die wir guten Gewissens an die nächsten Generationen übergeben können. Die Vision von menschlichem Wohlstand innerhalb der planetaren Grenzen ist möglich.

Von Außengehorsam zu Innengehorsam

Wege zu einem neuen Bewusstsein

von

Gerd Hofielen und Tanja Trost

Gerd Hofielen, Psychologe und Betriebswirt, ist ein Sprecher der Bewegung der Gemeinwohl-Ökonomie. Er war zunächst in einem Konzern im Rechnungs- und Personalwesen und danach als Management- und Team-Coach in internationalen Großunternehmen tätig. Heute widmet er sich hauptsächlich der Annäherung von konventionellen Lebens- und Geschäftsmodellen an zukunftsfähige Praxis. Seit 2012 leitet er die Humanistic Management Practices gGmbH.

Tanja Trost ist Psychologin mit einer langjährigen Berufserfahrung in der Wirtschaft. Durch ihre Yogapraxis entwickelte sie einen Bezug zu den asiatischen Weisheitslehren. Heute lebt sie in Berlin und widmet sich innerhalb der Gemeinwohl-Ökonomie der Schnittstelle zwischen Psychologie, Meditation sowie anderen Themen, die ethisches und nachhaltiges Handeln der Menschen in den Mittelpunkt stellen.

Die Kräfte der Menschen haben sich seit und mit der Industrialisierung auf ein Niveau bewegt, das die menschengemachten Einwirkungen auf den Planeten zur mächtigsten Ursache von planetaren Veränderungen werden ließ. Dies wird mit dem Begriff des Anthropozän bezeichnet.

Die Menschheit ist wider besseres Wissen auf dem Weg, ihre natürlichen Lebensgrundlagen zu zerstören. Was in unserer Wirtschaftsordnung zunächst als Freiheit erscheint, als Verwirklichung persönlicher Lebensvorstellungen, entpuppt sich als verhängnisvoll. Die Systemkräfte der Wirtschaftsordnung determinieren unsere Denkweisen und Handlungen, und viele Menschen beginnen, dies immer deutlicher zu begreifen.

Die Lösung der Klimakrise beispielsweise wäre mit einigen, radikalen Entscheidungen möglich: Beenden des Verbrennens fossiler Energien, Einschränken des Verzehrs von Tieren, Bauen mit Holz statt mit Beton usw. Die logisch-rationale Intelligenz erkennt und versteht die Zusammenhänge und erarbeitet konkrete Handlungsempfehlungen.

Man kann nun in erfrischender Einfachheit fragen: Weshalb gelingt es bisher nicht, diese Veränderungen umzusetzen? Die Antwort ist in der Wechselwirkung von Strukturen und Beziehungen in der Gesellschaft und den daraus entstehenden Mustern des Denkens und Verhaltens zu suchen. Die Motive und Überzeugungen der Menschen beeinflussen die Regeln der Gesellschaft und der Wirtschaft und werden wiederum von ihnen geformt. Was Menschen anstreben, was sie tun, hängt davon ab, was sie glauben, was sie denken. Insofern ist ein Bewusstseinswandel Voraussetzung und Beginn der notwendigen Veränderungen.

Suche nach einer neuen Balance

Handlungsmotive unserer Gesellschaft

Jeder Mensch hat Bedürfnisse, was aus der Tatsache folgt, dass wir Naturwesen sind. Dass viele Menschen sich ihrer Verbundenheit mit und Abhängigkeit von der Natur nicht mehr bewusst sind, ist die

Wurzel vieler der gegenwärtigen Schieflagen. Menschliche Grundbedürfnisse sind universell gleich, wenn auch unterschiedlich ausgeprägt. Das grundlegende Bedürfnis nach Liebe und Zugehörigkeit ist bei jedem Menschen und in jeder Kultur zu finden. Ebenso verhält es sich mit anderen Grundbedürfnissen, wie die Befriedigung von Hunger, Durst, Sexualität oder die Bedürfnisse nach Anerkennung oder Sicherheit. Die Befriedigung dieser Bedürfnisse kann auf sehr unterschiedliche Weise geschehen. Dies ist durch Kultur, Erziehung, Traditionen geprägt und wird in persönlichen Handlungsspielräumen gestaltet. Unsere Ernährungsgewohnheiten beispielsweise sind ein Ausdruck vom Streben nach Status (Sternerestaurant oder Burgerladen), Komfort (Fast Food oder selber kochen) und Konsumorientierung (Erdbeeren im Winter oder regionale Äpfel).

Welche gesellschaftlich beeinflussten Motivstrukturen sind besonders prägend und bestimmend? Wir haben vier bedeutsame Handlungsmotive, die jede Entscheidung zur Befriedigung von Bedürfnissen beeinflussen, ausgemacht. Diese sind

- Leistungsorientierung
- wachstumsorientierter Konsum
- wettbewerbsorientierte Konkurrenz sowie
- Status und Anerkennung

Diese Motive sind individuell unterschiedlich ausgeprägt. Bei stark einseitiger Ausprägung wird zukunftsfähiges, nachhaltiges Handeln erschwert.

Wenn Leistungs-, Konsum-, Konkurrenz- und Statusstreben nicht zu mehr Wohlstand und Wohlbefinden für alle führen, sondern zum ökologischen Supergau, wenn eben dieses Streben weiter auch eine soziale Dynamik erzeugt, in der wenige viel besitzen und viele gar nichts, wenn zudem Angst, Depressionen, Burnout zur gesellschaftlichen Normalität gehören, braucht es offensichtlich eine neue Balance.

Aus diesen Gründen ist es notwendig, in der Gesellschaft gezielt umzusteuern und Alternativen zu entwickeln. Diese Alternativen sind

- Muße (Sein) als Alternative zu Leistung (Tun)

- selbstbestimmte Bedürfnisbefriedigung als Alternative zum wachstumsorientierten Konsum
- beziehungsorientierte Kooperation als Alternative zur wettbewerbsorientierten Konkurrenz
- Selbstentfaltung/innere Zufriedenheit als Alternative zu Status/Anerkennung

Glücklicherweise gibt es bereits sehr starke gesellschaftliche Strömungen, die mit zunehmender Bedeutung und Kraft Kontrapunkte zu den vorherrschenden Motiven setzen. In der Nachhaltigkeitsdebatte treffen sich bspw. Umweltaktivist:innen von Greenpeace mit Jugendbewegungen von Fridays for Future. Die LGBTQ-Bewegung fordert ebenso wie die Black-Lives-Matter- und #metoo-Aktivist:innen Respekt für alle Menschen; asiatische Weisheitslehren bringen mit Yoga und Achtsamkeit wertvolle Impulse, wie Körper, Geist und Haltung in eine gesunde Balance gebracht werden können. In diesen Bewegungen kommt zum Ausdruck, dass Menschen sich Änderungen in verschiedenen Lebensbereichen wünschen.

Auch wir plädieren für eine grundlegend neue Balance unserer Handlungsmotive und Einstellungen. Wir werden beschreiben, in welcher Weise diese Motive unser Handeln steuern, um anschließend dazu anzuregen, eine absichtsvolle Balance zu finden.

Balance des Leistungsmotivs: vom Tun zum Sein

Die Leistungsorientierung ist ein Resultat dessen, wie sich die Wirtschaft entwickelt hat und welche Lebensziele wir uns setzen. Von mehr Leistung erwarten wir uns in erster Linie Sicherung der persönlichen Existenz und die Befriedigung der Bedürfnisse unserer Familie. Die Leistungsorientierung ist im oberen Einkommensdrittel am stärksten ausgeprägt, ist aber auch darüber hinaus das gesellschaftlich dominante Motiv geworden, das sich über alle Lebensbereiche erstreckt. Das Verhaltensspektrum der Leistungsorientierung reicht von gesund und lebenstüchtig, weil es eine eigene Existenz und das Entwickeln der Talente und Lebenspläne ermöglicht, bis hin zur übertrieben intensiven Hamsterradaktivität mit Suchtcharakter. Ein zu ausschließlich verfolgtes Leistungsmotiv kann zur Vernachlässigung von anderen Werten wie Gesundheit, Lebensfreude, Solidarität, soziale Gerechtigkeit und gesellschaftliche Mitwirkung führen. Ist das der Fall, kann das die eigene Person, andere Menschen und die Natur schädigen.

Zum Thema Leistungsorientierung gehören in unserer Gesellschaft auch Zielorientierung und Zeitknappheit: Ziele gilt es so schnell wie möglich zu erreichen, seien es Karriereziele, Besitztümer oder Selbstoptimierung. Auch hier ist der Unterschied zwischen der Motivation, mit Zeitressourcen effektiv umzugehen, und einer extremen Fokussierung auf Zielverfolgung, die mit Leistungsdruck und negativem Stress verbunden ist, zu beachten.

In Unternehmen und Organisationen wird das Leistungsmotiv verstärkt durch den Wettbewerb um gute Positionen, gute Bezahlung, den „Platz am Fenster", der oft die latent feindselige und neidische Haltung zwischen den im Wettbewerb stehenden Personen noch zuspitzt. Eine Gesellschaft, die stark auf Leistung ausgerichtet ist, zeigt dies stolz in Kennzahlen wie der Anzahl an geleisteten Arbeitsstunden, Umsatz, Produktivität, Bruttosozialprodukt oder Menge der gewonnenen Medaillen bei den Olympischen Spielen. Sie zeigt Leistungsorientierung auch in einer permanenten Geschäftigkeit, in die wir uns und sogar unsere Kinder zwingen.

Leistung und Produktivität sind wichtig, aber sie brauchen einen gesunden Ausgleich: eine Hinwendung zum Sein. In seinem Buch „Haben oder Sein" beschrieb Erich Fromm bereits in den Siebzigerjahren die Existenzweise des Seins; er hielt sie für die einzige Form, in der die Menschheit überleben kann. Haben wollen führe dazu, dass man seinen Besitz verteidigen und mehren wolle. Immer neue Wünsche machten echtes Glück unmöglich, analysierte er.

Der Zenmönch und Friedensaktivist Thich Nhat Hanh weist in seinen Büchern in die gleiche Richtung. Er fordert uns in seiner Achtsamkeitslehre dazu auf, die Aufmerksamkeit vom Tun auf das Sein zu richten. Damit werde eine neue Kultur möglich: weg von der Geschäftigkeit hin zu dem, was Mensch und Gesellschaft am dringendsten brauchen. Im einfachen Sein kann man Freude, Frieden, Liebe und Lebendigkeit spüren – Werte, die bei übertriebener Geschäftigkeit gar nicht zugänglich sind. Die Qualität des Seins wird dann erst zur Grundlage des Tuns. „Tue nicht einfach irgendwas, sondern sei da", fordert der Zenmeister und ergänzt, dass dies keine einfache Übung sei, weil sie in unserer gegenwärtigen Leistungskultur fremdartig wirke.

In einer auf Leistung gepolten Gesellschaft bieten Politik, Medien und Bildungssysteme permanent Vorstellungen an, wonach wir streben sollten, was das nächste Ziel sein soll. Ob es das nächste Wachstumsziel, das neueste Schönheitsideal, der nächste Fitnesstrend, der spannendste Job oder das Bild von der perfekten Familie ist: „Wir sind so versessen zu lernen, wie wir sein sollten, dass wir unser Leben verstreichen lassen, ohne überhaupt zu sein", schreibt der irische Philosoph John O'Donohue[1]. Zu viel zu leisten, zu viel zu tun und den Fokus für das richtige Maß zu verlieren kann lebensbedrohlich sein. Für den Einzelnen kann es zu Krankheiten (Depression, Burnout, Herz-Kreislauf-Erkrankungen, Krebs ...) und sogar zum Tod führen. Ökologische Systeme werden durch extrem leistungsorientierte Schaffenskraft ausgebeutet und überlastet und kollabieren ebenfalls.

Die Aufforderung zum schlichten Sein, zum (zeitweisen oder partiellen) Nichtstun, ist daher ein Beitrag zur aktiven Ressourcenschonung. Mit Zeit und Muße, einmal nicht perfekt, gestresst und übervoll mit Aktivitäten zu sein, könnten wir den Blick für das Wesentliche freimachen – für das, was gerade unser aller Existenz bedroht: die zunehmende Umweltzerstörung und Erderwärmung mit ihren dramatischen Konsequenzen. Dieser Blick bietet in der Folge auch die Chance, sich selbst und seine Aktivitäten neu auszurichten. Allerdings erfordert dieser Blick auch den Mut, unangenehme Wahrheiten zuzulassen.

Balance des Konsum- und Komfortmotivs: vom wachstumsorientierten Konsum zur selbstbestimmten Bedürfnisbefriedigung

In einer Gesellschaft, in der die meisten Bedürfnisse durch Produkte und Dienstleistungen befriedigt werden, die auf Märkten zu finden sind, wird Konsum zur Existenzgrundlage. Das Konsumstreben führt in Kombination mit dem Wettbewerb der Unternehmen zu einer großen Vielfalt von Produkten und Dienstleistungen und kann zu menschenwürdigen Lebensverhältnissen führen. Das materielle Lebensniveau ist in den letzten Jahrzehnten enorm gewachsen und die Ausstattung mit Gütern des täglichen Bedarfs und mit Wohl-

---

1 O'Donohue, John: Anam Cara. Das Buch der keltischen Weisheit, dtv, München 2010, S. 105.

standsgütern hat in industrialisierten Gesellschaften eine hohe Stufe erreicht. Viele Erfindungen führen zu einer besseren Lebensqualität: Erleichterung bei körperlich oder geistig schweren Tätigkeiten, Mobilität, Gesundheitsversorgung etc. Unser Konsum ist aber auch durch das Verlangen nach Komfort, einem leichteren, angenehmeren Leben veranlasst.

Die übermäßige Ausbeutung und Schädigung der Natur in der Epoche des Anthropozän ist eine Folge von unbegrenztem Konsum und Wachstum, die oft einfach nur stattfinden, weil es technologisch möglich ist und weil irgendein Bedürfnis erschaffen wird. Bei der Ideologie vom unbegrenzten Wachstum wirken der Wettbewerbsdruck der Unternehmen mit dem Konsumstreben und der Statuskonkurrenz der Einzelnen auf fatale Weise zusammen. „Wir sind ein Volk von Konsumenten und Kunden", schreibt Kai Romhardt in seinem Buch „Achtsam wirtschaften". Wir konsumieren nicht nur materiell und physisch (Produkte, Nahrung, Genussmittel ...), sondern auch geistig, indem wir Gedanken, Werbung, Klänge und Gerüche in uns aufnehmen. Eine wahre Flut von physischen und geistigen Wahlmöglichkeiten strömt täglich auf uns ein. Der physische Konsum von Produkten ist zur „Bürgerpflicht" geworden. „Konsumverzicht ist ein Gift, das die Wirtschaft zusammenbrechen lassen würde."

Unregulierte Märkte treffen dabei oft auf unreflektierte Käufer:innen. Es findet eine Kolonialisierung unseres Lebens statt: Produzent:innen, Dienstleister:innen und Medien bedrängen uns mit materiellen und immateriellen Gütern, die wir bei näherer Betrachtung gar nicht brauchen und die uns weder guttun noch das angekündigte Glücksversprechen einlösen.

Viele Menschen haben dies erkannt und engagieren sich durch ihre Konsumentscheidungen in gegenläufigen Bewegungen (grüne Mode, Minimalismus, Tiny Houses, Urlaub zu Hause, Fahrrad statt Auto, Repaircafés ...). Sie setzen sich über die negative Färbung des Verzichts hinaus und fragen: „Was brauche ich (wirklich)?" und „Welches Bedürfnis habe ich (wirklich)?" Sie werden auf diese Weise wieder zu Souveränen über ihre Bedürfnisbefriedigung und wehren sich gegen die Eingriffe der Werbung aus der auf Wachstum getrimmten Industrie in ihr Leben. Sie können die falschen Versprechungen durchschauen, denn sie spüren vermehrt ihren wahren Bedürfnissen nach und haben den Mut, neue Wege auszuprobieren. Klaren Kopfes können sie feststellen, dass das, was sie zufrieden und glücklich macht, oft immaterieller und geistiger Art ist: Verbindung mit der Natur, gute Beziehungen und schöne Erlebnisse. Diese sind zudem oft kostenlos und frei zugänglich.

Die Rückbesinnung auf die wesentlichen Dinge des Lebens ist ein nichttrivialer, psychologischer Prozess, da alte Gewohnheiten abgelegt und neue Verhaltensweisen gelernt werden müssen. In Religionen und Weisheitslehren galt einfaches und maßvolles Leben schon immer als erstrebenswerter Weg. Der Übergang dazu kann durch bewusste Zäsuren eingeleitet werden: innerer Rückzug, Kontemplation, Innehalten, Fasten. Eingeübte Verhaltensmuster werden unterbrochen. Es entstehen Raum für Reflexion und die Chance, die nächste (Konsum-)Entscheidung bewusster zu treffen.

Balance des Konkurrenzmotivs: vom Konkurrieren zum Kooperieren

Wenn soziale Beziehungen von Personen und Organisationen über Märkte vermittelt werden, gibt es die Möglichkeiten der Konkurrenz und der Kooperation. Konkurrenz ist ein Wettlauf ohne Absprache der Konkurrent:innen – ein Kräftemessen, wer schneller ans Ziel kommt oder die Kundenwünsche besser befriedigt. Kooperation ist ein Absprechen des Vorgehens, um gemeinsam, eventuell auch auf verschiedenen Wegen ein Ziel zu erreichen oder Kundenwünsche besser oder umfassender zu befriedigen. Beide Beziehungsformen existieren meist nebeneinander. In Unternehmen, die miteinander konkurrieren, kann ohne interne Kooperation keine gemeinsame Leistung erbracht werden. Personen, die miteinander im Wettbewerb stehen, schaffen oft eine gemeinsame Interessenvertretung, zum Beispiel eine Gewerkschaft oder eine Innung, um ihre Interessen zu sichern. In der Marktwirtschaft ist die Konkurrenzorientierung im persönlichen Leben wie im Wettbewerb der Unternehmen allerdings eine aus den Regeln des Systems resultierende Haltung und dominierend.

Eine gesunde Konkurrenz bewegt sich in einem Rahmen von fairen Regeln, die allen das Gewinnen erlauben. Die Ziele stehen dabei in einem Kontext, der positive Wirkungen in alle Richtungen hat und aus Prinzip niemanden schädigt. Daher muss die Konkurrenz in einem Werterahmen stattfinden, der Menschenwürde, soziale Gerechtigkeit, ökologische Nachhaltigkeit respektiert und Mitwirkung bei der Entwicklung der Regeln ermöglicht. Die positiven Wirkungen von Konkurrenz sind die persönliche Entwicklung und die Stärkung der kooperativen Kräfte einer Organisation (Kreativität, Entdecken neuer Vorgehen und Verfahren etc.). Innerhalb der Konkurrenz findet Kooperation statt, denn große Leistungen und komplexe Produkte oder Organisationen lassen sich nur durch ein Zusammenwirken vieler Menschen erreichen.

Die negativen Wirkungen der Konkurrenz entstehen, wenn die einrahmenden Werte schwach ausgeprägt sind bzw. fehlen oder wenn die Ziele nur einzelnen Personen oder Gruppen dienen und zulasten anderer Personen oder Gruppen gehen. Beispiele für diese Wirkungen sind die Überflutung des öffentlichen Raums mit Werbebotschaften, die an verdeckte Motive appellieren, statt zu informieren, oder die übermäßige Beanspruchung von ökologischen Ressourcen. Die Konkurrenz von Unternehmen geht nicht selten mit menschengefährdenden Arbeits- und Lebensbedingungen und gravierenden ökologischen Schäden einher. Das wird zwar durch Sozialgesetzgebung und Umweltschutzgesetze eingedämmt, hat aber bisher noch nicht zu einem zufriedenstellenden Schutz geführt. Die Schäden entstehen weiterhin und in mittlerweile existenzbedrohender Intensität.

Wettbewerb und Konkurrenz gelten in unserer Gesellschaft als effizienteste Methode, um Wachstum und Wohlstand für alle zu schaffen. Es wird behauptet, dass Wettbewerb die produktivste Methode sei, weil er zu Leistung anspornt. Außerdem wird die Lust am Wettbewerb als universelles menschliches Prinzip postuliert. Dieser „Grundmythos der Marktwirtschaft" ist laut Christian Felber[2] nie wissenschaftlich bewiesen worden. Psychologische Studien weisen vielmehr darauf hin, dass Kooperation die eigentliche menschliche Natur ist. Konkurrenz und Wettbewerb motivieren extrinsisch, durch die Lust, andere zu besiegen, und durch die Angst, zu verlieren oder Verlust zu erleiden. Das zugrunde liegende Gefühl der Angst ist dabei eine treibende Kraft. Kooperation motiviert über die positiven Gefühle, die durch gut gestaltete Beziehungen, durch Wertschätzung und gemeinsame Zielerreichung erzeugt werden.

„Motivation wirkt stärker, wenn sie von innen kommt (intrinsische Motivation) als von außen (extrinsische Motivation) wie zum Beispiel

---

2   Felber, Christian: Gemeinwohl-Ökonomie, Piper Verlag, München 2018.

durch Wettbewerb. Die besten Leistungen kommen nicht zustande, weil es eine:n Konkurrent:in gibt, sondern weil Menschen von einer Sache fasziniert, energetisiert und erfüllt sind, sich ihr ganz hingeben und ganz in ihr aufgehen", schreibt Christian Felber in „Gemeinwohl-Ökonomie". In der aktuellen Krise werden die Kollateralschäden des Wettbewerbsmythos besonders deutlich: Wenn Unternehmen in rücksichtsloser Konkurrenz um Marktanteile kämpfen, führt das zur rücksichtslosen Ausbeutung von Ressourcen der Natur und zur Zerstörung unser aller Lebensgrundlagen.

Konkurrenz und Wettbewerb sind ähnlich wie die Leistungsorientierung tief in unserer Kultur verankert. Wettbewerbsorientiertes Verhalten durch stärkere Kooperation ersetzen zu wollen ist auf den ersten Blick ungewohnt, weil unsere Gesellschaft den Wettbewerb von Kindesbeinen an stärker fördert als Kooperation (Noten in der Schule, Wettkämpfe im Sport, Spiele wie die „Reise nach Jerusalem"). Kooperation ist folglich das Motiv, welches wir gesellschaftlich stärker fördern müssen.

Balance der Statusorientierung: vom Statusdenken zur Entfaltung der Persönlichkeit

Die Statusorientierung gibt es in allen menschlichen Gesellschaften, weil sie der sozialen Natur der Menschen entspringt. Sie dient der Erkennbarkeit und Ordnung der sozialen Rollen und trägt zum Funktionieren von sozialen Systemen bei. Sie ist oft vermischt mit persönlichen Bedürfnissen wie Anerkennung, Zugehörigkeit und Identität. Wenn Hierarchie eine große Bedeutung hat, dann geht damit eine sichtbare Ausstattung mit Statusmerkmalen einher. Das persönliche Bedürfnis nach Anerkennung, Respekt und Wertschätzung führt ebenfalls zur Betonung von Statusmerkmalen. Je nach Zugehörigkeit zu einer sozialen Gruppe wird das unterschiedlich ausgedrückt, manchmal mit einer Luxuslimousine, manchmal mit einem Fahrrad. Innerhalb der Luxusfahrzeuge und der Fahrräder gibt es wieder vielfältige Statusabstufungen.

Das Statusstreben erlaubt den Selbstausdruck der Person und ihres Anerkennungsbedürfnisses durch Statusattribute und ermöglicht in Organisationen die symbolische Unterstützung der funktionalen Rollen. Wenn Statusattribute durch ein passendes Leistungsverhalten unterfüttert sind, sind eine funktionierende Organisation und eine zufriedene Person die Folge. Negative Wirkungen des Statusstrebens können sich einstellen, wenn Status durch Konsum ausgedrückt wird. Dann entsteht in Verbindung mit dem Konkurrenzmotiv ein Wettlauf nach den beeindruckendsten Statussymbolen, der keine Ressourcenbegrenzungen kennt. Auch der soziale Zusammenhalt und das Selbstwertgefühl von Menschen können leiden, wenn die individuellen Differenzen zu sehr betont werden. Dann entsteht aus einem verständlichen menschlichen Bedürfnis ein sozial schädliches Verhalten.

Der Glaube, wir könnten unseren Hunger nach Anerkennung und Bewunderung aufgrund unserer Statusmerkmale dauerhaft stillen, ist ein Irrweg, weil die Maßgrößen für unseren sichtbar gemachten „Wert" sich weiterentwickeln: die beruflich erreichte Hierarchieebene, das Auto, eine bestimmte Kleidung, Urlaubsziele oder Restaurants. Dabei ist nicht zuletzt im Lockdown während der Corona-Pandemie ganz offensichtlich geworden, dass gesellschaftlich wertvoll ist, wer sogenannte systemrelevante Tätigkeiten erledigt, die gerade nicht hoch bezahlt sind: Verkäufer:innen, Pflegepersonal, Müllarbeiter:innen, BusfahrerI:inen, Bäcker:innen. Das sollte uns nicht nur zu der Frage nach Lohngerechtigkeit führen, sondern auch zu der Frage, welche Anerkennungskultur in einer Gesellschaft herrscht.

Der Gegenpol zur Statusorientierung besteht darin, den eigenen Wert von innen heraus zu definieren. Jack Kornfield spricht in seinem Buch „Das weise Herz" von der „heiligen Sicht" und meint damit die Fähigkeit, die „grundlegende Güte" in sich und in anderen Menschen zu erkennen und ihnen mit Respekt zu begegnen – unabhängig von äußeren (Status-)Merkmalen. Der indische Gruß des *Namaste* bringt dies sprachlich zum Ausdruck: Seine tiefere Bedeutung ist „Ich grüße das Göttliche in Dir".

Das Besondere im Gegenüber zu erkennen und anzuerkennen erfordert ein genaues Hinschauen und etwas Übung. Durch eine solche Praxis wird das Selbstwertgefühl dauerhafter aufgebaut und gestärkt, als wenn Anerkennung nur für erbrachte Leistungen (Schulnoten, berufliche oder sportliche Erfolge etc.) gegeben wird. Es entsteht zudem ein heilsamer Nebeneffekt: Die Verbundenheit zwischen den Beteiligten wird gestärkt. Jeder von uns kann sich sicherlich an einen Augenblick in seinem Leben erinnern, als ein anderer Mensch seine inneren Qualitäten erkannt und ihn damit gesegnet hat.

Die noch relativ junge Disziplin der positiven Psychologie greift dies auf. Sie fokussiert nicht darauf, wie kranke Menschen von ihrem Leid befreit werden, sondern wie gesunde Menschen lernen können, ein erfüllteres Leben zu führen. Flourishing (Aufblühen) nennt Martin Seligman in seinem Buch „Flourish" dieses Konzept, das den Zustand beschreibt, in dem wir unser Potenzial bestmöglich entfalten und gleichzeitig psychisch gesund und glücklich werden. Es ist eine Hinwendung zu den inneren Werten und Besonderheiten. Dabei identifizieren und wertschätzen wir unsere Stärken und setzen unsere Ressourcen so ein, dass persönliches Wachstum möglich wird. Wer dies lernt, jagt äußeren Anreizen weniger hinterher und kann sich auf seine ureigensten Potenziale und ihre Entfaltung konzentrieren.

Balance von Kopf und Herz: vom Außengehorsam zum Innengehorsam

Die vier Motive können sich wechselseitig verstärken. Es gibt eine gesunde Mitte, und es gibt übertriebene Entwicklungen, die zu Schäden führen. Ideal wäre eine Balance innerhalb jeder Motivstruktur, die gesunde persönliche Ausprägungen mit Rücksicht auf gesellschaftliche Auswirkungen kombiniert.

Mit den vier Motiven ist ein grundlegendes Gefühl eng verbunden: Angst. Es gibt die Angst und das Gefühl, nicht genug zu haben, nicht genug zu sein, nicht genug zu tun, etwas zu verpassen etc. Sie sind meistens unbewusst, werden vermieden oder verdrängt; auf unser Verhalten und unsere Gesundheit nehmen sie trotzdem Einfluss. Ein angespannter Leistungsehrgeiz führt zu Versagensängsten im Beruf, Schule, Sport etc. Das Konsumniveau wird durch ständigen Vergleich bedroht. In der Konkurrenz um die eigenen Ziele gibt es fortwährend die Gefahr, dass andere schneller, größer, weiter kommen. Im Statusvergleich gibt es immer Personen oder Organisationen, die einen höheren Rang haben. Ängste sind allgegenwärtig.

Ängste und andere Gefühle dürfen in einer konkurrenzorientierten Gesellschaft aber nicht ausgedrückt werden. Sie werden als unerwünscht, sogar störend empfunden. Gefordert ist das Funktionieren, der Gebrauch des Verstandes. Vernunft hat Vorrang gegenüber den Gefühlen. Das Wahrnehmen der Rolle in der Organisation, die Verfolgung der Ziele, die Konzentration auf den Wettbewerb gelingen uns scheinbar umso besser, je weniger wir unsere Gefühle beachten.

Dass Gefühle sich doch geltend machen, weil sie vitale menschliche Lebensregungen sind, ist bekannt. In religiösen Gemeinschaften, in Therapien, Coaching, Supervision und Kommunikationsseminaren dürfen sie deswegen genug Raum bekommen. Aber bei den zielorientierten Entscheidungen und Begegnungen sollen sie möglichst nicht stören. Ein Mensch, dessen Gemütszustand momentan nicht in die Prozesse passt und der anders fühlt als das, was zur Entscheidung gefordert ist, bekommt schnell den Eindruck, falsch zu sein, nicht zu genügen. In der Konsequenz legen sich Menschen eine „professionelle Maske" zu und zeigen nur einen kleinen Teil ihrer Persönlichkeit. Der Rest wird unterdrückt oder in andere Lebensbereiche ausgelagert. Uns selbst fällt oft nicht mehr auf, dass wir uns weitestgehend hinter dieser Maske verstecken. Sie ist zu unserer nach außen sichtbaren Identität geworden und dient als Schutz unserer wahren Persönlichkeit mit all ihren Zweifeln, Ängsten, Hoffnungen, Träumen und Verrücktheiten.

Zahlen, Daten, Fakten werden in unserer Gesellschaft mehr geschätzt als die Intuition. Rationales wird mehr gefördert als emotionale Kompetenz. Kopfintelligenz scheint wichtiger als Herzintelligenz. Intuition und Spiritualität dürfen zwar in geschützten Räumen gelebt werden (spirituelle Gruppen, Yoga, Meditationsgruppen, seelsorgerische Institutionen), Kopf- und Herzintelligenz stehen aber nicht gleichwertig nebeneinander. Das hat eine prägende Konsequenz für die Funktionsweise der Menschen in der Gesellschaft. Wir beachten sehr stark, was von anderen, von sozialen Rollen und Autoritäten, Kolleg:innen, Kund:innen erwartet wird. Es entsteht eine hohe Aufmerksamkeit für Außengehorsam. Von Kindesbeinen an wird darin geübt (gute Note, wertvolles Kind – schlechte Note, weniger wertvoll) – schulische Leistung hat eine positive Konnotation, das Ausdrücken der eigenen Persönlichkeit ist zweitrangig oder zweifelhaft (weil potenziell egoistisch). Außengehorsam hilft dem Erfolg in allen Lebenslagen.

Ein Gesellschaftssystem, das Leistung, Konsum, Wettbewerb und Status einseitig in den Vordergrund stellt, fördert Außengehorsam und rein rationales (meist begrenztes) Denken. Der Mensch wird zum Diener eines Systems, das (wie wir es heute wissen) die Menschheit in letzter Konsequenz auslöschen kann, indem es die planetaren Lebensgrundlagen zerstört. Viele Menschen kennen ihre innere Wahrheit zu wenig. Erziehungseinflüsse können diese Fähigkeit dauerhaft beschädigen, und das permanente Bombardement mit Nachrichten, Werbebotschaften, Aufforderungen aus dem sozialen Umfeld, neuerdings auch von (a-)sozialen Medien, ist für viele Menschen schwer von den inneren Impulsen fernzuhalten. Letztlich stehen sie nicht mehr zu ihrer Wahrheit; kennen sie nicht einmal mehr. Die innere Stimme, die Intuition verstummt oder wird überdeckt. In der Folge kommt es zu individueller Schädigung (Stress, Angst, Selbstverleugnung, Folgekrankheiten) und auch zu gesellschaftlich negativen Konsequenzen (Belastung des Gesundheitswesens, Übernutzung von Ressourcen, Klimanotstand). Das unzensierte Wahrnehmen und Beachten der persönlichen Befindlichkeit, der Gefühle, der Intuition und Impulse sind deswegen auch im gesellschaftlichen Kontext wichtig.

Dies wird als emotionale Intelligenz bezeichnet. Daniel Goleman hat sie in seinem Buch „EQ. Emotionale Intelligenz" beschrieben. Emotionale Intelligenz beschreibt die Fähigkeit, die eigenen Gefühle wahrzunehmen, auszudrücken, zu regulieren, zu verstehen und gleichsam auch Empathie für die Gefühlswelt des Gegenübers aufzubringen. In ihrem Buch „Das innere Navi" spricht Vivian Dittmar von Herzintelligenz, die von Intuition und Inspiration genauso gespeist wird wie von der Ratio. Sie argumentiert, dass seit der Aufklärung der Verstand in unserer Kultur zu einer gottähnlichen Instanz geworden ist und durch ein rational geprägtes Bildungssystem stark gefördert wird. Sie plädiert dafür, neben der rationalen Seite stärker auch Intuition und Inspiration als zuverlässigen Kompass zu nutzen. Der inneren Stimme solle mehr Aufmerksamkeit geschenkt werden, um sie als sicheren Wegweiser in komplexen Situationen zu nutzen. Außengehorsam und Kopfintelligenz brauchen als Ergänzung Innengehorsam und Herzintelligenz.

Der Innengehorsam befähigt dazu, die eigenen Kräfte zu erkennen und zu entwickeln, Prioritäten selbst zu setzen und zu verfolgen. Diese Fähigkeit ist übungsabhängig und oft verschüttet. Das wesentliche Kennzeichen des Innengehorsams ist das Beachten einer tieferen, innengeleiteten persönlichen Wahrheit. Hermann Hesse beschreibt das in „Demian" so: „Es gibt keine Wirklichkeit als die, die wir in uns haben. Darum leben die meisten Menschen so unwirklich, weil sie die Bilder außerhalb für das Wirkliche halten und ihre eigene Welt in sich gar nicht zu Wort kommen lassen."

Balance in Unternehmen: von rücksichtsloser Gewinnmaximierung zu Respekt für Mensch und Natur

Die Aufgabe, eine gesunde Balance zu finden, setzt bei den menschlichen Motivstrukturen an, muss aber auch die Unternehmen durchdringen, um eine breite Wirkung zu erreichen. Jede:r kann dazu beitragen und sich fragen: Wie kann ich das Unternehmen, in dem ich tätig bin – vor allem meinen Verantwortungsbereich –, heilsam ausrichten? Die Wirkung der einzelnen Personen in einer Organisation ist in einem Konzert von Stimmen und in einem Zusammenwirken von Strömungen und Bewegungen zu sehen. Jede Stimme zählt, jeder Beitrag ist relevant. Mut und Pioniergeist sind wichtig. Zivilcourage ist erwünscht beim Ansprechen kritischer Erkenntnisse gegenüber Vorgesetzten und Fachexpert:innen, auch angesichts von möglichen Nachteilen für die eigene Person.

Welche Ansatzpunkte sollten besondere Aufmerksamkeit erhalten? Die Hauptwirkung geht vom Beitrag der Produkte und Dienstleistungen zur Lebensqualität in ihrer ganzheitlichen Sicht aus. Die Skala reicht von gesund (Bionahrungsmittel, Information und Bildung) bis destruktiv (Zigaretten, Meinungsmanipulation, manche der chemischen Herbizide und Düngemittel). Vielfach ist ein ethischer, wissenschaftlicher und politischer Dialog erforderlich, um die Wirkung der wirtschaftlichen Leistungen in der Gesellschaft zu klären. Die Unternehmen müssen bereit sein, an dieser Meinungsbildung in einem konstruktiven Prozess aller Beteiligten auf Augenhöhe, ohne Einsatz wirtschaftlicher Macht, teilzunehmen. Diese Bereitschaft wächst bereits. Landwirte stellen von agrochemischer Bewirtschaftung und Massentierhaltung auf biologische Landwirtschaft um, die Autoindustrie beugt sich dem Druck der Zivilgesellschaft und Staaten und beendet die Ära der Verbrennungsmotoren und vieles mehr.

Zusätzlich können sich Unternehmen Gedanken über die Nebenwirkungen bei der Herstellung, Nutzung und Entsorgung von ihren Produkten machen: Diese können entweder ganz vermieden oder zumindest reduziert oder kompensiert werden. Anbieter haben eine Sorgfaltspflicht gegenüber Menschen und Natur (Lieferant:innen, Kund:innen, Mitarbeiter:innen, Mitwelt) und müssen die möglichen schädlichen Wirkungen analysieren und überwachen. Auch hier kann man ein Umdenken beobachten. In der Textilindustrie gewinnt der Respekt für die Lebens- und Arbeitsbedingungen in der Lieferkette zunehmende Bedeutung. Krebserzeugende Substanzen in Nahrungsmitteln und Bekleidung werden erforscht und verbannt. Die Benachteiligung von Frauen in der Besetzung von Führungspositionen wird zunehmend bewusst und bei Neubesetzungen vermieden usw.

Eine dritte Strategierichtung ist die Kooperation von Unternehmen bei der Entwicklung von Technologien, Vertriebspraktiken und Rechtsauffassungen, die einen fairen Wettbewerb, den Marktzugang von neuen Technologien und die Verbreitung von Innovationen ermöglichen. Diese Kooperation ist sinnvoll in der gleichen Branche; bei manchen Aufgaben auch branchenübergreifend. Ein Beispiel dafür sind die Biolebensmittelproduzenten, die gemeinsame Standards schaffen, um ihre Produktionsmethoden und Produktinhalte kenntlich zu machen (Demeter, Bioland).

Die hier aufgeführten Gestaltungsrichtungen adressieren vor allem bestehende Produkte, Dienstleistungen und Prozesse. Wenn die Unternehmen anfangen, Nachhaltigkeit als ihr Ziel zu akzeptieren, werden sich auch völlig neue Perspektiven und Möglichkeiten eröffnen. Zwei Beispiele derartiger Innovationen sind das Ersetzen von fossilen durch die erneuerbaren Energien und eine Kreislaufwirtschaft mit Abfallverwertung. An weiteren Innovationen wie zum Beispiel Stahlproduktion mit „grünem" Wasserstoff statt fossilen Energien wird gearbeitet.

Soziale Innovationen können der Beachtung der Menschenwürde und der Überwindung des Wachstumszwangs einen neuen Auftrieb geben: Die Gemeinwohl-Ökonomie bietet eine grundlegend neue Art, die Wirtschaft am Beitrag zu Gemeinwohlwerten zu messen. Andere Beispiele sind das Konzept der Selbstorganisation von Unternehmen, die Verbreitung von Ideen zu „sich selbst gehörenden Unternehmen" und andere Eigentumsformen, die Unternehmen den extremen Anspruch der Kapitalvermehrung entziehen.

Entwicklung von universeller Verantwortungsfähigkeit und moralischem Bewusstsein

Ohne die Auseinandersetzung mit dem Menschen selbst, der seine besondere Intelligenz einerseits zu hohen und komplexen Leistungen nutzen kann und andererseits zu verheerenden Vernichtungshandlungen fähig ist, wird das Umsteuern zu einer nachhaltigen Wirtschaft nicht gelingen. Der Ausgangspunkt der zivilisatorischen Entwicklung im Industriezeitalter war beispielsweise die Überzeugung, dass die Menschen nach dem unmittelbaren Eigennutzen streben und eine kurzfristige und räumlich begrenzte Sichtweise annehmen. Persönliches Interesse treibt das Verhalten – so die darunterliegende Idee. Diese Haltung wurde bei Kindern und bei Menschen, die ihre Verhaltensmöglichkeiten als eng begrenzt erleben, ausgemacht. In der sozialwissenschaftlichen Debatte wird allerdings schon seit Langem darauf hingewiesen, dass dieser Ausgangspunkt eine ideologische Annahme der Wirtschaftswissenschaften sei und in dieser Reinform selbst bei Kindern nicht vorhanden ist.[3] Diese Sicht auf den Menschen wurde mit der Zeit durch die gesellschaftliche Komponente ergänzt, die das ausschließlich eigennützige Verhalten durch moralische, religiöse und rechtliche Prinzipien und Normen balanciert. Die Bedeutung dieser Balance, die eine Beachtung der gemeinsamen und gesellschaftlichen Lebensqualität betont, ist in der Epoche des Anthropozän enorm gewachsen.

Die Schäden durch die einseitige Verfolgung des Eigennutzens führt uns heute die Natur mit ihren Katastrophen vor Augen. Um seiner Gattung eine Zukunft zu ermöglichen, müsste nun der Mensch sein Denken verändern und sich selbst weiterentwickeln. Genauer gesagt, müsste sich sein Bewusstsein, das die Welt erfasst und das Handeln anleitet, auf das Niveau entwickeln, das Kant mit den Worten beschrieben hat: „Handle so, dass du die Menschheit, sowohl in deiner Person als in der Person eines jeden anderen, jederzeit zugleich als Zweck, niemals bloß als Mittel brauchst." Jede Person ist ihr eigener Zweck, und sie sollte andere Personen nicht als Mittel zur Erreichung ihrer Zwecke gebrauchen.

Mit dieser moralischen Einstellung alleine wären allerdings auch Verträge möglich, die jemand zwar freiwillig, aber zu nachteiligen Vertragsbedingungen abschließt. Dem steht ein weiteres Prinzip Kants entgegen: „Handle nur nach derjenigen Maxime, durch die du zugleich wollen kannst, dass sie ein allgemeines Gesetz werde." Daraus folgt, dass nur Verträge ethisch legitim sind, die umkehrbar sind. Unternehmer:innen sollten nur Arbeitsbedingungen vereinbaren, zu denen auch sie selbst und alle anderen Menschen zu arbeiten bereit wären. Das ist eine ideale Zielmarke, die sehr gut beschreibt, welche Bewusstseinsstufe erreicht werden sollte.

---

3 Felber, Christian: This is not economy, Wien 2019, S. 211 ff.

Diese universelle geistige Reife ist eine Voraussetzung für die Transformation der konventionellen Wirtschaftspraktiken in Verhaltensweisen, die Menschen und Natur respektieren. Sie müsste bei einer genügend großen, kritischen Masse von Menschen vorhanden sein, damit sie zur allgemeinen Praxis in der Wirtschaft und in staatlichen Gesetzen werden kann.

Der Psychologe Lawrence Kohlberg hat die politische und gesellschaftliche Krise in den USA der Jahre des Vietnamkrieges genutzt, um ausgehend von den Kräften, die sich gegen den Krieg gewendet haben, die Entstehung von – wie er es nannte – *moralischem Bewusstsein* zu erforschen. Abseits von der wissenschaftlichen Auseinandersetzung zu seiner Theorie finden sich bei ihm anschauliche Hinweise zur Entwicklung von moralischer Urteilsfähigkeit und ethischem Bewusstsein. Er zeigt einen Übergang von Außengehorsam zu Innengehorsam.

Auf der ersten Stufe wird die Balance zwischen Eigeninteressen und den Interessen anderer durch Strafandrohung und Gehorsam erreicht. Autoritäten vermitteln moralische Ansprüche. Die weitere Entwicklung erfolgt nach Kohlberg über die Stufe, die sich an der Akzeptanz von Gegenseitigkeit orientiert (wie du mir, so ich dir). Eine spätere Stufe respektiert die Erwartungen anderer. Darauf folgt die Anerkennung von gesellschaftlichen Anforderungen, die unter anderem durch Gesetze vermittelt werden. Dieser Übergang zu einer innengeleiteten Ethik leitet die Orientierung an einem Gesellschaftsvertrag ein: Moralisch richtig ist, was zum Gelingen gesellschaftlichen Zusammenlebens beiträgt, was allen nützt. Die letzte Stufe, die Kohlberg erforscht hat, orientiert sich am Prinzip der zwischenmenschlichen Achtung und dem Vernunftstandpunkt der Moral. Auf dieser Stufe resultiert das Handeln des Menschen aus selbst gewählten ethischen Prinzipien, die sich auf Universalität und Widerspruchslosigkeit berufen.

Kohlberg meint, dass die höchsten Stufen nur von einer Minderheit der Menschen erreicht werden. Auch diese Feststellung erscheint zutreffend, wenn man die gegenwärtigen Auseinandersetzungen um die Transformation der Wirtschaft zur Nachhaltigkeit betrachtet. Diese Minderheiten erreichen allerdings im historischen Fortgang immer wieder Meilensteine (ein Beispiel wäre das Grundgesetz der Bundesrepublik Deutschland), die dann zur Voraussetzung der weiteren Entwicklung werden.

Wie kann die Entwicklung zum verantwortungsfähigen Bewusstsein gelingen?

Wir möchten nun zwei Ansätze beschreiben, die ethisch-moralisches Verhalten fördern. Sie bieten Instrumente und Methoden zur Ausbalancierung unserer gesellschaftlichen und zivilisatorischen Schieflage und zur grundlegenden Änderung von menschlichen Motiven und Verhaltensweisen.

Ein Konzept für die ethische Unternehmensentwicklung: Gemeinwohl-Ökonomie

Wir haben uns daran gewöhnt, dass Unternehmen das Ziel der Profitmaximierung verfolgen und deswegen wenig Rücksicht auf die Natur nehmen. Dass es anders gehen kann und dass die Partikularinteressen in einen größeren Zusammenhang gestellt werden können, zeigt die Gemeinwohl-Ökonomie. Sie orientiert wirtschaftliche Entscheidungen an universellen, humanistischen Werten und Prinzipien. Die Verfolgung von partikularen Interessen der Unternehmen wird stets in einem gemeinwohlorientierten Kontext abgewogen und „geläutert". Dadurch dient die Verfolgung der Interessen von Unternehmen oder Gemeinden gleichzeitig dem Interesse eines größeren Ganzen: der Gesellschaft und der Natur.

Das Ziel der Gemeinwohl-Ökonomie (GWÖ) ist ein zukunftsfähiges Wirtschaftssystem. Die Beschädigung von Ökosystemen soll vermieden werden, die Bedürfnisse von Menschen respektiert und das Gewinnerzielungsmotiv der Eigentümer:innen soll mit den Interessen aller Beteiligten am Wertschöpfungsprozess balanciert werden. In diesem Wirtschaftssystem wird belohnt, wenn Unternehmen und Gemeinden nachhaltig, kooperativ, transparent und ethisch handeln.

Wie funktioniert das in der Praxis? Das zentrale Instrument ist die Gemeinwohl-Bilanz. In einem Punktesystem kann der jeweilige Beitrag zu den Werten des Gemeinwohls gemessen und für alle Akteure sichtbar gemacht werden. Auch Kaufentscheidungen können sich daran orientieren. Die zentralen Werte Menschenwürde, Solidarität und Gerechtigkeit, ökologische Nachhaltigkeit, Transparenz und Mitbestimmung werden in Bezug zu Lieferant:innen, Geldgeber:innen, Mitarbeiter:innen, Kund:innen/Mitunternehmen und dem gesellschaftlichen Umfeld gesetzt. Die Werte der Gemeinwohl-Ökonomie tragen zu gelingenden Beziehungen und zum Wohlstand der Gesellschaft bei. Sie sollen in Verfassungen verankert und gesetzlich geschützt werden.

Aus den Werten und Berührungsgruppen entsteht eine Matrix mit 20 Handlungsfeldern, durch die Unternehmen auf das Gemeinwohl direkt Einfluss nehmen können. Die Untersuchung dieser Felder, die Auseinandersetzung mit den Wirkungen, die anschließende Bewertung und Auditierung bringen die beteiligten Menschen in einen intensiven Reflexionsprozess. Die Tiefe und Differenziertheit der Analyse führt nicht nur dazu, schädigende Praktiken zu identifizieren und durch gemeinwohlorientierte sukzessive zu ersetzen. Sie bewirkt auch eine Überprüfung der Werte des eigenen Handelns und folglich den Bewusstseinswandel, in dem ethische Erwägungen in den Vordergrund treten. Die Gemeinwohl-Bilanz ist ein Meilenstein der ethischen und verantwortungsfähigen Wirtschaft.

Eine zentrale Forderung der Gemeinwohl-Ökonomie an den Staat ist die Förderung ethischer Wirtschaftspraktiken, um deren Verbreitung zu verallgemeinern und für ein zukunftsfähiges *level playing field* zu sorgen. Das ließe sich zum Beispiel durch Steuererleichterungen, günstigere Kredite oder Vorrang in der öffentlichen Beschaffung erreichen.

Die Wirkungen der Gemeinwohl-Ökonomie im Unternehmenssektor sind gründlich erforscht und dokumentiert worden. In einer Studie der Universität Valencia wurden Unternehmen, die Gemeinwohl-Bilanzen erstellt haben, nach den Wirkungen befragt. Von 400 Unternehmen haben rund 200 geantwortet. Sie berichteten über positive Veränderungen bei der Kundenzufriedenheit, der Produkt- und Servicequalität, der Produkt- und Prozessinnovation, dem Marken- und Unternehmensimage. Außerdem stellten sie Verbesserung von Managementprozessen sowie der Motivation der Mitarbeiter:innen fest. Die mehrjährige GIVUN-Studie an der Universität Flensburg hat herausgefunden, dass Unternehmen, die Gemeinwohl-Bilanzen erstellen, sich mehr verändern und innovativer sind als Unternehmen, die andere Verfahren benutzen. Die Studie verglich die Gemeinwohl-Ökonomie mit weiteren Instrumenten unternehmerischer Verantwortung, wie das Umwelt-Management-System EMAS, das Global Social Compliance Programme, den Leitfaden ISO 26000 sowie den Deutschen Nachhaltigkeitskodex und stellte fest: „Für die Gemeinwohl-Bilanz lässt sich eine besonders große Reichweite sowohl in thematischer

Hinsicht als auch entlang der Stationen der Wertschöpfungskette feststellen." Die Studie zieht folgendes Resümee: „Insgesamt lässt sich die Gemeinwohl-Bilanz als Instrument der Nachhaltigkeitsberichterstattung und -bewertung sowie der Organisationsentwicklung beschreiben, das sich von anderen Instrumenten auch durch seinen dezidiert politischen Anspruch unterscheidet. Auch bietet sie durch ihre thematische Reichweite und Tiefe und ihre inhaltlichen, teils stark normativen Anforderungen das Potenzial, Unternehmen zu einer Auseinandersetzung mit sozialökologischen Themen anzuregen, die vorher nicht in ihrem Fokus standen." Und weiter: „Eine Basis für eine Beschäftigung mit der GWÖ stellt bei vielen Unternehmer:innen eine zu einem gewissen Grad mit der GWÖ kongruente Werteorien-

	1: Menschenwürde	2: Solidarität und Gerechtigkeit	3: Ökologische Nachhaltigkeit	4: Transparenz und Mitentscheidung
A: Lieferanten	A1: Menschenwürde in der Zulieferkette	A2: Solidarität und Gerechtigkeit in der Zulieferkette	A3: Ökologische Nachhaltigkeit in der Zulieferkette	A4: Transparenz und Mitentscheidung in der Zulieferkette
B: Eigentümer und Finanzpartner	B1: Ethische Haltung im Umgang mit Geldmitteln	B2: Soziale Haltung im Umgang mit Geldmitteln	B3: Sozial-ökologische Investitionen und Mittelverwendung	B4: Eigentum und Mitentscheidung
C: Mitarbeitende	C1: Menschenwürde am Arbeitsplatz	C2: Ausgestaltung der Arbeitsverträge	C3: Förderung des ökologischen Verhaltens der Mitarbeitenden	C4: Innerbetriebliche Mitentscheidung und Transparenz
D: Kunden und Mitunternehmen	D1: Ethische Kundenbeziehungen	D2: Kooperationen und Solidarität mit Mitunternehmen	D3: Ökologische Auswirkung durch Nutzung und Entsorgung von Produkten & Dienstleistungen	D4: Kundenmitwirkung und Produkttransparenz
E: Gesellschaftliches Umfeld	E1: Sinn und gesellschaftliche Wirkung der Produkte und Dienstleistungen	E2: Beitrag zum Gemeinwesen	E3: Reduktion ökologischer Auswirkungen	E4: Transparenz und gesellschaftliche Mitentscheidung

Tabelle 1: Die Gemeinwohl-Matrix ist die Basis für die Erstellung eines Gemeinwohl-Berichts, einer umfassenden Dokumentation der Gemeinwohl-Orientierung einer Organisation.
Die Spalten 1 bis 4 beschreiben Werte, die Zeilen A bis E Berührungsgruppen.

tierung und ein ähnliches Verständnis von unternehmerischer Verantwortung dar."

Diese Bereitschaft von Unternehmer:innen, in einem ganzheitlichen Sinne für ihre Geschäftstätigkeit Verantwortung zu übernehmen, ist in einer empirischen Studie des IASS Potsdam vertieft untersucht und dokumentiert worden. Sie zeigt, dass Unternehmer:innen aus einer Mischung von eigener Einsicht und persönlichen Erfahrungen eine umfassende Verantwortung in ihrer Unternehmenspraxis leben und dies von Gefühlen der Zufriedenheit und Freude begleitet wird. Aus dieser Studie lässt sich auch ableiten, dass die Entwicklung von Verantwortungsgefühl von dem Bedürfnis ausgeht, Verantwortung für das eigene Wohlbefinden und das der eigenen Familie zu übernehmen, das sich später auch auf die Bereitschaft ausdehnt, das Wohlbefinden aller Lebewesen einzuschließen. Es ist, so gesehen, eine persönliche Reise der Beteiligten, die von vielen Begegnungen, unvorhersehbaren Momenten und Einsichten begleitet wird.

Die Unternehmen, die eine Gemeinwohl-Bilanz erstellen und sich an der Ethik der Gemeinwohl-Ökonomie orientieren, sind Pionier:innen, die neue, ethisch verantwortete Geschäftsmodelle und Geschäftspraktiken erkunden und anwenden. Wenn diese Pionierleistung ein Vorbild für die ganze Wirtschaft werden soll, sind allerdings gesetzgeberische Maßnahmen erforderlich.

Achtsamkeit als Kernkompetenz einer nachhaltigen Zukunft und Meditation als wichtigstes Instrument

Jeder Mensch hat einen gewissen Spielraum persönlicher Freiheit und die Fähigkeit, sein Verhalten, seine Denkmuster und selbst seine Gefühlswelt zu verändern. Es gibt vielfältige Wege: Lernen aus Erfahrung und von Rollenvorbildern, Lernen aus Büchern, Filmen oder Medien sind die üblichen Zugänge. Auch als Gesellschaft müssen wir lernen, um an der Herausforderung, eine nachhaltige Lebens- und Wirtschaftsweise zu schaffen, zu wachsen.

Unser Lernen ist oft analytisch-kognitiv und außenorientiert. Zusätzlich jedoch braucht es für ein nachhaltiges, ethisches Verhalten ein Lernen auf einer tieferen Ebene der inneren Erkenntnis. Klimaveränderungen und die damit verbundenen Konsequenzen sind für Menschen mit offenen Sinnen zwar wahrnehmbar, aber weit weg – wie die Bilder vom Eisbären, dem die Scholle wegschmilzt, auf der er sitzt.

Dieses Bild hat noch nie als Symbol des Klimawandels getaugt, weil es suggeriert, dass das Problem den Mitteleuropäer gar nicht tangiert.

Wir möchten an dieser Stelle den Fokus auf einen Lernweg legen, der in der Öffentlichkeit eher als Methode zur Stressbewältigung bekannt ist. Meditation und Achtsamkeit sind glücklicherweise schon zum gesellschaftlichen Megatrend geworden. Sie können nach unserer Auffassung allerdings viel mehr, als einen Beitrag zu Ruhe und Entspannung zu leisten. Menschen können die Methoden der Meditation nutzen, um ihr Bewusstsein auf einer tieferen Ebene neu auszurichten. In Hinblick auf Umweltzerstörung und die Klimakrise kann Meditation helfen, die vier Handlungsmotive (Leistungs-, Konsum-, Konkurrenz- und Statusorientierung) mit ihren Folgeerscheinungen (Angst und Außengehorsam) zu balancieren und ethisch reflektierendes Bewusstsein zu schaffen.

Meditation ist im Kern Konzentration und Fokussierung. Es ist ein bewusster Rückzug aus der dynamischen Außenwelt und gleichzeitig der Versuch, den unendlichen Strom an Gedanken und Gefühlen, der uns ununterbrochen begleitet, zu beruhigen. Der Mensch denkt permanent. Tausende Gedanken strömen täglich durch unseren Kopf. Die meisten Gedanken wiederholen sich repetitiv und sind oft negativ. Viele Menschen kennen das in Form des sogenannten inneren Kritikers, der fortwährend das eigene Verhalten negativ beurteilt („das hast du schon wieder falsch gemacht", „das hätte ich wissen müssen", „wieso bin ich schon wieder zu langsam" oder Ähnliches).

Erst bei den ersten Meditationsübungen wird deutlich, in welchem unglaublichen Ausmaß dieser „Affengeist" uns ständig beschäftigt. Wenn der Geist einen Großteil seiner Kapazität mit sich wiederholenden und negativen Gedanken verschwendet, dann ist die logische Konsequenz daraus, zu lernen, ihn zur Ruhe zu bringen und zu fokussieren. Durch die Beruhigung des Geistes und der Gefühle entstehen innere Klarheit, innerer Frieden und die Wahrnehmung eines ursprünglichen Glückszustandes.

„Das eigentliche Ziel der Meditation ist allerdings Einsicht", wie Chade-Meng Tan in seinem Buch „Search inside yourself" bemerkt. „Wir entwickeln eine hohe Qualität der Aufmerksamkeit, um Einsicht in unseren Geist und in uns selbst zu gewinnen." Durch Konzentration erreichen wir eine hohe Qualität der Aufmerksamkeit für das Wesentliche. Die Praktiken der Meditation und Achtsamkeit sind Übungssache: Der Geist kann in ähnlicher Weise trainiert werden wie der Körper. Die regelmäßige Wiederholung von Sitz-, Geh- und anderen Formen der Meditation dienen als Übung, um letztlich jede einzelne Handlung im Tagesverlauf achtsam durchführen zu können. So wie wir den Körper trainieren, um eine gesunde Physis zu erreichen, trainieren wir mittels Meditation den Geist, um ihn klar und gesund zu halten. Einem gesunden und klaren Geist fällt es leichter, ethische und gemeinwohlorientierte Entscheidungen zu treffen.

In Hinblick auf Umweltzerstörung und die Klimakrise kann Meditation helfen, die vier Handlungsmotive (Leistungs-, Konsum-, Konkurrenz- und Statusorientierung) mit ihren Folgeerscheinungen Angst und Außengehorsam zu balancieren und ethisches Bewusstsein zu schaffen.

- Meditation ist ein Seinszustand, in dem kein Tun, keine Leistung stattfindet. Durch das Unterbrechen unseres ständigen Geschäftigseins erfahren wir in der Meditation den wohltuenden ruhenden Zustand: Wir sind.

- In der Meditation lernen wir unsere wahren Bedürfnisse wahrzunehmen und können unser Konsumverhalten überprüfen. Der ständige Fluss der Gefühle wird in der Meditation achtsam zur Kenntnis genommen. Gefühle können im Körper lokalisiert werden und weisen uns auf tiefer liegende, ursprüngliche Bedürfnisse hin. So können wir die Ersatzbefriedigungen entlarven, die uns von außen angeboten werden.

- Durch das achtsame Gewahrwerden der eigenen Gefühlswelt schult die Meditation die Empathie für andere Menschen und für die Natur. Ein Gefühlszustand von Verbundenheit entsteht. Dies ist die Grundlage für kooperatives und ethisch-nachhaltiges Verhalten.

- Achtsamkeit hilft uns, selbstschädigende Gedankenmuster zu erkennen und sie durch heilende und positive Gedanken zu ersetzen. Wir entwickeln eine liebevollere Haltung zu uns selbst und stärken uns von innen.

- Es entstehen Gleichmut und Gelassenheit, die die allgegenwärtigen Angstgefühle ablösen. Gefühle werden bewusst wahrgenommen, um anschließend in der Entspannung losgelassen zu werden. Als Ergebnis wird ein Gefühl von Zuversicht und Vertrauen zur Grundlage unseres Tuns.

- Durch bewusstes Anhalten unserer üblichen Handlungsmuster geben wir uns die Chance zum Innehalten. Die dabei entstehende Pause ermöglicht uns, andere, freiere Entscheidungen zu treffen und neue Wege zu beschreiten.
- Anstatt uns durch den verinnerlichten Außengehorsam lenken zu lassen, lernen wir, die eigenen Bedürfnisse, Sehnsüchte, Hoffnungen und Ziele zu erkennen und ihnen zu vertrauen.
- Wir nutzen das immense Potenzial unserer Herzintelligenz und vertrauen zunehmend auf unsere Intuition und die Sprache unseres Herzens. Kopf- und Herzintelligenz kommen in eine angemessene und wohltuende Balance.
- Durch Meditation erfahren wir, dass Glück tatsächlich von innen kommt und dort erlebt werden kann.

Unsere Entdeckungsreise in die Zukunft

Schaffen wir diese Wende? Die Bewegungsspielräume, um den Ökozid noch zu verhindern, werden enger. Die Menschheit wird mit einer Notwendigkeit zum Wandel konfrontiert, die eine neue, unnachgiebige Qualität hat. Bisherige Veränderungen haben sich immer auf das von Menschen an Menschen verübte Unrecht konzentriert: die Kolonialbefreiung, die Gewerkschaften, die Frauenbewegung, Anti-Rassismus-Bewegungen. Jetzt aber geht es um die missbrauchte Natur, die ihre Balance wiederherstellen muss. Sie zeigt der Menschheit die Grenzen auf. Menschen hören und spüren die Signale, viele sind für tiefgreifende Veränderungen bereit und gestalten sie mit. Zahlreiche kleine und große auf Gemeinwohl, Nachhaltigkeit, Klimaschutz und Menschenwürde ausgerichtete Einzelinitiativen wachsen zu einem dichten Netz. Das hat wiederum Rückwirkungen auf das Bewusstsein der Menschen, schafft Mut und beflügelt die Überzeugung, dass Veränderungen machbar sind. Die persönlichen Fähigkeiten und Prioritäten werden neu ausrichtet. Die *Fridays for Future*-Bewegung war die Spitze eines Eisbergs, dessen Ausmaß uns nun bewusst wird.

Es ist ein Reifungsprozess, der vor unseren Augen und mit unserer Energie stattfindet. Eine am Gemeinwohl ausgerichtete, ethisch-nachhaltige Handlungsweise ist ein Teil des Fundaments dieser Veränderung; die Gemeinwohl-Ökonomie und die Achtsamkeitspraxis sind zwei der Eckpfeiler. Sie zeigen uns den Weg, der vom Außengehorsam zum Innengehorsam führt.

Die Menschen, die nach neuen Wegen suchen, begeben sich auf eine Entdeckungsreise, die mit der eigenen Person, ihren Kompetenzen und Identitäten beginnt und in der Gestaltung von Wirtschaft und Gesellschaft ihre Fortsetzung findet. Sie brechen zu einer neuen Hochkultur auf, in der Verbundenheit, Bindungsfähigkeit, Kooperation und Solidarität die Leitsterne sind. Ihre Bereitschaft zum Engagement, ihr wachsendes Wissen und ihre Erfahrungen sind das Potenzial, das mit neuen Einsichten und Haltungen zur längst notwendigen Transformation der Wirtschaft führt.

Es gibt nichts Gutes, außer man lässt es

Über Halt und Haltung

von

Marianne Gronemeyer

Marianne Gronemeyer gilt als Vordenkerin der wachstumskritischen Debatte und spricht über den Einfluss der vom Konsum bestimmten Lebensweise auf die Gesellschaft seit den 1980er-Jahren. Ihr erstes Buch zu diesem Thema publizierte sie im Jahr 1988. Die promovierte Sozialwissenschaftlerin war fast 20 Jahre lang Professorin für Erziehungs- und Sozialwissenschaften an der Fachhochschule Wiesbaden. Zu ihrem gesellschaftlichen Engagement gehörten Arbeit im Komitee für Grundrechte und Demokratie und Aufsichtsratsmitgliedschaft bei Greenpeace e.V. Deutschland.

In den frühen Siebzigerjahren betrat ein neuer Star die Weltbühne. Sein Bild erschien abertausendfältig auf den ersten Seiten der Printmedien und konnte auf Bildschirmen und Leinwänden weltweit bestaunt werden. Die Rede ist vom „Blauen Planeten". Ihm galt das „meistpublizierte Foto der Mediengeschichte".[1] Der amerikanische Dichter Archibald MacLeish, Veteran des Ersten Weltkriegs, schwärmt beim Anblick dieser Bilder in der New York Times: „Die Erde so zu sehen, wie sie **wirklich** [Hervorhebung Autorin] ist, blau und schön, ein winziges Etwas, das in der lautlosen Ewigkeit schwebt, das bedeutet, dass wir uns selbst gemeinsam als Passagiere der Erde sehen, als Brüder auf diesem leuchtenden Planeten inmitten der ewigen Kälte des Alls, als Brüder, die nun endlich wissen, dass sie wahrhaftig Brüder sind."[2] Der Blaue Planet, „blue marble", wird zur neuen Ikone. Sie liefert ein eindringliches Gegenbild zu der Ikone des Weltuntergangs, die seit dem Zweiten Weltkrieg das Menschheitsdenken beherrschte: zu dem Schreckensbild vom aufsteigenden Atompilz. Die auf ihrem Flug durchs All in einen Zustand von Entrückung versetzten Astronauten geben selbst zu dem, was sie gesehen haben, Kommentare von geradezu religiöser Ergriffenheit ab. Der Kommandant von Apollo 17 sinniert: „Und weißt du, sie hängt an keinen Stricken, sie ist da draußen, ganz allein." Harrison Schmitt, der das Foto machte, nennt die Erde ein „zart aussehendes Stück Bläue im Weltraum". Der Planet erscheint den Betrachtern und Kommentatoren dieser Bilder zerbrechlich, zart, verletzlich, schutzbedürftig, als ein „funkelndes, blauweißes Juwel", wie eine „Perle, unergründlich und geheimnisvoll", ein „Saphir auf schwarzem Samt". Der Astronaut Russell L. Schweickhart gibt geradezu eine Liebeserklärung an die ganze Erde ab: „Ich habe dabei den ganzen Planeten umarmt und alles Leben auf ihm, und es hat diese Liebkosung erwidert." Und sein russischer Kollege Boris Wolynow sekundiert: „Wenn du die Sonne, die Sterne und unseren Planeten ansiehst, [...] bekommst du eine innigere Beziehung zu allem Lebendigen."[3]

---

1 Grober, Ulrich: Die Entdeckung der Nachhaltigkeit, München 2010, S. 27.
2 Ebenda S. 24.
3 Alle Zitate ebenda S. 28 f.

Diejenigen, die sich vom Raumschiff aus diesen Anblick verschafft haben, berichten über diese Erfahrung im Tonfall von Staunen, Ergriffenheit, Ehrfurcht und Demut. Und sie ziehen aus ihr einmütig die Konsequenz, dass die *Menschheit* alle Anstrengung darauf richten müsse, dieses fragile Gebilde, das unsere Heimat ist, in einer menschheitlichen Anstrengung zu retten. „Die Herausforderung an uns alle", schreibt Harrison Schmitt, der Fotograf von *blue marble,* „ist es, diese Heimat zu behüten und zu schützen. Gemeinsam. Als Menschen dieser Erde." Heimatgefühle gegenüber dem Planeten können allerdings nur aufkommen, wenn man sich den Anblick all dessen, was Menschen auf ihm angerichtet haben, erspart.

Es ist aber doch keinen Augenblick zu vergessen, dass die Astronauten ihre Demut kultivieren, während sie in einem Geschoss, das den Inbegriff der avanciertesten Technologie darstellte, durch den Weltraum rasen, in einer Geschwindigkeit, die jedes bisher erreichte Fortbewegungstempo in den Schatten stellte, und in einem Projekt, in dem die hybriden Fortschrittsfantasien ihren einstweiligen Höhepunkt erreicht hatten. Ich spreche bewusst nicht von der *Raumkapsel,* sondern vom *Geschoss* und folge damit Paul Virilio, der gesagt hat, dass von einer bestimmten Geschwindigkeit an jedes Ding zum Geschoss wird, also mit Zerstörungskraft aufgeladen ist. Die Weltraumunternehmungen setzen dem Planeten auf eine ruinöse Weise zu. Der muss dafür, dass er bewundert wird, bluten.

Auch ist nicht zu ignorieren, dass diese Bilder der Globalisierung enormen Vorschub geleistet und den Weg dazu gebahnt haben, diesen Globus gänzlich, gleichsam mit Haut und Haar, in ein Management-Objekt[4] zu verwandeln, in dessen Rettung man investieren müsse. Wenn irgendetwas dem Industrialismus und dem Wachstumsfuror Auftrieb gegeben hat, dann die Schutzbedürftigkeit des Planeten.

Und – drittens – ist daran zu erinnern, dass die Erde, „wie sie" – angeblich – „wirklich ist", aus einer Perspektive betrachtet wurde, die es eigentlich gar nicht gibt, die vollkommen künstlich ist und uns ein gänzlich abstraktes Bild von unserer *Heimat* liefert, das jeden Bezug auf unser konkretes In-der-Welt-Sein aufgibt. Was für ein fantasti-

---

4   Vgl. hierzu Sachs, Wolfgang Hg.: Der Planet als Patient, Basel 1994 (Birkhäuser).

scher Wirklichkeitsbegriff, der alles Wirkliche zugunsten einer reinen zum Bild geronnenen Abstraktion kategorisch ausschließt. Der Blick auf den Blauen Planeten ist das Resultat einer technogenen Konstruktion von unfassbarer Kompliziertheit, die uns etwas zeigt, das wir dann als wirkliche Wirklichkeit ansehen und erleben und für das wir uns verantwortlich fühlen sollen.

Und tatsächlich, wer wäre nicht schon der Versuchung erlegen, sich für die Rettung des Planeten verantwortlich zu fühlen? Wer wäre nicht schon mit dem Gefühl aufgewacht, vorzugsweise am Neujahrsmorgen, dass es so nicht weitergehen könne. Und wer hätte daraus nicht die Folgerung gezogen, sich Gedanken zu machen über seinen/ihren Beitrag zur Weltrettung. Aber: Wenn es so nicht weitergehen kann, dann ist doch die logische Konsequenz, dass man aufhört mit dem, was so nicht weitergehen kann. Das ist jedoch nicht der Weg, den moderne Gesellschaften beschreiten. Deren Bemühungen richten sich vielmehr darauf, die immer deutlicher werdenden Krisen durch technische und sozialtechnische Innovationen, so gut es geht, zu vertagen – zum Schaden der Nachkommen. Die Krise wird zum Dauerzustand gestreckt, was an sich ein Unding ist. Denn es gehört zu ihrem Wesen, dass sie der Wendepunkt ist, an dem sich entscheidet, ob etwas gut oder schlecht ausgeht. Wir leben längst nicht mehr in einer Leistungsgesellschaft, sondern in einer Reparaturleistungsgesellschaft und hangeln uns von einer Schadensbegrenzung zur nächsten, mit denselben Mitteln, die die Schäden verursacht haben. Das „technogene Milieu" (Ivan Illich) ist in seinen eigenen Sachzwängen verfangen.

Es ist bemerkenswert, dass die Kommentare derer, die sich, indem sie sich 400.000 Kilometer von ihm entfernten, um den Planeten gleichsam von außen und in toto in den Blick zu bekommen, immer wieder betonen, dass seine Schönheit darauf beruhe, dass man auf diese Entfernung keinerlei Spuren der menschlichen Machenschaften auf ihm erkennen kann. Fazit: Um sich an seiner – illusionären – Schönheit zu berauschen und ihn ehrfürchtig bestaunen zu können, muss man ihn verlassen und auf unvorstellbare Distanz zu ihm gehen.

Ich will den anderen Weg beschreiben, nicht den der Distanz, sondern den der Annäherung. Dabei gehen der Weitblick und das *Weltbild*, die Übersicht und die Kontrolle und der planetarische Schauer verloren, und ich bin genötigt, mich umzusehen in dem, was meiner Erfahrung und meiner Sinneswahrnehmung zugänglich ist. Ich weise die Zumutung, mich verantwortlich für die Rettung des Planeten fühlen zu sollen, entschieden zurück, da ich ja verantwortlich nur für das sein kann, was in der Reichweite meiner Einflussmöglichkeiten liegt. Der Planet liegt wahrlich nicht in deren Reichweite. Aber auch das Naheliegende ist längst weitgehend unnahbar geworden. Wohin ich mich auch wende, stoße ich auf Sachzwänge, die mich wissen lassen, wie eng die Spielräume für die mir zugemutete Verantwortlichkeit sind. Heißt das, dass ich die Dinge laufen lasse, ohne dem Katastrophenkurs etwas entgegenzusetzen? Ja, das heißt es, denn es ist illusionär, ihm *Einhalt* gebieten zu wollen und meine Ohnmacht zu leugnen. Was ich dem fatalen Kurs aber in den Weg stellen kann und was – noch – in der Reichweite meiner Möglichkeit liegt und den Einsatz der besten Kräfte lohnt, ist das Ringen um *Halt* und um *Haltung*.

Halt – der, den wir zu finden hoffen, und der, den wir gewähren – und *Haltung*, die uns aufrecht hält, sind vom Aussterben bedroht. Das technogene Milieu hat keine Verwendung dafür. Es gehört den Machern, die von der Herstellung einer menschengemachten zweiten Natur besessen sind, welche die uns gegebene erste Natur in jeder Hinsicht überbieten soll. *Halt* und *Haltung* sind jedoch eine Frucht der Kunst des Unterlassens, nicht der gesteigerten Wirkmächtigkeit. Darum verlieren sie dramatisch an Bedeutung und spielen in unserer Alltagsbewältigung eine immer geringere Rolle.

Obwohl aus der Mode gekommen, sind sie zwei Schwergewichte unter den deutschen Wörtern, weil sie eine enorme Last divergierender und sogar widersprüchlicher Bedeutungen tragen.

Wie aber soll man sich über einen Gegenstand verständigen, dessen Begriff gänzlich unbestimmt und vage ist, sodass sich mit Sicherheit sagen lässt, dass keine zwei Sprecher in unserer Sprachgemeinschaft das Gleiche meinen, wenn sie sich dieser beiden „philosophischen Brocken" (S. Kierkegaard) bedienen. Allerdings ist das keine Besonderheit dieser beiden Begriffe. Jede Wortbedeutung ist ein Unikat, denn jedes einzelne Wort, das im Laufe eines Lebens von einer Person angeeignet wurde, hat in seiner Bedeutung, seiner Farbe, seinem Klang, seiner Stimmung eine unverwechselbare Geschichte. Wortbedeutungen werden uns in den unzähligen konkreten Begegnungen, Sprech- und Hörakten, in denen sie im Leben jedes Einzelnen auftauchten oder gebraucht wurden, buchstäblich eingefleischt. Es ist immer eine Unterstellung, wenn ich davon ausgehe, dass für dich ein beliebiges Wort genauso tönt, klingt, sich färbt und sinnhaft ist, wie für mich. Dass wir jemals Konsens haben, also *eines* Sinnes sein könnten, ist eine Illusion.

Es gehört zur conditio humana, zu den Bedingungen unseres Menschseins, dass wir die Erfahrung des oder der Anderen nicht erfahren können, nie erfahren haben und auch nie erfahren werden. „Jeder ist für den Anderen unsichtbar", schreibt in seinem Buch „Phänomenologie der Erfahrung" der Antipsychiater Ronald D. Laing. Und Eugen Rosenstock-Huessy, ein fast ganz vergessener großer Denker des vorigen Jahrhunderts, beschreibt diese Grenze zwischen Ich und Du so: „Nicht zwei Menschen können dasselbe denken. Sie bilden es sich nur ein. Je mehr sie es sich einbilden, desto weiter pflegen sie voneinander entfernt zu sein. Am ehesten verstehen sich noch die Menschen, die eine Ahnung dieses Sachverhalts haben, die da wissen, daß in Worten ‚keine Brücke führt von Mensch zu Mensch', die großen Einsamen."[5]

Aber wie können wir dann wissen, worüber wir miteinander sprechen? Und wie könnte ich als Autorin sicherstellen, dass die Leserinnen oder Leser das von mir Gesagte so verstehen, wie ich es meine? Dass Sie es also „richtig" verstehen?

Das kann ich allem pädagogischen Größenwahn zum Trotz überhaupt nicht sicherstellen und sollte es auch nicht wollen. Trotz dieser deprimierenden Einsicht geben wir aber den Wunsch und die Hoffnung, uns verständlich zu machen, nicht auf.

Was kann ich also tun, um das Zwiegespräch mit anderen nicht gänzlich der Beliebigkeit auszuliefern? Ich habe getan, was ich immer tue, wenn ich es mit so widerborstigen, sperrigen Worten, wie sie *Halt* und *Haltung* nun einmal sind, zu tun bekomme: Ich schaue mich um in der Umgebung des fraglichen Wortes, in seiner sprachlichen Verwandtschaft und Familiengeschichte, dann aber auch in der Nachbarschaft der Synonyme und Antonyme, um seinen Sinn zu „er-

---

5   Rosenstock-Huessy, Eugen: Die Sprache des Menschengeschlechts, Bd. 1, Heidelberg 1963, S. 661.

schnuppern und erschnüffeln". So hat Ivan Illich diese Spurensuche charakterisiert und sie damit in erster Linie der Nase und nicht nur den Ohren anvertraut.

Die Begriffe *Halt* und *Haltung* haben scheinbar eine sehr überschaubare Familiengeschichte, sie stammen vom Verb *halten* ab. Wenn ich meine einschlägigen Lexika nach der Bedeutungsgeschichte von „halten" durchstöbere, erfahre ich, dass *halten* ursprünglich im Umgang mit dem Vieh seinen Sitz im Leben hatte und „hüten – schützen – bewahren" bedeutete und daraus folgend den Sinn von *festhalten* annahm. Das verweist darauf, dass sich in der *Haltung* ein konservatives (antimodisches) **und** ein fürsorgliches Element als Spur bewahrt haben könnte. Das Ausgangsverb *halten* ist aber dann, was die Bedeutungsvielfalt angeht, ein wahrer Verwandlungskünstler. Es gibt kaum ein Präfix, mit dem dieses Verb sich nicht liiert hätte. Das Herkunftswörterbuch des Duden listet diese zusammengesetzten Verben alphabetisch, aber beileibe immer noch nicht vollständig auf. Ich wähle einige von ihnen aus, und diese Auswahl ist bereits sehr subjektiv. Es sind diejenigen, die gut zu meinem „Vor-Urteil" über das, was eine Haltung ausmache, passen. Der Reigen wird eröffnet mit *abhalten*. Man kann jemanden von etwas abhalten, ihn hindern etwas zu tun oder zu sagen. Man kann auch eine Konferenz abhalten oder, wie der Duden ausdrücklich anmerkt, ein Kind abhalten – ich weiß gar nicht, ob Mütter das heute noch tun, ich habe es schon seit Jahrzehnten nicht mehr gesehen. Das wäre dann allerdings auch ein Indiz für eine veränderte *Haltung* gegenüber dem in der Öffentlichkeit schicklichen Benehmen.

Dann kommt *aufhalten*. Man kann *sich* aufhalten, also verweilen, oder etwas aufhalten, nämlich es hemmen, verzögern. *Aushalten* kann heißen: jemandem das tägliche Brot zu gewähren, aber auch *durchhalten*, etwas ertragen. *Einhalten* kann sowohl aufhören meinen als auch beachten (eine Verabredung, ein Versprechen zum Beispiel). *Anhalten* kann sowohl *etwas* zum Stillstand bringen wie auch **selbst** haltmachen, pausieren bedeuten; *behalten* heißt einerseits, etwas nicht weggeben, andererseits etwas im Gedächtnis bewahren, nicht vergessen. *Enthalten* kann sich auf den Inhalt eines Gefäßes beziehen, aber reflexiv gewendet, verweist es auf eine Selbstbegrenzung, einen Verzicht; *unterhalten* kann etwas so Ernstes wie die Existenzsicherung bedeuten, aber auch etwas so Vergnügliches wie einen Zeitvertreib. *Verhalten* kann verlangsamen, hemmen meinen und andererseits sich benehmen. Nehmen wir dann noch die im Duden nicht verzeichneten Zusammensetzungen mit gedoppelten Präfixen wie vorenthalten, beibehalten oder mit Adverbien wie innehalten, geheimhalten, fernhalten, sich fernhalten, offenhalten hinzu, dann wird das Bedeutungsspektrum des Grundwortes *halten* immer bunter, vielfältiger, aber auch immer verwirrender, und Verwirrung hat ja viel mit Haltlosigkeit zu tun.

Wenn ich von Haltung spreche, dann schwingt von all diesen Bedeutungen etwas mit. Von welchen Lebenskünsten sprechen diese mit *halten* zusammengesetzten Wörter? Sie sprechen

- vom Zögern, Verzögern, Verlangsamen, Bremsen (sich aufhalten, einhalten, innehalten);
- vom Hemmen, Hindern, Begrenzen (jemanden von etwas abhalten, etwas oder jemanden aufhalten, anhalten);
- vom Dulden, Ertragen, Tolerieren, vom Leidenkönnen (aushalten, durchhalten);
- von der Fürsorge (jemanden aushalten, unterhalten);
- von der Askese, der Selbstbegrenzung (sich enthalten, sich fernhalten);
- vom Bewahren, Nichtvergessen, von der Pflege der Erinnerung (behalten, festhalten).

Lauter Lebenskünste, die heute in einer Epoche, die vom Effizienzrausch und vom knallharten Individualismus erfüllt ist, als Störungen gelten und unschädlich gemacht werden sollen. Der flexible Mensch, die Leitfigur moderner Existenz, lässt sich beschleunigen, sprengt Grenzen, statt sich von ihnen beirren zu lassen, hält nicht aus, sondern packt Probleme an, wahrt den eigenen Vorteil, stellt Ansprüche, statt sich zu bescheiden, und lernt heute schon zu vergessen, was gestern noch galt. Daraus folgere ich, dass *Halt* und *Haltung* in der Entscheidung zwischen Widerstand und Anpassung, zwischen Anstand und Erfolg, auf die Seite des Widerstandes und des Anstands gehören.

Um das sich mir allmählich erschließende Wesen von *Halt* und *Haltung* noch schärfer zu konturieren, könnte ich jetzt mein Sprachgefühl dadurch verfeinern, dass ich *Haltung* ins Verhältnis setze zu Begriffen, die als Synonyme gelten. Allerdings, wie Rosenstock-Huessy anmerkt: „Synonyme gibt es nicht." Zwei verschiedene Wörter sind niemals gleichbedeutend. Die unseren Aufsatzunterricht prägende Anweisung, wir sollten, um Wiederholungen zu vermeiden, nach einem Wort gleicher Bedeutung suchen, war eine Verführung zu sprachlicher Schlamperei. Der Erkenntnisgewinn beruht gerade darauf, die fein nuancierten Unterschiede zwischen den scheinbar gegeneinander austauschbaren Wörtern herauszudestillieren. Wie unterscheidet sich meinem Sprachgefühl nach *Haltung* von Gewohnheit, Attitüde, Konvention, Benehmen, Gebaren, Sitte, Brauch, Gehabe, Regel, Moral, Ritual? Und wie von den beiden wehrhaften Begriffen, die heute in aller Munde sind und die Diskussion um die sogenannte *Integration* der zu uns Geflüchteten beherrschen; nämlich „unsere Identität" und „unsere Werte"?

Und dann sind da noch die Antonyme: Opportunismus, Routine, Angewohnheit, der Kadavergehorsam und so weiter. Welche Aspekte von *Haltung* bekommen wir in den Blick oder auf die Zunge, wenn wir sie jeweils zu einem dieser negativ konnotierten Nachbarn ins Verhältnis setzen?

„Ins Verhältnis setzen", darum geht es. Es geht darum, den Worten die Fülle ihrer Mehrdeutigkeit zurückzugewinnen. Kein Wort ist eindeutig, es verweist immer auf ein jeweils anderes seiner selbst. Seine jeweilige Ambivalenz, seine Undeutlichkeit und Nichtfestgestelltheit sind das Beste an ihm, denn die lassen uns Sprechende nicht zur Ruhe kommen und die *Sprache* lebendig bleiben. Was wir der Sprache tun, das tun wir uns selber an. Ich habe die *Haltung* zum schützenswerten Gut erklärt und sehe mit Sorge, dass ihre Zeit – im Umgang mit unseresgleichen und mit unserer Mitwelt – abläuft.

Man kann aber auch ganz anders über sie denken, ohne unvernünftig zu sein. Karl Jaspers zum Beispiel, der sich mit Fragen der Haltung ausgiebig beschäftigt hat, sieht in ihr durchaus nicht nur etwas Erstrebenswertes, sondern eher so etwas wie eine nicht umgehbare Notwendigkeit: In jeder Haltung könne der Ansatz zur möglichen Verkümmerung *echter Existenz* (prallen Lebens) gesehen werden. Jede Gewohnheit schränke wie jede Haltung den Bereich des Möglichen ein. Es gehe darum, jede Verfestigung zu meiden, denn: „Haltung, verabsolutiert, macht starr und tot." Haltung sei nur dadurch zu legitimieren, dass der Mensch konstitutionell unfähig sei, jeden Augenblick aus dem Ursprung zu leben. Demnach wären Halt und Haltungen nichts anderes als Daseinskrücken, von denen man so wenig wie möglich Gebrauch machen sollte. Jaspers wittert darin die Gefahr der Versteinerung und warnt vor der Erstarrung und dem Starrsinn, der Prinzipienreiterei, der Rechthaberei, der Selbsthärtung und vielleicht sogar dem Fanatismus. Und diese Sorge ist ja nicht unberechtigt.

Wenn diese beiden Ansichten über das, was *Haltung* sei, aufeinandertreffen, ohne benannt worden zu sein, dann ist jedem Missverständnis Tor und Tür geöffnet.

Es gibt allerdings noch eine ganz andere Weise, uns über Wörter, die wir mit unserer je eigensinnigen Bedeutung belegt haben, zu verständigen, nämlich sie konkreten Situationen zuzuordnen, Geschichten zu ihnen zu erzählen, Szenen vor Augen zu führen, die ähnliche Erinnerungen und Erfahrungen im Anderen wachrufen können. Daraus kann ein Erzählstrom entstehen, der Begriffe wieder in Geschichten zurückverwandelt. Hier zwei alltägliche Szenen, die mich etwas über das Verschwinden von Halt und Haltung in unseren modernen Verhältnissen gelehrt haben.

Die erste Szene spielte sich an einem Samstagnachmittag in Bern ab. Ich war dort zu einer Lesung ans Stadttheater geladen. Zwei Freundinnen begleiteten mich. Nach einer längeren Autofahrt kamen wir gegen 17 Uhr, also kurz vor Geschäftsschluss, ziemlich ausgehungert in Bern an. Wir eilten in eines dieser Kaufhäuser mit den ausgedehnten Lebensmittelabteilungen, um noch rasch etwas Essbares zu ergattern. Unsere Wahl fiel an der Kuchentheke auf Maronentörtchen. Wir diskutierten noch einen Augenblick, ob wir dieser oder jener verführerischen Variante den Vorzug geben sollten, die eine zu vier Franken fünfzig und die andere zu vier Franken achtzig. Ein stolzer Preis. Wir gaben der Verkäuferin unsere Bestellung auf, zwei von diesen und eins von jenen. Sie schaute uns sekundenlang an, dann auf die Uhr und dann ergriff sie mit kalter Entschlossenheit das Tablett mit den kleinen, runden Törtchen und beförderte sie mit einem unwiderstehlichen Schwung in einen der bereitstehenden Müllsäcke. Vollkommen verblüfft zeigten wir schnell auf die andere Sorte und orderten – nun ganz unkompliziert – die drei dort verbliebenen Tortenstücke und versicherten, dass wir sie ordnungsgemäß bezahlen wollten, den vollen Preis, selbstverständlich. Wir wurden wieder keines Wortes, nur eines, wie uns schien, leise triumphierenden Blickes gewürdigt, und auch diese Tortenteile wurden vor unseren Augen mit einer zusammenraffenden Gebärde in den Müllsack geworfen. Alles, was sonst noch in der schmuck hergerichteten Auslage lag, nahm denselben Weg. Ich versuchte noch einen von Resignation schon geschwächten Protest. Keine Reaktion, nur die zügige, unbeirrte Fortsetzung der Kuchenvernichtung. Wir waren Zeugen eines dramatischen Wertverfalls geworden. Eine Ware, die eben noch vier Franken fünfzig wert war, wurde im Handumdrehen und ohne erkennbare Veränderung ihrer Qualität zu Müll, zu einem Unwert. Und was eben noch verlockend mit allerlei Zierrat zum Kauf dargeboten wurde, wurde auf einmal zu etwas, vor dem man sich ekeln musste, Schmutz, Abfall. Was war ausschlaggebend für die wundersame Verwandlung einer Leckerei in eine ekelhafte Pampe? Der Sekundenzeiger der maßgeblichen Uhr war auf die Zwölf gesprungen, und die 17-Uhr-Position war erreicht. Dienstschluss für die Damen hinter der Verkaufstheke.

Die zweite Szene:

Ich fuhr mit einem Intercity-Zug von Mainz zu einem Vortrag nach Bremen. Es war ein heißer Sommertag. Ich saß im ersten Wagen gleich hinter der Lokomotive. Kurz hinter Koblenz begann der Zug zu rucken, es waren entsetzliche Geräusche zu hören, dann die Vollbremsung. Gleich darauf die Lautsprecherdurchsage: „Wir haben soeben einen Menschen totgefahren. Der Zug kann auf unbestimmte Zeit nicht weiterfahren." Eine so unverblümte Ansage hatte ich noch nie gehört, und sie tat ihre Wirkung. Die Vorstellung „auf unbestimmte Zeit" in diesen heißen Zug eingesperrt zu sein, versetzte mich in Panik. Ich stürzte durch die Wagenreihe, um einen Zugbegleiter zu finden. Als ich ihn bat, mir eine Tür einen Spalt breit zu öffnen, sagte er klar und unmissverständlich: „Das darf ich nicht. Die Sicherheitsbestimmungen, verstehen Sie?" Ich flehte ihn buchstäblich an, mir zu helfen, aber er blieb ungerührt. Das könne ihn seinen Job kosten. Schließlich schaltete sich ein Arzt, der die Szene verfolgt hatte, ein. Seiner medizinischen Autorität beugte sich der Zugchef dann. Es ist ihm aus seiner kategorischen Weigerung kaum ein Vorwurf zu machen, wahrscheinlich steht bei einem Vergehen gegen die Sicherheitsbestimmungen tatsächlich der Job auf dem Spiel.

Warum habe ich diese beiden Szenen erzählt, worin gleichen sie sich, und inwiefern sind sie tatsächlich ein Indiz für einen dramatischen Verfall von *Haltung*? In beiden Szenen werden Entscheidungen nicht *situationsabhängig* getroffen, sondern *verfahrensgemäß*. Genau genommen kann von Entscheidungen der handelnden Personen gar nicht mehr gesprochen werden. Entscheidungsfähigkeit wird ihnen weder abverlangt noch zugetraut. Eine ganz andere Fähigkeit als die, auf eine konkrete Situation angemessen und hilfreich und auf die eigene Erfahrung vertrauend zu antworten, wird von ihnen gefordert. Die Fähigkeit nämlich, diese besondere und einmalige Situation, in der eine Fülle von spezifischen Gesichtspunkten und Belangen zu berücksichtigen wäre, um eine gute Entscheidung zu treffen, so zu versimpeln und zu nivellieren, dass sie zu einer **Standard**situation wird, für die ein zuständiger Funktionsträger vorweggewusste **Standard**reaktionen im Repertoire hat. Das ist das krasse Gegenteil von Haltung, wie ich sie verstehe. Die Frauen an der Kuchentheke sollen sich nicht darum scheren, ob wir Hunger haben, sie sollen auch nicht danach fragen, wieso etwas, das eben noch vier Franken achtzig wert war, in Sekundenschnelle zum Unwert wird. Sie haben nichts anderes zu berücksichtigen, als dass der Ladenschluss pünktlich und ohne besondere Vorkommnisse vonstatten geht. Und das wird ihnen auch noch als ihr wohlverstandenes Eigeninteresse ausgelegt. Denn nur so sei auch ihnen ein pünktlicher Feierabend garantiert. Aber wieso sollte es in ihrem Interesse liegen, grob unfreundlich zu sein und sich den Feierabend durch die Erfahrung der totalen Sinnlosigkeit ihrer Tagesarbeit vergällen zu lassen?

Und für den Zugbegleiter muss es – so will es seine Dienstanweisung – zweitrangig sein, ob seine Fahrgäste kollabieren. Die **Standard**situation, auf die er die vielschichtigen Verhältnisse reduzieren muss, besteht nur aus einem Sortiment von generellen Sicherheitsmaßregeln.

Dieses Grundmuster finden wir heute in allen Ecken und Winkeln der Gesellschaft. In der Medizin, wo Ärzte und Patienten als Personen füreinander mehr und mehr verschwinden und nur noch als Maßnahmenbündel und Messwerte in Erscheinung treten. In Schulen und Hochschulen, wo persönliche Lehrer-Schüler-Verhältnisse nicht mehr vorkommen. Und sofern sie doch gegen alle Wahrscheinlichkeit und ausnahmsweise zustande kämen, würden sie als störend empfunden und stünden im Verdacht, die Exekution vorfabrizierter Bildungsgänge zu behindern. In Einkaufszentren, Banken und am Fahrkartenschalter, wo Käufer von Verkäufern nur noch mit einstudierten Freundlichkeitsfloskeln bei Laune gehalten werden und als Personen, die etwas Bestimmtes brauchen, völlig uninteressant sind. Das Interesse gilt nur mehr ihrer abstrakten Kaufbereitschaft. In Ämtern und Behörden, wo die besonderen Anliegen von Einzelpersonen kategorisch ignoriert werden sollen, damit sie als *Fälle* verfahrensförmig abgehandelt und erledigt werden können, und in der Raumkapsel, die sich so weit von dem Gegenstand der Betrachtung entfernt hat, dass die Betrachter von Leid und Freud des konkreten Erdendaseins absehen und sich vom abstrakten *Bild* des Blauen Planeten betören und erschüttern lassen.

Wir befinden uns im Übergang in die *menschenlose Gesellschaft*. Natürlich sind die Menschen immer noch da, aber nicht mehr füreinander. Wir haben alle Tuchfühlung verloren und begegnen uns kaum irgendwo noch als Du und Du. Wir wenden unsere Tätigkeiten nicht mehr aneinander, sondern an das Funktionieren einer undurchschauten Maschinerie, in die wir als bloße Funktionspartikel eingeklinkt sind und in der wir so agieren müssen, dass es nicht knirscht. Bezahlt werden wir nicht dafür, dass wir einander wohltun, sondern dafür, dass wir nicht stören. Um nicht zu stören, müssen wir möglichst wenig Notiz voneinander nehmen und alle Aufmerksamkeit auf den reibungslosen Ablauf der Maschinerie richten, die absoluten Vorrang vor den Belangen der Menschen hat. Wir haben uns unsere Zuständigkeit für uns selbst und füreinander stehlen lassen. Selbst Mütter und Väter sind zu Dienstleistern für ihre Kinder geworden, die sie zur Schultauglichkeit zurichten sollen. Ärzte und Therapeuten machen ihren *Klienten* ein preislich abgestuftes Serviceangebot, Schüler werden zensiert und mit modularisierten Lernpäckchen abgespeist, und das Interesse an ihnen erschöpft sich darin, dass sie eine Investition in die Zukunft sind, die sich bezahlt machen soll. Auch all das, was wir als technische Errungenschaften feiern, die uns das Leben erleichtern und uns Sicherheit, Bequemlichkeit und Zeitersparnis versprechen, dient dazu, dass wir es nirgendwo mehr miteinander zu tun bekommen. Türen öffnen sich vor mir wie von Geisterhand, schließen sich lautlos hinter mir und ersparen mir jede Rücksicht auf meine Mitpassanten. Immer neues elektronisches Equipment erübrigt jede Berührung mit dem Anderen. Niederflurbusse machen die Rollstuhlfahrer unabhängig, das gewiss, aber auch ihre Mitmenschen unempfindlich für sie. Die famosen Handtelefone lassen mich meine Fingerfertigkeit trainieren und mich zugleich verstummen. Das Tête-à-Tête mit dem Computer wird zum Inbegriff des Weltkontaktes. Menschenleere überall, mitten im Gedränge.

Es ist übrigens gar nicht so einfach, meinen Mitmenschen klarzumachen, warum es mir davor graut. Die Angewiesenheit aufeinander steht nicht hoch im Kurs. Sie wird mit Abhängigkeit verwechselt, und diese Verwechslung hat Methode. Wir leben in einer Gesellschaft, in der „wir voneinander immer unabhängiger, vom Ganzen aber immer abhängiger werden sollen".[6] Wir streben nach Individualität und Autonomie. Und das pervertierte Verständnis, das wir davon haben, ist die Existenz des Einzelkämpfers und des Alleinunterhalters: Ich brauche niemanden. Ich kann alles allein. Wenn ich niemanden brauche, bin ich niemandem etwas schuldig. Das ist meine Freiheit. Alles, was ich brauche, ist auf dem Markt zu haben. Ein guter Service für alle Lebenslagen ersetzt mir Familie, Freunde und Nachbarn und ist im Vergleich zu diesen extrem pflegeleicht. Man muss ihn nur bezahlen können.

In diesen entpersönlichten Verhältnissen sind *Standards* an die Stelle von *Haltungen* getreten. Die Frage, um die es hier geht, ist elementar. Sie lautet: „Woher weiß ich, was ich soll?" Und der springende Punkt, der alles entscheidende Unterschied ist, ob ich mich in dieser Frage meiner Haltung anvertraue oder ob ich mich von einem Standard leiten lasse.

Also: „Woher weiß ich, was ich soll? Wer oder was sagt mir das? Und von wem lasse ich mir das sagen?" Es gab immer eine ganze Reihe von Instanzen, die in verschiedenen Belangen gesellschaftlich autorisiert waren, Sollsätze zu verfertigen und dann auch verbindlich

---

6   Strauß, Botho: Paare Passanten, 2. Aufl., München 1981, S. 17.

zu machen: Recht und Gesetz, Sitte und Anstand, Höflichkeitsgebote, bindende Verträge, militärische Befehlsgewalt, elterliche oder schulische Erziehungs*gewalt*, aber auch die Rhythmen der Natur, Traditionen und rituelle Gewohnheiten. Die von diesen Instanzen verfügten Sollensforderungen haben keine Ähnlichkeit mit dem Soll, das meiner Haltung entspringt. Aber sie gehören Regimen an, die mit Haltungen von Personen in gewissem Maße koexistieren können, ja sogar auf sie angewiesen sind. Sie bilden den Adressaten ihrer Sollensforderung ein reales, mehr oder weniger mächtiges Gegenüber, ein Gegenüber, dem man sich, wenn auch nicht ungestraft, widersetzen oder entziehen kann.

Die Sollensforderungen, die von Standards ausgehen, sind von ganz anderem Kaliber. Sie bilden überhaupt kein Gegenüber. In ihnen klingen keine menschlichen Stimmen mehr durch. Standards sind Ergebnisse von Mess- und Rechenoperationen; sie sind reine Zahlenwerke, von Personen gänzlich abgelöst, am Durchschnitt orientiert. Sie sind das Metier der Ingenieure und Statistiker. Und so sehr darauf gepocht wird, dass sie Indikatoren von Qualität sind, so reduzieren sie doch im Kern alles auf Quantität: die Schüler auf ihre Zensuren, die Leidenden auf ihre Gesundheitswerte, die Leistenden auf ihr Einkommen, die Arbeitenden auf ihren Output pro Zeiteinheit und die Natur darauf, als Ressourcen für unsere Weltoptimierungspläne zu taugen. Standards haben mit Wünschen, Träumen, Befürchtungen und Nöten von Personen nichts zu tun, sie treten als *Systemerfordernisse* in Erscheinung oder vielmehr gerade nicht in Erscheinung. Sie sind als stumme Kommandos so allgegenwärtig und haben einen solchen Grad an Selbstverständlichkeit angenommen, dass es äußerste gedankliche Mühe braucht, um sie wieder fragwürdig zu finden. Das macht die Selbstverständlichkeiten so gefährlich, dass sie scheinbar keine Geschichte haben, keinen Anfang und darum auch kein Ende: „So war's schon immer, und so wird es immer sein."

Aber Standards haben eine bewegte Bedeutungs- und Wirkungsgeschichte. Es ist der Mühe wert, ihren Werdegang in einigen Stationen nachzuzeichnen. Das hilft uns vielleicht, sie zu enttarnen, sie in den Selbstverständlichkeiten, in denen sie sich versteckt halten, aufzustöbern und sie wieder in den Horizont des Fragwürdigen zu rücken.

Ich gehe also davon aus, dass die Orientierung an Standards die Möglichkeit ausschließt, Urteile und Entscheidungen auf eine eigene Haltung zu gründen, und darum ist es notwendig, ihnen auf die Schliche zu kommen.

Das Wort *standard* gehört ursprünglich in die Sprache des Militärs und bezeichnet ein handfestes Ding, eine Königsfahne nämlich (the King's standard), ein aufrecht stehendes Feldzeichen, das den Sammlungspunkt des Heeres markierte.[7] Eine gewisse pragmatische Befehlsgewalt wohnte diesem Ding also von Anfang an inne. Eine erste Bedeutungserweiterung ins Symbolische erfuhr der *Standard*, als er selbst als *Quelle von Autorität* aufgefasst wurde, und dann wurde er zu einem mit „Autorität ausgestatteten Vorbild von Korrektheit" aufgebläht.[8] Damit wurde die vom Standard ausgehende Sollensforderung unanfechtbar, über allen Zweifel erhaben.

In der Mitte des 19. Jahrhunderts passierte dann eine entscheidende Wende. Durch behördliches Dekret wird in England das *Standard English* eingeführt, eine einheitliche, für alle Untertanen verbindliche, einzig korrekte Sprache; mit der Folge, dass die von der Mehrheit der Engländer gesprochenen regionalen Muttersprachen per Dekret zu falschem Englisch erklärt wurden.

Das sichert dem *Standard* eine ganz neue Dimension von Macht zu. Denn ab jetzt wird er zu einer maßgeblichen Instanz, die darüber entscheidet, was in einer Gesellschaft als normal zu gelten hat. Überlieferte und gelebte Normalität kann durch die Verordnung eines Standards mit einem Schlag außer Kraft und ins Unrecht gesetzt werden. Und wer dem gesetzten Standard nun nicht genügt, wird deklassiert. Normalität erwächst dann nicht mehr aus dem, was Menschen tagtäglich tun und wie sie leben, sprechen und miteinander umgehen, sie kann mit einem expertokratischen Federstrich dekretiert werden. Alle werden daran gemessen und gewogen und entweder als normal oder zu leicht befunden. Der Standard gibt ein Mittelmaß an, dem

---

7   Etymologisches Wörterbuch des Deutschen, Bd. 2, 2. Aufl., Artikel „Standard", Berlin 1993, S. 1342.
8   Williams, Raymond: Keywords. A Vocabulary of Culture and Society, 7. Aufl. Fontana 1981, S. 248. „Standard..., soviel wie gesetzlich normal, mustermäßig... im englischen und nordamerikanischen Maß-, gewichts- und Münzwesen die einem bestimmten Gesetz entsprechenden Einheiten", so zum Beispiel die Anteile des Feingoldes an der Goldlegierung. Meyers Großes Konversationslexikon, 6. Auflage, 18. Band, Leipzig und Wien 1909, S. 844.

alle genügen müssen, um nicht aus der Zugehörigkeit zur Normalität herauszufallen.

So wurde, um ein weniger angestaubtes Beispiel als das des *Standard English* anzuführen, 2017 in den Vereinigten Staaten der als gesundheitlich unbedenklich, also normal, geltende Bluthochdruckwert – der natürlich selbst ein Standard ist – von 140 zu 90 auf 130 zu 80 abgesenkt. Danach wachten 30 Millionen Amerikaner, die gesund ins Bett gegangen waren, am anderen Morgen krank wieder auf, ohne dass sich an ihrem Befinden irgendetwas geändert hatte. So wie Standard English aus sprachmächtigen und sprachschöpferischen Menschen sprachlose und bildungsbedürftige Mängelwesen machte, so wurden 30 Millionen gesunde Amerikaner über Nacht zu behandlungsbedürftigen Patienten.

Standards machen aus *daseinsmächtigen* Menschen *belieferungsbedürftige Mängelwesen*, und das ist der Menschentyp, den die auf entfesselte Produktivität und unersättlichen Konsum gegründete Wachstumsgesellschaft zu ihrer Bestandssicherung braucht. Aber Standards können noch mehr: Sie sind in der Lage, weltweite Gleichheit herzustellen und – und das ist das Famose an ihrer fatalen Logik – gleichzeitig wachsende Ungleichheit. Wir sehen uns heute dem Paradox gegenüber, dass wir uns vor der rasanten Entwicklung der weltweiten Gleichheit ebenso fürchten müssen wie vor der noch rasanteren Entwicklung der weltweiten Ungleichheit. In gewisser Hinsicht leben wir längst in einer Welteinheitskultur, die eine „Monokultur des Denkens" (Vandana Shiva) hervorgebracht hat. Aber wie ist es möglich, dass Gleichheit und Ungleichheit gleichzeitig zunehmen? Standardisierung ist eine Strategie der Vereinheitlichung mit dem Ziel, alles mit allem vergleichbar zu machen. Vergleichbar wird alles mit allem, wenn ihm ein Wert zugemessen werden kann, der sagt, was ein Ding, ein Mensch, eine Idee, eine Leistung, ein Stück Natur kostet.

In der alten Welt galt, dass alles Ding *seine Zeit* hat, das heißt seine ihm eigene und ihm gemäße Gangart. Daraus entstand unermessliche kulturelle Vielfalt. Unter dem Regime der Standards gilt, dass alles seinen *Preis* hat und dadurch gegeneinander austauschbar und aufrechenbar wird. Dafür ist die Voraussetzung, dass alles durch Zahlen repräsentiert werden kann und von der Verschiedenheit vollständig abgesehen werden muss. So kann man zuguterletzt einen Kriegseinsatz mit einer Sonntagspredigt, einem Eigenheim oder Marzipankartoffeln vergleichen. Wichtig ist allein, welchen Preis etwas hat. Nachdem aber die Gleichgemachten nicht mehr in Verschiedenheit koexistieren können, müssen sie als Gleiche konkurrieren, will sagen sich abstrampeln, um sich in der Hierarchie der Gleichen nicht nur zu behaupten, sondern zu siegen. Wobei der Sieg um so glanzvoller ist, je mehr Rivalen zur Strecke gebracht wurden. Die *Konkurrenz um Konformität* wird zum Lebensmuster. Diese verrückte Logik, dass alles gleich werden muss, um unterschieden werden zu können, ist die Logik einer Gesellschaft, die Ivan Illich *Absurdistan* nannte. In Absurdistan ist das gesellschaftliche Klima vergiftet, weil die moralischen Forderungen und die Erfolgskriterien in direktem Widerspruch stehen. Die Sollensforderungen, denen die Mitglieder genügen sollen, sind auf eine paradoxe Weise unerfüllbar, sie machen Entscheidungen und Haltungen unmöglich: Schüler sollen solidarisch und freundlich miteinander umgehen, aber belohnt werden sie dafür, dass sie auf Teufel komm raus rivalisieren. Flüchtlinge sollen sich bis zur Selbstverleugnung anpassen, aber erwartet wird von ihnen, dass sie so schnell wie möglich wieder verschwinden. Alte sollen sich zur Rüstigkeit ertüchtigen, sich *fit* halten, aber sich mit einem eingeschränkten Daseinsrecht begnügen. Konsumenten sollen der Auto- und Tourismusindustrie aufhelfen, aber gleichzeitig Verantwortung für das Klima übernehmen. Eltern sollen ihre Kinder lieben, sie aber gleichzeitig als Investition in die Zukunft, als Kapitalanlage, betrachten.

Unter solchen Ansprüchen kann man nur verrückt oder apathisch oder gewalttätig werden. Oder gibt es eine Möglichkeit, dem Irrsinn nicht zu verfallen?

Ivan Illich zitiert den amerikanischen Komiker Bob Hope, der schon in den 60er-Jahren des vorigen Jahrhunderts mit einem Stoßgebet dafür plädierte, aus Absurdistan zu desertieren. „Lord, let the world stop for a moment, I want to get off!"

Ivan Illich weiß sehr wohl, dass man in Absurdistan Gefahr läuft, seinen gesunden Menschenverstand zu verlieren, und sich darum davon fernhalten sollte. Er stellt aber mit einem leisen Bedauern fest, er sei nicht Bob Hope und glaube nicht daran, dass man aus dem System *Absurdistan* noch aussteigen könne. „Aber", sagt er dann, „ich will nicht in diese Welt gehören, ich will mich in ihr als Fremder, als Wanderer, als Außenseiter, als Besucher, als Gefangener fühlen. [...] Ich spreche von einem Vor-Urteil, also einer Haltung, nein, nicht *einer*

Haltung, *meiner* Haltung. Nicht einer Meinung, Wertung, Ausgangshypothese, sondern einer Grunddisposition. Einem Grund, auf dem ich stehe, auf dem ich be-stehe, auf den ich mich in jedem Punkt besinne."[9]

Haltung ist also da, *vor* allem Urteil, in je konkreten Konflikten. Sie ist der Boden, aus dem das Urteil erwächst, sie ist dasjenige, *auf* dem ich bestehe und *aus* dem *heraus* ich bestehe. Sie begründet mich als Person und macht es mir mitten in Absurdistan immer noch möglich, *Ich* zu sagen, vor allem aber „Danke, nein!" zu sagen zu den Sollsätzen, die sich Autorität im Namen von Standards und Systemerfordernissen anmaßen.

Wie Standards zustande kommen, können wir wissen. Sie sind Ergebnisse von abstrakten Rechenoperationen, die alle Welt in Zahlen und Geldwerte verwandeln und die von Experten mit Autorität ausgestattet werden.

Aber wie entsteht eine Haltung? Mit dieser Frage treffen wir in der abendländischen Geschichte auf zwei Traditionen. In der Antike wurde Haltung, Hexis, durch Einübung guter Gewohnheiten erworben. Sie entstand aus der wiederholten Übung tugendhaften Verhaltens, wobei Aristoteles darauf baute, „dass der Mensch nichts anstreben, begehren, wollen kann, was ihm nicht im Lichte von irgendwie doch Gutem erscheint. Für den Griechen ist eine ungute Wahl [...] vor allem dumm, ungebildet, grotesk, und jedenfalls der Entfaltung des so Handelnden widerwärtig", lese ich bei Ivan Illich.[10] Der andere Traditionsstrang ist der jüdisch-christliche, in ihm wird das, was mir als Haltung zuwächst, als ein Geschenk wahrgenommen, das ich der Begegnung mit dem Anderen verdanke. Haltung ist also nichts, was ich mir als Erfolg einer eigenen Anstrengung erhoffen kann. Und die Begegnung mit dem Anderen (gemeint ist im Folgenden **der** Andere, **die** Andere und **das** Andere) – dieser einzigartige, immer überraschende Augenblick – kann nicht durch meine Absicht und meinen Plan hergestellt werden. Ich kann zwar veranlassen, dass unsere Wege sich

---

9   Illich, Ivan: Vorlesungsnotizen im Wintersemester 1998/99 in Bremen. (Nachträglich durchgezählte Seiten des Manuskriptes, S. 33, auffindbar im Illich-Archiv in Wiesbaden unter: Stiftung Convivial, Blücherstraße 28, 65195 Wiesbaden.)
10 Ebenda S. 13.

kreuzen, dass wir gleichzeitig physisch an einem verabredeten Ort anwesend sind, aber nicht, dass wir füreinander anwesend sind; dass wir als Subjekt und Subjekt, also ebenbürtig, einander zum Gegenüber werden. Füreinander anwesend sein heißt nicht, dass ich das mir fremde Gegenüber verstehe, es heißt vielmehr, dass ich der Versuchung widerstehe, es verstehen zu wollen, um den, die oder das Andere in seiner Andersheit unangetastet lassen zu können.

Eindringlich warnt Emmanuel Lévinas vor der Obsession des Verstehen-Wollens. Das Verstehen beschädigt den Anderen, weil es ihn, Lévinas zufolge, „verselbigt"[11], das heißt zurechtstutzt auf mein Verständnis von ihm oder ihr. Wenn ich dich verstehe, kann ich dir nicht mehr begegnen, ich kann kein Gegenüber mehr in dir finden, denn was mir in dir begegnet, bist nicht du, sondern das Bild, das ich mir von dir mache. In letzter Instanz begegne ich im Verstehen immer nur mir selbst. Ich beraube mich der Möglichkeit, mich durch dich, durch dein Anderssein, verstören und dann vielleicht auch verwandeln zu lassen. Nur wenn ich mir selbst fremd werde, gibt es diese Chance der Verwandlung, die in immer neuen überraschenden Begegnungen mit dem Anderen – in seiner männlichen, weiblichen und sächlichen Bedeutung – in mir eine Haltung erblühen lassen kann.

Aber wie dann soll diese Begegnung zustande kommen? Durch die Erfahrung des Anderen?

„Mit diesem Wort", sagt Lévinas, „bin ich sehr vorsichtig. Erfahrung ist [bereits] Wissen" (Wissen *über* den Anderen). Es ist vielmehr so, dass „das Anwesen des Anderen (mich) berührt. [...] Berührt ist besser – je suis touché –, weil ich dann eigentlich passiv bin. Ich bin angegangen. Auf Deutsch sagen Sie sehr schön: der Andere geht mich an."[12] Wenn mich der andere angeht, kann ich mich in ihm spiegeln, und dabei lerne ich ganz allmählich *Ich* zu sagen und bekomme den Boden unter die Füße, auf dem ich stehen und be-stehen kann und der mir Halt und Haltung gibt. Das Einzige, was nottut, ist empfänglich zu sein für den Anderen und das Andere, und das ist nichts, was man sich vornehmen kann; das geschieht, ausgelöst, ermöglicht durch das

---

11 Vgl. Lévinas, Emmanuel: Die Philosophie und die Idee des Unendlichen, in: ders. Die Spur des Anderen, 3. Auflage, Freiburg 1998, S. 186, 191. Und: Die Spur des Anderen, in: ebenda, S. 215.
12 Emmanuel Lévinas im Gespräch mit Florian Rötzer, in: Rötzer, Florian: Französische Philosophen im Gespräch, München 1987, S. 96.

andere Gegenüber, sei es Mensch, Tier, Pflanze oder sogar unbelebte Dinge, die mich in all ihrer Befremdlichkeit angehen.

Haltung erfordert Askese: nicht, wie Illich feststellt, Verzicht auf Wein, Weib und Gesang, sondern Askese gegenüber den modernen Selbstverständlichkeiten. Und dazu gehört wohl, dass wir der verzahlten Welt der Algorithmen die Gefolgschaft verweigern und die Welt erzählen, anstatt sie zu zählen. Das setzt Philia, Befreundung, mit ihr und Lust am Staunen und an der Überraschung voraus.

Für eine Kultur des Vertrauens

von

Paul M. Zulehner

Paul M. Zulehner ist promovierter Philosoph und Theologe. Er ist emeritierter Universitätsprofessor für Pastoraltheologie an der Universität Wien und lehrte zuvor in Bamberg, Passau und Salzburg. Die Universitäten in Erfurt und Cluj ehrten ihn wegen seiner Forschungen und Projekte in Ostmitteleuropa nach der Wende mit der Ehrendoktorwürde. Paul M. Zulehner hat zu Themen der Pastoraltheologie, Religions-, Werte- und Geschlechterforschung zahlreiche Werke publiziert.

Es ist keine Frage: Die Menschheit steht vor gewaltigen Herausforderungen. Die Pandemie und ihre Zähmung waren nur ein Vorgeschmack von dem, was auf die Welt zukommt. Es sind Challenges gewaltigen Ausmaßes.

Challenges

Bevor wir uns der Frage zuwenden, was einer Bewältigung im Wege steht – ins Positive gewendet: mit welchen Ressourcen diese Herausforderung gemeistert werden können –, sollen die Herausforderungen anhand von Erhebungen und Konsultationen in kompakter Form erinnert werden. Dabei wird sich zeigen, dass alle diese Challenges untereinander eng verwoben sind und dass der Menschheit zur Meisterung nicht allzu viel Zeit übrig bleibt. Oftmals fehlt dieser „sense of urgency".

Ergebnisse einer Online-Studie aus dem Jahre 2019 bilden einen brauchbaren Überblick.[1] Ganz oben in der Rangliste stehen Ökologie und Klimawandel (74%). Es folgt die Sorge um den Weltfrieden, der durch Waffenhandel bedroht ist und der nach Abrüstung verlangt (64%). 59% sehen die Menschenrechte in Gefahr und verlangen deren Wahrung. Ebenso viele (59%) sehen Gerechtigkeit in der Einen Welt für bedeutsam an. Migration und Flucht gelten für 59% als Mega-Challenge. Erstaunlich weit unten rangieren in dieser Liste die Digitalisierung und deren Auswirkung auf Arbeit und Soziales. Schon mehr bewegen viele die Arbeitslosigkeit vieler junger Menschen und die Vereinsamung der Alten – und dies auch in vielen Ländern des reichen Europas.

Es zeigen sich bei der Gewichtung der Herausforderungen Unterschiede nach Geschlecht und Bildungsgrad, wie die Tabelle zeigt.

Eine Umfrage unter engagierten Mitgliedern der größten Laienorganisation im Land (Katholische Aktion Österreichs – KAÖ) im Rahmen des von Papst Franziskus ausgerufenen weltkirchlichen Synodalen Weges präzisiert diese lange Liste der Challenges in der Welt

---

1 Zulehner, Paul M.: Kirche hört auf die Menschen, Ostfildern 2021.

von heute. Ich übernehme einfach den Text, der nunmehr von der KAÖ als Grundlage zur Priorisierung der vielen Themen verwendet wird. Online werden die Mitglieder und Interessierte befragt, für wie wichtig sie die einzelnen Themen ansehen. Erste Ergebnisse für diesen Gewichtungsvorgang liegen bereits vor und werden anschließend an die Themenliste dokumentiert. Die Erkenntnisse der oben erwähnten Online-Umfrage 2019 finden darin Bestätigung.

	alle	Frauen	Männer	Grundschule	Universität
Ökologie und Klimawandel	74 %	79 %	70 %	69 %	68 %
Abrüstung, Waffenhandel und Weltfrieden	64 %	75 %	59 %	74 %	61 %
Die Wahrung aller Menschenrechte	59 %	63 %	56 %	48 %	58 %
Gerechtigkeit in der Einen Welt	59 %	66 %	55 %	52 %	58 %
Migration und Flucht	59 %	68 %	53 %	52 %	58 %
Die Arbeitslosigkeit von jungen Menschen in vielen Ländern Europas/der Erde	51 %	54 %	50 %	59 %	48 %
Die Bildung der Menschen	46 %	48 %	46 %	38 %	48 %
Die Vereinsamung der Alten und ihre Pflege	40 %	47 %	33 %	43 %	37 %
Digitalisierung, Informatisierung und ihre Auswirkungen auf Arbeit und Soziales	27 %	33 %	23 %	24 %	26 %
Durchschnittlicher Wert	53 %	59 %	49 %	51 %	51 %

Tabelle 1: Herausforderungen nach Persönlichkeitsmerkmalen. Quelle: Zulehner, Kirche hört auf die Menschen (Online-Survey 2019).

Die einzelnen Themen werden im Folgenden kurz besprochen: Der erste Absatz umreißt das Thema, der zweite ergänzt es um Teilaspekte, welche in der Phase der Themenfindung von Teilnehmenden ergänzend vorgeschlagen wurden.

1. **Klimafrage**

Die Klimafrage wird die Weltgemeinschaft mehr fordern als die Pandemie. Sie zu meistern, wird wesentlich mehr an konsequentem

Einsatz von finanziellen und ideellen Ressourcen für deren Bewältigung und für die Zukunft der nachfolgenden Generationen erfordern.

Teilaspekte: erneuertes Verständnis von „Natur" und „Schöpfung" als Mitwelt und nicht als nur nützliche Umwelt; Bevölkerungswachstum und ethisch verantwortbare Wege einer Begrenzung; Entwicklung eines erdverträglichen Lebensstils, Ernährungssouveränität.

2. Der Weg zum Frieden

Krieg ist immer eine Niederlage der Menschheit. Nach wie vor kann sich die Menschheit atomar selbst vernichten. Der Weg zu nachhaltigem Frieden führt aber nicht über Waffen, sondern nur über mehr Gerechtigkeit: „Si vis pacem, para iustitiam!" (Willst du Frieden, schaffe Gerechtigkeit!)

Teilaspekte: nukleare und konventionelle Abrüstung, sozial- und sicherheitsverträglicher Abbau der Rüstungswirtschaft und damit des Waffenhandels, zivile und gewaltfreie Formen der Lösung gegenwärtiger sowie vorhersehbar neuer Konflikte um Wasser, Ackerböden, Rohstoffe etc.

3. Migration und Flucht

Migration und Flucht sind je eigene Dauererscheinungen in der Geschichte der Menschheit. Beide werden in den kommenden Jahren zunehmen. Politische Konflikte, Naturkatastrophen und Hoffnungslosigkeit durch Dauerarmut werden häufiger Menschen in die Flucht treiben.

Teilaspekte: die auseinanderklaffende Schere zwischen Arm und Reich in der einen Welt; Minderung der Ursachen vor Ort; und weil dies nur schrittweise gelingt, braucht es Aufnahme derer, die sich vor Gewalt, aus Hoffnungslosigkeit und wegen der Zerstörung ihrer Lebensgrundlagen auf den Weg machen – auch zu uns. Es braucht eine europäische und eine nationale Migrations- und Asylpolitik. Ein wichtiger Aspekt ist, das Zusammenleben unterschiedlicher Kulturen und Religionen nicht als Bedrohung, sondern als herausfordernde Bereicherung zu gestalten.

4. Alte und neue soziale Frage

Es besteht nach wie vor die „alte" soziale Frage. Sie zeigt sich in den Problemfeldern der Verteilungsgerechtigkeit, Einkommensgerechtigkeit und der Generationengerechtigkeit (Altersarmut). Diese „alte" soziale Frage wird durch eine „neue" verschärft. Durch Digitalisierung und Roboterisierung in Teilen der Produktion werden Arbeitsplätze wegfallen und zugleich neue geschaffen. Der Übergang kann Generationen dauern.

Teilaspekte: die Arbeitslosigkeit der Jungen in vielen Ländern Europas; die Lebenschancen von Menschen mit Migrationshintergrund; Solidarität der sozial und ökonomisch „Starken" den „Schwachen" gegenüber.

5. Geschlechtergerechtigkeit

Das friedliche Zusammenleben von Menschen basiert auf gerechten Strukturen in allen Bereichen ihres Lebens. Geschlechtergerechtigkeit und Gleichbehandlung verschiedener sexueller Orientierungen ist in allen Bereichen des gesellschaftlichen Lebens, auch in der Kirche, zu fördern und zu sichern.

Teilaspekte: Diversität an sexuellen Identitäten, die sich an der Schnittstelle von Biologie (sex) und Kultur (gender) ausbilden; keine Unterschiede in der Würde und im Anspruch auf gerechten Zugang zu den knapper werdenden Lebenschancen für alle, unabhängig von ihrer sexuellen Ausprägung.

6. Wirtschaft und Arbeit

„Man muss der Freiheit immer Gerechtigkeit abringen!" (Jean B. Lacordaire, 1802 – 1861) Dieser Grundsatz gilt auch für die Entwicklung moderner Gesellschaften in ihren Schlüsselbereichen Wirtschaft, Arbeit und Soziales. Als menschenfreundlich erweist sich eine öko-soziale Marktwirtschaft, welche die Freiheit des Wirtschaftens mit sozialer Gerechtigkeit und nachhaltigem Umgang mit der Natur verbindet. Einer sozialpolitisch engagierten Kirche ist daran gelegen, dass das konkrete Wirtschaften „nicht tötet", sondern ein menschliches Angesicht behält.

Teilaspekte: Neubewertung der Ziele Kapitalvermehrung und Wirtschaftswachstum; Konsumismus und die in der Welt verbreitete wirtschaftliche Ausbeutung von Menschen; Kolonialisierung vieler Regionen der Erde durch mächtige Wirtschaftslobbys. Gemeinwohl und Menschenwürde gehören ebenso wie ökologische Sensibilität zu den Zielen des Wirtschaftens; das Steuersystem ist gerecht und nachhaltig zu gestalten – zu erwägen sind eine Besteuerung nichtökologischer Produkte und Produktionsweisen, Transaktions-/Digitalsteuer, Besteuerung von Vermögen und Erbschaften.

7. Weiterentwicklung des Sozialen

Die Pflege wird zu einem immer drängenderen Problem. Angehörige, oft auch Kinder, vor allem aber (alleinerziehende) Frauen beuten sich selbst aus. Ihre Carearbeit wird nicht bezahlt, was sich in den Pensionen niederschlägt. Zu wenige Männer beteiligen sich an dieser Carearbeit oder sind dazu aus beruflichen Gründen nicht in der Lage. Es wächst der Druck auf Sterbende und deren Angehörige am Ende des Lebens. Gewichtige sozialethische Fragen werden erwogen: Suizidbeihilfe, Euthanasie, Umgang mit Menschen mit Beeinträchtigungen. Die Menschlichkeit einer Gesellschaft misst sich auch daran, ob jede und jeder in Würde sterben kann.

Teilaspekte: geschlechtergerechte Verteilung von bezahlter Erwerbsarbeit und unbezahlter Sorgearbeit; Arbeitszeitverkürzung, Grundeinkommen, Aufwertung von Carearbeit im privaten wie beruflichen Sektor; Lage der ausländischen Pflegekräfte sowie Leiharbeiter:innen (verpflichtendes Arbeitslosengeld, Krankenversicherung); Verbesserung der Situation der (Langzeit)Arbeitsplatzlosen; Jugendarbeitslosigkeit; arbeitsfreier Sonntag.

8. Das Absinken des „Wertegrundwasserspiegels" verhindern

Europas Geschichte war bisher von einem erfolgreichen Ringen um Freiheit, Gerechtigkeit und Wahrheit geprägt. Ergebnisse sind eine gefestigte Demokratie sowie ein Sozialstaat, welcher organisierte Solidarität in den Risiken des Lebens darstellt. Die Menschenwürde gilt als unantastbar. Die Freiheit, gemeinsam Religion auszuüben, ist garantiert. Um diese Errungenschaften muss auch künftig gerungen werden: Die Zahl der Menschen nimmt zu, welche die als Last empfundene Freiheit wieder loswerden wollen. Die Flucht vor der Freiheit gibt Populisten Auftrieb. Demokratische Grundwerte werden beschnitten, Medien kontrolliert, die Gewaltenteilung unterwandert. Manche liebäugeln damit, die Menschenwürde als doch nicht unantastbar zu betrachten. Europa zählt zu den Kulturen der Angst, die Menschen entsolidarisiert und politisch verführbar macht.

Teilaspekte: Persönlichkeits- und politische Bildung ausbauen; Angst, die böse macht und entsolidarisiert, durch Vertrauen entschärfen; irrationale Ängste in rationale Furcht umwandeln und zähmbar machen; suchende Menschen nicht mit Moral abspeisen, sondern Wege der Gottverbundenheit und damit des Gottvertrauens erschließen; an Gott Rückgebundene sind zugleich weltlichen Zugriffen in der Konsumwelt, in den Medien, in totalitären Systemen entzogen.

So sieht nun der Zwischenstand der Priorisierung dieser Teilthemen durch Mitglieder der Laienorganisation, aber darüber hinaus durch Interessierte am Synodalen Weg aus: Ganz oben rangiert die Klimafrage, gefolgt vom Thema Frieden in der Welt. Es folgen Themen rund um Arbeit, Wirtschaft und Soziales; damit ist auch das Thema alte und neue soziale Frage (mit der Digitalisierung) verbunden. Immer noch zwischen sehr wichtig und wichtig, aber in der Liste weiter unten rangieren Migration und – was sehr überrascht – an letzter Stelle in deutlichem Abstand Geschlechtergerechtigkeit.

Themenfeld	Mittelwert
Klimafrage	1,30
Der Weg zum Frieden	1,56
Wirtschaft und Arbeit	1,69
Weiterentwicklung des Sozialen	1,73
Wertegrundwasserspiegel	1,73
Alte und neue soziale Frage	1,74
Migration und Flucht	1,78
Geschlechtergerechtigkeit	2,23

Tabelle 2: Priorisierung der Weltthemen im Rahmen des Synodalen Weges der KAÖ, 2021. (Skala: 1 = sehr wichtig, 4 = überhaupt nicht wichtig)

Unkultur der Angst

Die Meisterung all dieser Mega-Challenges verlangt in demokratischen Gesellschaften nach einer Bevölkerung, die bereit ist, eine entsprechende Politik zu unterstützen, die den Herausforderungen „gerecht" wird. Die solcher „Gerechtigkeit" zugeordnete Haltung ist belastbare Solidarität, und zwar nicht nur im Nahbereich der „kleinen Lebenswelt", der in Zeiten der Destabilisierung bedeutsamen „familialen Lebensräume", sondern auch im betrieblichen Mesobereich und wegen der zunehmenden Globalisierung auch darüber hinaus. Zu dieser Haltung gehört ebenfalls die unabdingbare Makrosolidarität der Vernetzungen und der Einheit des Seins (Eine Welt, Eine Menschheit).

Nun zeigt neuere interdisziplinäre Forschung, dass es in den westlichen Kulturen ein wachsendes Potenzial von Ängsten gibt. Dieses lässt das kulturelle Wertegrundwasser absinken. Vor allem dämpfen Ängste die Kraft zur „Selbstdezentralisierung"[2]. Angst entsolidarisiert, so die Grundthese.

Das sind die Einsichten in der interdisziplinären Forschung. Dieser geht es derzeit um ein Zweifaches: die Angst verstehen und in der Angst bestehen.

Die Angst verstehen: Dieser Frage geht die Tiefenpsychologin Monika Renz[3] nach. Schon im Mutterschoß entstehe eine Prägung durch Urangst. Wenn das Bewusstsein im embryonalen Lebewesen erwacht, kann sich die Doppelangst „es wird mir alles zu viel" (etwa der laute Herzschlag der Mutter) oder „es ist mir zu wenig" (vor allem nach der Abnabelung vom Hotel Mama, dem Mutterschoß) entwickeln. Diese Urangst (Renz vergleicht sie mit der Erbschuld) gilt es zu zähmen – das Lebenskunstwerk bestehe darin, in dieser Urangst zu bestehen. Dabei nimmt diese Urangst im Lauf des Lebens immer wieder neue Gesichter an. So war vielen das unkontrollierte Ankommen vieler Schutzsuchender im Herbst 2015 Grund zur Sorge, es könnte uns überfordern, zu viel werden, es nicht zu schaffen. Auch die Angst, dass eine Einwanderung in den Sozialstaat dazu führt, dass für uns zu wenig bleibt, ist oft anzutreffen.

Wichtig ist, dass diese Ängste kulturell in Europa und Nordamerika verbreitet sind und die hier dominante „culture of fear"[4] die Welt-

---

2 Papst Franziskus am 12.09.2021 bei seiner Ansprache in Budapest zum Abschluss des Eucharistischen Weltkongresses.
3 Renz, Monika: Angst verstehen. Tiefer als alle Angst liegt Urvertrauen, Freiburg 2019.
4 Furedi, Frank: Culture of Fear: Risk Taking and the Morality of Low Expectation, Continuum International Publishing Group, New York 1997. –

politik prägt. Zudem wird Angst heute auch durch den medialen Aufwind verstärkt, so die Linguistin Ruth Wodak.[5]

Wenn die Angst überwiegt, dann greifen die Verängstigten zur Selbstverteidigung. Dazu stehen die Strategien der Gewalt, der Gier und der Lüge zur Verfügung, privat wie politisch. Hier zeigt sich, dass eine bestimmte Form, in der Angst zu bestehen, böse macht.

Wie kann man dann, ohne böse zu werden und die Menschlichkeit zu verlieren, *in der Angst bestehen*? Dazu hilft, so einhellig die Angstforschung, nicht das Versprechen von Sicherheit. Ein solches Versprechen bewirkt eher das Gegenteil und mehrt nur die im Versprechen bewusst gemachte Angst.

Kultur des Vertrauens

Was allein hilft, ist das „Anzapfen" des „paradiesischen" Urvertrauens, das dem Menschen in die Wiege mitgegeben ist und das elterliche Menschen und Liebende von Kindesbeinen an stärken und wachsen lassen. Im Raum des Vertrauens kann ein Mensch werden, was er ist – so Meister Eckhart –: ein Liebender, ein solidarischer Mensch. Es braucht daher eine Pädagogik des Vertrauens, und diese in Verbindung mit einer „Politik des Vertrauens", welche die Angst nicht populistisch mehrt, sondern durch kluge Maßnahmen Vertrauen stärkt.

Spätestens hier kommen die Religionen ins Spiel. Denn für diese ist das paradiesische „Urvertrauen" in einer anderen Welt verankert, aus der ein Mensch kommt und in die er nach der Todesgeburt zurückkehrt. Religionen kennen die Möglichkeiten, in diesem Leben das paradiesische Urvertrauen gleichsam „anzuzapfen". Das ist den Religionen dadurch und auch nur dann möglich, wenn sie sich ihres Grundauftrags entsinnen, „connectedness", Verbundenheit, Einung „herzustellen".[6] Das gelingt den Religionen durch Rituale, welche gleich „Fahrzeuge" in diese heilige göttliche Welt hinein sind und

---

Moïsi, Dominique: Kampf der Emotionen. Wie Kulturen der Angst, Demütigung und Hoffnung die Weltpolitik bestimmen, München 2009.
5   Wodak, Ruth: Politik mit der Angst. Zur Wirkung rechtspopulistischer Diskurse, Wien 2016.
6   Rohr, Richard: The Universal Christ. How a forgotten reality can change everything we see, hope for and believe, London 2019 – Alles trägt

die zugleich das Urvertrauen zum Fließen bringen. Dieses Vertrauen trägt dann den religiösen Titel „Gottvertrauen".

Faktisch zeigt sich in Religionsstudien, dass vor allem das Wissen um die Einheit aller in dem einen Gott und damit die gleiche Würde aller bei den „Verbundenen" gut aufgehoben ist. Wer das himmlische Brot isst, kann nicht anders, als das irdische Brot zu teilen. Mystikerinnen und Mystiker sind daher von Haus aus politisch. Sie können sich gegen die Zugriffe der Mächte und der Mächtigen wehren, weil sie die Angst vor dem Tod gezähmt haben. Sie sind fähig, sich selbst bis zum Einsatz ihres Lebens für andere zu verausgaben. Religiöse Menschen, bei denen ihre Religion nicht egozentriert verdorben ist, sind kraftvoll solidarisch liebende Menschen.

Den Wertegrundwasserspiegel anheben

Hier schließt sich der Kreis. Die Menschheit, die vor großen Herausforderungen steht, braucht für deren Meisterung Menschen, die sich nicht durch ihre Ängste entsolidarisieren lassen und die nicht bereit sind, eine Politik mit der Angst als zukunftseröffnend anzusehen. Es braucht vielmehr einen hohen Grundwasserspiegel des Vertrauens in den Kulturen und Gesellschaften. Dazu kann ein wahres Christentum und können wahre Religionen beitragen. Es sind Religionen, die sich nicht zur Legitimation populistischer Politik missbrauchen lassen, sondern in ihrer Kraft, die Angst vor Tod und Verletzlichkeit zu zähmen, solidarische Menschen hervorbringen.

Derzeit sind manche große Religionen der Welt in einer Krise, die einen, weil sie der Versuchung erliegen, auf Gewalt zu setzen statt auf Liebe, auf nationalen Egoismus statt auf Befreiung aus dem Ichgefängnis; die anderen, weil sie verlernt haben, heilsame Wege der Gotteinung, der connectedness bereitzustellen und stattdessen die religiöse Tradition auf eine geheimnislose autoritäre Moral reduzieren. Wenn es den Religionen gelingt, ihre mystagogische Kraft wiederzugewinnen, werden sie ein Segen für eine Welt sein, die vor schier unbezwingbaren Herausforderungen steht.

---

den einen Namen. Die Wiederentdeckung des universalen Christus, Freiburg 2019.

Die Sorge um das gemeinsame Haus

Eine theologische und spirituelle Einordnung

von

Stefan Zekorn

Stefan Zekorn ist seit dem Jahr 2010 Weihbischof für das Bistum Münster und ein Theologe. Er studierte katholische Theologie und Philosophie in Münster und Rom. Im Jahr 1984 empfing er die Priesterweihe und sechs Jahre später wurde er an der Westfälischen Wilhelms-Universität zum Doktor der Theologie promoviert. Dr. Zekorn gehört der Kommission Weltkirche der Deutschen Bischofskonferenz an. Er ist Autor und Herausgeber von mehreren Büchern.

Die Klimaforschung weiß heute recht genau, was die Folgen des menschlichen Verhaltens sind und durch welche Maßnahmen man den Klimawandel minimieren kann. Es ist wissenschaftlich erwiesen – und darin ist man sich weltweit einig –, dass die rasche Erwärmung der Erde durch den Menschen verursacht wird. Forscher wissen, dass die Folgen des Klimawandels, wie zum Beispiel zunehmende Dürren, stärkere Stürme, zunehmender Starkregen, Überschwemmungen, Gletscherrückgänge und Waldbrände, auf menschliches Handeln zurückzuführen sind. Der Klimawandel gefährdet die Grundlagen menschlichen Lebens heute, insbesondere aber nachfolgender Generationen in einem noch nie gekannten Ausmaß. „Folgende drohende bzw. bereits eingetretene Auswirkungen des Klimawandels stellen eine nicht hinzunehmende Ungerechtigkeit dar: der vorzeitige Tod einer großen Zahl von Menschen, das Aussterben zahlreicher Tier- und Pflanzenarten, die Beeinträchtigung der körperlichen und seelischen Gesundheit, Ernährungsunsicherheit, Hunger und Unterernährung, Trinkwasserknappheit, soziale Konflikte um Ressourcen, Flucht ..."[1]

Der Klimawandel, oder klar formuliert: die Klimakrise, ist von Menschenhand gemacht und sie verschwindet nicht von allein. Nur wir selbst können die Klimakrise und ihre biologischen, sozialen und räumlichen Folgen für unseren Planeten aufhalten. Die Folgen des durch menschliches Handeln verursachten Klimawandels sind dabei sehr ungleich verteilt: Global betrachtet sind es häufig die ärmsten Länder, die ärmsten Menschen, die besonders stark von den Auswirkungen betroffen sind, weil sie sich beispielsweise am wenigsten vor Naturkatastrophen und Trinkwasserknappheit schützen können. Und es ist paradox, denn die ärmsten Länder stoßen zumeist deutlich weniger klimaschädigende Treibhausgase aus als die Industriestaaten. Damit ist die Klimakrise sehr deutlich auch ein Problem der globalen Gerechtigkeit. Nicht nur das: Generationen nach uns werden die Folgen unseres heutigen Handelns konkret zu spüren bekommen. Wie verantwortlich handeln wir heute, damit auch die nachfolgenden Generationen leben können? So ist die Klimakrise auch ein Problem

---

1   Die deutschen Bischöfe Nr. 29: Der Klimawandel. Brennpunkt globaler, intergenerationeller und ökologischer Gerechtigkeit, 39.

der Generationengerechtigkeit, und wir sind, in Solidarität mit den schon heute und in künftigen Generationen von der Klimakrise betroffenen Menschen, verpflichtet zu handeln. „Legt man den Maßstab der Gerechtigkeit [...] an das Phänomen des Klimawandels an, so ist offensichtlich, dass die gefährliche anthropogene Beeinflussung des Weltklimas kein unabwendbares Schicksal, sondern eine massive Ungerechtigkeit darstellt, die bestehendes Unrecht noch verschärft."[2]

Politisch werden diesbezüglich sogenannte Klimaschutzgesetze als Maßnahmen zur Umsetzung einer Klimaschutzpolitik ergriffen und insbesondere zum Erreichen der Klimaziele eingesetzt. Es mangelt nicht an möglichen politischen Mechanismen, um die dringend notwendigen Maßnahmen umzusetzen. Ganz individuelle Verhaltensänderungen für jeden einzelnen Menschen werden seitens der politisch Verantwortlichen aber nur sehr selten konkret formuliert. Niemand lässt sich gerne Vorschriften machen, und die politischen Mandatsträger möchten ihre Wählerschaft nicht verschrecken. Klimaschutz mit konkreten Handlungsempfehlungen ist von politischer Seite weitgehend tabu. So fehlt es bis heute noch zu sehr an der Umsetzung der dringend notwendigen Klimaschutzmaßnahmen, weil faktisch weithin ein wirkliches ökologisches Bewusstsein fehlt und einzelne kleine Maßnahmen zu wenig bringen. Es braucht daher vor allem einen Bewusstseinswandel.

Auf einer Tagung fragte ein Klimaforscher schon vor Jahren: Könnte hier der christliche Glaube nicht eine wesentliche Hilfe sein? Kann der Glaube eine nachhaltige Lebensgestaltung fördern? Mir scheint, die Enzyklika „Laudato si'" von Papst Franziskus aus dem Jahr 2015 ist wie eine Antwort auf diese Frage.

Dabei hat die Ökologie schon lange einen Stellenwert im Leben der Kirche. Dies gilt zunächst für die vielen Christen, die sich seit Jahrzehnten in diesem Bereich engagieren. So ist es kein Zufall, dass es seit mehr als 40 Jahren unter den „fair" gehandelten Produkten kirchlicher Organisationen viele gibt, die gleichzeitig „bio" sind. Die Ökologie hat aber auch schon lange einen festen Stellenwert in der So-

---

2   Ebd.

zialethik, und zwar an den Fakultäten wie auch in den Akademien. Auch das kirchliche Lehramt hat sich in den letzten Jahrzehnten häufig zu ökologischen Fragen geäußert. So schrieb zum Beispiel Papst Johannes Paul II. schon 1991 in der Enzyklika „Centesimus annus" mit wörtlichem Bezug auf die „Frage der Ökologie": „Der Mensch, der mehr von dem Verlangen nach Besitz und Genuss als dem nach Sein und Entfaltung ergriffen ist, konsumiert auf maßlose und undisziplinierte Weise die Ressourcen der Erde und selbst ihre Existenz" (CA 37). Mit diesem Satz und seinen weiteren Ausführungen sprach er bereits vor 30 Jahren viele der Themen von „Laudato si'" an. Und im „Kompendium der Soziallehre der Kirche" aus dem Jahr 2004 gibt es ein ganzes Kapitel zu dem Thema „Die Umwelt bewahren" (Nr. 451 – 487). Hier heißt es: „Das Klima ist ein Gut, das geschützt werden muss, und deshalb ist es erforderlich, dass die Verbraucher und die Träger industrieller Aktivitäten ein stärkeres Verantwortungsgefühl entwickeln."[3]

Auch die Deutsche Bischofskonferenz und viele andere Organisationen der katholischen – wie auch der evangelischen – Kirche haben sich wiederholt zu diesem Thema geäußert.

So sind Jahrzehnte ins Land gegangen, und es ist einiges geschehen, aber aufs Ganze gesehen doch viel zu wenig – sowohl in Staat und Gesellschaft wie auch in der Kirche. Die Klimakrise vollzieht sich deutlich schneller als das Wachsen ökologischen Bewusstseins und die wissenschaftlich-technische Bewältigungskompetenz und insbesondere schneller als der politische Veränderungswille. Da setzt das erste umfassende päpstliche Lehrschreiben zu Fragen der Ökologie ein großes Ausrufezeichen.

Im Folgenden möchte ich kurz die wichtigsten theologischen und sozialethischen Linien der Enzyklika „Laudato si'" aufzeigen.

---

3 Päpstlicher Rat für Gerechtigkeit und Frieden, Kompendium der Soziallehre der Kirche, Nr. 470.

Alles ist miteinander verbunden[4]

Kultur, soziales Leben, Politik, Technik, Wirtschaft, Umwelt, Humanökologie, Tierethik und Lebensstil greifen so ineinander, dass sie wechselseitig aufeinander einwirken. Zu Beginn von „Laudato si'" spricht Papst Franziskus von seiner „Überzeugung, dass in der Welt alles miteinander verbunden ist" (LS 16) und zitiert die Enzyklika „Caritas in veritate" von Papst Benedikt XVI. mit dem Gedanken, dass „die Beschädigung der Natur eng mit der Kultur zusammen[hängt], die das menschliche Zusammenleben gestaltet" (LS 6).[5] Dieser Gedanke findet sich auch im Untertitel der Enzyklika wieder, der ja lautet: „Über die Sorge für das gemeinsame Haus". Das Bild des gemeinsamen Hauses, dass die Bedeutung des Wortes „Ökologie" (von griech. oikos – Haus) aufnimmt, bringt dieses untrennbare Miteinander der verschiedenen Lebensbereiche zum Ausdruck.

Papst Franziskus widmet der Zustandsbeschreibung des Planeten Erde ein ganzes Kapitel und spricht von dem, was „unserem Haus widerfährt" (LS 17 – 61). Manche Formulierung klingt drastisch – aber leider kommen wir nicht um die Erkenntnis herum, dass der Zustand des Hauses auf diese Weise recht realistisch beschrieben ist, und zwar gerade in Bezug auf die Folgen, wie die Menschheit mit den Ressourcen der Erde umgeht. Papst Franziskus spricht vom „Stöhnen der Schwester Erde [...], das sich dem Stöhnen der Verlassenen der Welt anschließt, mit einer Klage, die von uns einen Kurswechsel verlangt". Und gleich anschließend wird konstatiert: „Niemals haben wir unser gemeinsames Haus so schlecht behandelt und verletzt wie in den beiden letzten Jahrhunderten" (LS 53). Wir seien so eng mit der Schöpfung verbunden, dass wir beispielsweise die Desertifikation des Bodens als Krankheit betrachten und das Aussterben einer Art beklagen müssten, als sei es eine Verstümmelung (LS 89).

Von den vielen Beispielen, die die Enzyklika anführt, will ich nur noch ein wichtiges nennen. Im Hinblick auf die Umweltverschmutzung schreibt der Papst: „Eine mit dem Finanzwesen verknüpfte Technologie, die behauptet, die einzige Lösung der Probleme zu sein, ist in der Tat oft nicht fähig, das Geheimnis der vielfältigen Beziehungen zu

---

4   LS 117
5   Siehe auch LS 139 f.

sehen, die zwischen den Dingen bestehen, und löst deshalb manchmal ein Problem, indem sie andere schafft" (LS 20).

Deshalb akzentuiert der Papst, dass einzelne Regeln und Vorschriften nur begrenzt helfen, aber die komplexe Dimension der Probleme nicht lösen können. Er schreibt, „dass die besten Vorkehrungen letztlich scheitern werden, wenn die großen Ziele, die Werte und eine humanistische, sinnerfüllte Auffassung fehlen, die jeder Gesellschaft eine edle und großherzige Orientierung verleihen" (LS 181). Es geht, wie im Kompendium der Soziallehre der Kirche beschrieben, um eine Wirtschaft, die die Umwelt respektiert und nicht ausschließlich das Ziel der Gewinnmaximierung verfolgt. „Umweltschutz kann nicht nur auf der Grundlage einer finanziellen Kosten-Nutzen-Rechnung gewährleistet werden, denn die Umwelt ist eines jener Güter, die die Mechanismen des Markts nicht in der angemessenen Form schützen oder fördern können. Alle und vor allem die entwickelten Länder müssen es als ihre dringende Verpflichtung erkennen, die Art und Weise des Gebrauchs der natürlichen Güter zu überdenken."[6] Deshalb braucht es:

Eine Spiritualität, die das Handeln verändert

„Es geht darum, nicht so sehr über Ideen, sondern vor allem über die Beweggründe zu sprechen, die sich aus der Spiritualität ergeben, um eine Leidenschaft für den Umweltschutz zu fördern. Denn es wird nicht möglich sein, sich für große Dinge zu engagieren allein mit Lehren, ohne eine ‚Mystik', die uns beseelt, ohne ‚innere Beweggründe', die das persönliche und gemeinschaftliche Handeln anspornen, motivieren, ermutigen und ihm Sinn verleihen" (LS 216). Papst Franziskus zitiert die bereits erwähnte Enzyklika „Centesimus annus" von Papst Johannes Paul II., in der dieser schon 1991 schrieb: „Alle Bestrebungen, die Welt zu hüten und zu verbessern, setzen vor allem voraus, dass sich die Lebensweisen, die Modelle von Produktion und Konsum und die verfestigten Machtstrukturen [von Grund auf] ändern, die heute die Gesellschaften beherrschen'" (LS 5). Das aber ist nur möglich durch eine Änderung der „inneren Beweggründe" des Han-

---

6   Päpstlicher Rat für Gerechtigkeit und Frieden: Kompendium der Soziallehre der Kirche, Ziffer 470.

delns. Kann diese Änderung anders erreicht werden als durch eine vertiefte Spiritualität?

Papst Franziskus führt hierzu wieder Papst Benedikt XVI. an, der einlud, „zu erkennen, dass die Schöpfung geschädigt wird, wo wir selbst die letzten Instanzen sind, wo das Ganze uns einfach gehört und wir es für uns verbrauchen. Und der Verbrauch der Schöpfung setzt dort ein, wo wir keine Instanz mehr über uns haben, sondern nur noch uns selber wollen." (LS 6). Es geht also darum, Gott als Instanz unseres Lebens zu sehen und diesen Glauben in unserem Handeln umzusetzen. Kurz: Es geht um Spiritualität.[7]

Das kann natürlich nicht heißen, dass wir mit einer verantworteten Umweltpolitik warten, bis alle die Bedeutung des Glaubens an Gott erkannt haben. Papst Franziskus möchte, „obwohl diese Enzyklika sich einem Dialog mit allen öffnet, um gemeinsame Wege der Befreiung zu suchen – von Anfang an zeigen, wie die Überzeugungen des Glaubens den Christen und zum Teil auch anderen Glaubenden wichtige Motivationen für die Pflege der Natur und die Sorge für die schwächsten Brüder und Schwestern bieten" (LS 64). Die Überlegungen machen deutlich, welche Kraft im christlichen Glauben liegt.

Das kann ein Impuls sein, selbst aus dieser Wirklichkeit stärker zu leben, aber auch andere dazu einzuladen. Denn wir brauchen eine tiefe Spiritualität, die unser Handeln so verändert, dass das gemeinsame Haus der Erde für alle bewohnbar bleibt.

So „stellen die Christen insbesondere [...] fest, dass ihre Aufgaben im Bereich der Schöpfung, ihre Pflichten gegenüber der Natur und dem Schöpfer Bestandteil ihres Glaubens sind" (LS 64).

Die Veränderung des persönlichen Lebensstils kann durchaus Druck aufbauen – heilsamen Druck auf Menschen mit politischer, wirtschaftlicher und sozialer Macht, wie es der Papst formuliert. Denn wenn Verbraucher Gewohnheiten und Konsumverhalten ändern, werden etwa Unternehmen aufgrund ausbleibender Rendite zur Veränderung ihrer Produktionsweise gezwungen. Verbraucher habe eine große soziale Verantwortung: „Das Kaufen [ist] nicht nur ein wirtschaftlicher Akt, sondern immer auch eine moralische Hand-

---

7   Vgl. LS 111, 123, 160, 219.

lung." Daher ruft heute „das Thema der Umweltverschmutzung das Verhalten eines jeden von uns [...] zur Rechenschaft".[8]

Wie stellt sich Papst Franziskus eine entsprechende Spiritualität vor?

Eine froh und authentisch gelebte ganzheitliche Ökologie[9]

Der Papst widmet weite Teile seiner Enzyklika der Darstellung dessen, was Bibel und Spiritualitätsgeschichte an reichen Ansätzen vorhalten. Die entsprechenden Ausführungen können hier in ihrem ganzen Reichtum nicht wiedergegeben werden. Deshalb beschränke ich mich auf drei Akzente:

Umkehr zu Gott

Ganz klassisch führt Papst Franziskus aus: „Die Schöpfungserzählungen [...] deuten an, dass sich das menschliche Dasein auf drei fundamentale, eng miteinander verbundene Beziehungen gründet: die Beziehung zu Gott, zum Nächsten und zur Erde. Der Bibel zufolge sind diese drei lebenswichtigen Beziehungen zerbrochen, nicht nur äußerlich, sondern auch in unserem Innern. Dieser Bruch ist die „Sünde".[10] Sie besteht in „unsere[r] Anmaßung", „den Platz Gottes einzunehmen", was unser Verhältnis zu Gott, den Mitmenschen und der ganzen Schöpfung „verfälscht" (ebd.). Denn wir leben und handeln dann nicht „auf der Grundlage einer Wirklichkeit [...] die uns zuvor geschenkt wurde und die unserem Können und unserer Existenz vorausgeht" (LS 140). Der Papst erklärt diese Haltung noch eingehender und schreibt kritisch im Hinblick auf das neuzeitliche Selbstverständnis des Menschen: „Der Mensch ist nicht völlig autonom. Seine Freiheit wird krank, wenn sie sich den blinden Kräften des Unbewussten, der unmittelbaren Bedürfnisse, des Egoismus und der Gewalt über-

---

8   LS 206
9   LS 10
10   LS 66. Vgl. Zweites Vatikanisches Konzil, Gaudium et Spes, Nr. 13; Katechismus der Katholischen Kirche, Nr. 398 – 400, und Kompendium der Soziallehre der Kirche, Nr. 27.

lässt". Deshalb brauche der Mensch eine Ethik, Kultur und Spiritualität, „die ihm wirklich Grenzen setzen und ihn in einer klaren Selbstbeschränkung zügeln" (LS 105).[11] „Wenn die äußeren Wüsten [...] in der Welt [wachsen], weil die inneren Wüsten so groß geworden sind, ist die Umweltkrise ein Aufruf zu einer tiefgreifenden inneren Umkehr" (LS 217).

Dankbarkeit und Großzügigkeit

Papst Franziskus zählt die „Haltungen" auf, zu denen eine „Bekehrung" führen kann, die sich an der Einheit der Beziehung zu Gott, den Mitmenschen und der ganzen Schöpfung orientiert. Dies sind vor allem: „Dankbarkeit und Unentgeltlichkeit [italienisch: gratitudine e gratuità] [...], das heißt ein Erkennen der Welt als ein von der Liebe des Vaters erhaltenes Geschenk, das als Konsequenz die Bereitschaft eines freien Verzichts hervorruft, der keine Gegenleistung erwartet, und handelt aus Großzügigkeit, auch wenn niemand es sieht und anerkennt".[12] Es geht – mit Worten des griechisch-orthodoxen Patriarchen Bartholomäus – darum, „vom Konsum zum Opfer, von der Habgier zur Freigiebigkeit, von der Verschwendung zur Fähigkeit des Teilens überzugehen [...] Es ist eine Weise des Liebens, schrittweise von dem, was ich möchte, zu dem überzugehen, was Gottes Welt nötig hat" (LS 9)[13] – weg von einem „Konsum-Mechanismus" (LS 181) hin zu einer „froh und authentisch gelebte[n] ganzheitlichen[n] Ökologie" (LS 10). Christliche Spiritualität kann ein wichtiger Motor für Veränderung des Bewusstseins und des Handelns sein, denn sie eröffnet eine andere Sicht von Lebensqualität. Dabei ist die stete Bereitschaft zur Veränderung des Lebensstils ein Grundsatz christlichen Lebens.

So schlägt die christliche Spiritualität „ein anderes Verständnis von Lebensqualität vor und ermutigt zu einem prophetischen und kontemplativen Lebensstil, der fähig ist, sich zutiefst zu freuen, ohne auf Konsum versessen zu sein. Es ist wichtig, eine alte Lehre anzunehmen, die in verschiedenen religiösen Traditionen und auch in der Bibel vorhanden ist. Es handelt sich um die Überzeugung, dass ‚weniger mehr ist' ... Die Genügsamkeit, die unbefangen und bewusst gelebt wird,

---

11 Vgl. LS 115 ff., 122.
12 LS 220 (eig. Übers. aus dem Italienischen).
13 Siehe auch LS 203 – 208, 222 – 227.

ist befreiend. Sie bedeutet nicht weniger Leben, sie bedeutet nicht geringere Intensität, sondern ganz das Gegenteil" (LS 222, 223).

Der heilige Franziskus als Vorbild

Für eine solche Ökologie findet Papst Franziskus ein Vorbild im heiligen Franziskus von Assisi. Die Spiritualität des heiligen Franziskus ist für ihn ein Beispiel einer ganzheitlichen Sicht der Welt, weil er aus dem Bewusstsein lebte, „dass alle Geschöpfe ihren letzten Ursprung in Gott haben [...] Auch die kleinsten Geschöpfe nannte er deshalb Bruder und Schwester" (LS 11). Der Papst folgert: „Wenn wir in unserer Beziehung zur Welt nicht mehr die Sprache der ‚Geschwisterlichkeit' sprechen, wird unser Verhalten das des Herrschers, des Konsumenten oder des bloßen Ausbeuters [...] Wenn wir uns [...] allem, was existiert, innerlich verbunden fühlen, werden Genügsamkeit und Fürsorge von selbst aufkommen." Es geht um eine Änderung der Haltung, nämlich um den „Verzicht darauf, die Wirklichkeit in einen bloßen Gebrauchsgegenstand und in ein Objekt der Herrschaft zu verwandeln" (ebd.).[14] Was bedeutet das konkret für das alltägliche Leben?

Nachhaltiger Konsum und Kontemplation

Anders konsumieren

Der Papst diagnostiziert: „Während das Herz des Menschen immer leerer wird, braucht er immer nötiger Dinge, die er kaufen, besitzen und konsumieren kann" (LS 204). Schon Papst Benedikt hat geschrieben: „Das Kaufen [ist] nicht nur ein wirtschaftlicher Akt, sondern immer auch eine moralische Handlung" (LS 206). Tatsächlich bestimmen Verbraucher durch ihr Einkaufsverhalten wesentlich mit, was wie produziert wird. Zudem wirkt sich das Einkaufsverhalten auf die Gesundheit aus: Viele Menschen in westlichen Ländern essen zum Beispiel mehr Fleisch, als es eigentlich gesund ist. Oder ein anderes Beispiel: Eine Ärztin berichtet, dass die Verdauungsorgane von Menschen in Mitteleuropa eigentlich nicht darauf eingestellt sind, im Winter große Mengen von Südfrüchten zu verarbeiten. Äpfel und Birnen beispielsweise seien für sie viel bekömmlicher.

---

14   Siehe auch LS 66.

Vor diesen Hintergründen kann man eine 5-Finger-Regel skizzieren:

1. Passend einkaufen – also nicht zu viel, damit nicht so viel weggeworfen werden muss.
2. Saisonal und
3. regional einkaufen.
4. Weniger Fleisch und Fisch zu essen.
5. Und nach Möglichkeit Produkte mit Siegel einkaufen, also zum Beispiel bio und fair.

Mehr Kontemplation und Ruhe

Papst Franziskus schreibt: „Wenn jemand nicht lernt, innezuhalten, um das Schöne wahrzunehmen und zu würdigen, ist es nicht verwunderlich, dass sich für ihn alles in einen Gegenstand verwandelt, den er gebrauchen oder skrupellos missbrauchen kann" (LS 215). Christliche Spiritualität lehrt die „Rückkehr zu der Einfachheit, die uns erlaubt innezuhalten, um das Kleine zu würdigen, dankbar zu sein für die Möglichkeiten, die das Leben bietet, ohne uns an das zu hängen, was wir haben, noch uns über das zu grämen, was wir nicht haben" (LS 222).

In diesem Sinn ist es eine hilfreiche Übung, ein Mal am Tag, vielleicht abends, einen Moment innezuhalten und Gott für wenigstens eine Sache zu danken, die sich im Laufe des Tages ereignet hat. Papst Franziskus erwähnt hier ausdrücklich auch die Bedeutung des Tischgebets als Ausdruck des Dankes für die Gaben der Schöpfung. Natürlich kennt die christliche Spiritualität noch viel mehr Möglichkeiten der Kontemplation – vom Rosenkranz bis zum Ruhegebet –, die Menschen allein verrichten oder auch miteinander teilen können.

Anders konsumieren und mehr Kontemplation sind zwei hilfreiche Ansätze, die der einzelnen Person und der Schöpfung guttun. In diesem Sinne verweist die christliche Spiritualität auf ein anderes Verständnis von Lebensqualität und ermutigt zu einem kontemplativen und prophetischen Lebensstil, der von Lebensfreude geprägt ist, ohne auf Konsum versessen zu sein (LS 222). Die dringend notwendige Veränderung der Weichenstellung in der menschlichen Entwicklung ist in diesem Verständnis kein mühsamer Verzicht, sondern ein „Anders besser leben". In diesem Sinn anders leben bedeutet mehr Leben, und so sind Menschen zum Widerstand gegen „Konsumismus" (LS 203) und gegen „soziale Ungerechtigkeit" (LS 51, 158) aufgerufen.

Auf diese Weise zeigt Papst Franziskus in der Enzyklika „Laudato si'" eindrucksvoll auf, wie der christliche Glaube für einen im umfassendsten Sinn nachhaltigen Lebensstil eine wesentliche Hilfe sein kann. Eine in einer Schöpfungsspiritualität grundgelegte Blickrichtung ruft den einzelnen Menschen zu einer tiefgreifenden inneren Umkehr auf und macht gleichzeitig deutlich, dass es auch nur gesamtgesellschaftlich zu bewältigende Herausforderungen gibt. Der Papst fordert also zu einem umfassend nachhaltigen Lebensstil auf und nimmt zum Ende seiner Enzyklika Rekurs auf den Lobpreis der Schöpfung des heiligen Franziskus: „Gehen wir singend voran! Mögen unsere Kämpfe und unsere Sorgen um diesen Planeten uns nicht die Freude und die Hoffnung nehmen" (LS 244).

Praktizierter Schöpfungsglaube führt zu nachhaltigem Lebensstil

„Der Rhythmus des Konsums, der Verschwendung und der Veränderung der Umwelt hat die Kapazität des Planeten derart überschritten, dass der gegenwärtige Lebensstil, da er unhaltbar ist, nur in Katastrophen enden kann, wie es bereits periodisch in verschiedenen Regionen geschieht" (LS 161), so die nüchterne Bilanz von Papst Franziskus. Wir sind also sehr deutlich hinsichtlich unseres Konsumverhaltens angefragt und in die Verantwortung genommen. Konsumverantwortung ist dabei nicht mehr nur reine Privatsache, sondern sie ist eingebettet in eine kulturelle Basis, auf dessen Grundlage politische Veränderungen herbeigeführt werden können. Dabei geht es wesentlich um Nachhaltigkeit. Erst 1987 durch den Abschlussbericht der World Commission on Environment and Development eingeführt, hat nachhaltige Entwicklung inzwischen einen großen Stellenwert in der politischen Debatte bekommen und wird definiert als „eine Entwicklung, die die Bedürfnisse der jetzt Lebenden befriedigt (insbesondere die Grundbedürfnisse der Armen dieser Welt, denen oberste Priorität eingeräumt werden sollte), ohne die Fähigkeit künftiger Generationen zu gefährden, ihre Bedürfnisse zu befriedigen und ihren Lebensstil zu wählen."[15] Grundlegend geht es also im Gespräch über Nachhaltigkeit darum, dass bestimmte Systeme (zum Beispiel Wald, Wasser) so genutzt werden, dass sie bei gleichbleibender Nutzung und Wertschöpfung erhalten bleiben. Letztlich sind wir, die Verbraucher, hier stark gefragt. Das Verbraucherverhalten kann jedoch nur dann wirkmächtig und gesellschaftlich relevant werden, wenn Informationen über Konsumprodukte und deren Herstellung und Herkunft transparent kommuniziert und gekennzeichnet werden. Ist dies gegeben, so kann ein christlicher Lebensstil zu einer subversiven Kraft für ein zukünftiges nachhaltiges Handeln werden.

Der persönliche Lebensstil gibt authentisch Auskunft über die Wertigkeiten des eigenen Lebens und eine nachhaltige Schöpfungsverantwortung zeigt sich eben auch darin, wie Menschen einkaufen und im Alltag leben. Hier können Christen durchaus eine Vorbildfunktion einnehmen. Letztlich gilt mit Papst Franziskus: „Wenn wir die Komplexität der ökologischen Krise und ihre vielfältigen Ursachen berücksichtigen, müssten wir zugeben, dass die Lösungen nicht über einen einzigen Weg, die Wirklichkeit zu interpretieren und zu verwandeln, erreicht werden können. [...] Wenn wir wirklich eine Ökologie aufbauen wollen, die uns gestattet, all das zu sanieren, was wir zerstört haben, dann darf kein Wissenschaftszweig und keine Form der Weisheit beiseitegelassen werden, auch nicht die religiöse mit ihrer eigenen Sprache" (LS 63).

---

15 https://www.nachhaltigkeit.info/artikel/brundtland_report_563.htm (16.08.2021).

Die Würde der Natur ist auch die Würde des Menschen

von

Seyyed Hossein Nasr

Seyyed Hossein Nasr ist persischer Universitätsprofessor für Islamische Studien an der George Washington University und ein bedeutender islamischer Philosoph. Er lehrte zuvor an der Harvard University, der University of Tehran und der Temple University in Philadelphia und hielt die Gifford Lectures an der University of Edinburgh.

Dr. Nasr ist der Autor von über fünfzig Büchern und Hunderten von Artikeln zu Themen wie traditionalistische Metaphysik, islamische Wissenschaft, Sufismus und islamische Philosophie. Er schreibt auf Persisch, Englisch, Französisch und Arabisch. Seit den 60er-Jahren spricht und publiziert er über die tieferliegenden Ursachen der Zerstörung der Natur. Er gilt als einer der einflussreichsten islamischen Gelehrten der Welt.

Der folgende Text ist die vom Herausgeber gekürzte Fassung eines Kapitels aus Dr. Nasrs Buch „Religion and the Order of Nature", das 1996 bei der Oxford University Press erschienen ist.

Die unbequeme Wahrheit über die Religion

Wenn Sie durch verschiedene Welten und Jahrhunderte zurückgehen, finden Sie überall die heilige Qualität der Natur vor, die jetzt vergessen ist und deswegen der Wiederbelebung bedarf. Die Natur muss resakralisiert werden, nicht durch den Menschen, der keine Macht hat, irgendetwas die Qualität des Heiligen zu verleihen, sondern durch die Erinnerung an das, was die Natur ist: ein Schauplatz der göttlichen Schöpfungskraft und Gegenwart des Göttlichen. Die Natur ist bereits durch das Heilige selbst geheiligt worden und ihre Resakralisierung bedeutet mehr als alles andere eine Transformation im Menschen, der sein Heiliges Zentrum verloren hat. So kann er das Heilige wiederentdecken und folglich die heilige Qualität der Natur erneut sehen. Und dieses Wiederentdecken kann nur durch die Religion als Aufbewahrungsort des Heiligen und als Mittel des Zugangs zu ihm erreicht werden – durch die Religion in ihren traditionellen Formen. Zudem kann eine solche Transformation nur durch die Wiederbelebung des religiösen Wissens um die Ordnung der Natur zustande kommen, was wiederum die Rücknahme der negativen Auswirkungen all jener Prozesse der Verwandlung des Bildes des Menschen von sich selbst und von der Welt um ihn herum, also seines Denkens, bedeutet, die die Geschichte des Westens in den letzten fünf Jahrhunderten geprägt haben.

Die Geschichte der modernen Welt ist ein Zeugnis dafür, dass der Typus des Menschen, der das Heilige (oder den Himmel) negiert, weil er glaubt, ein rein irdisches Geschöpf zu sein, nicht im Gleichgewicht mit der Erde leben kann. Zwar tragen auch die verbliebenen traditionellen Völker der Welt zur Zerstörung ihrer Umwelt bei, aber ihre Handlungen sind in der Regel lokal begrenzt und meist die Folge moderner Erfindungen und Techniken fremden Ursprungs, während die modernisierten Regionen des Globus fast vollständig für die Technologien verantwortlich sind, die die Zerstörung der Natur in großem Umfang ermöglichen, Zerstörung, die bis in die höheren Schichten der Atmosphäre reicht. Es ist die säkularisierte Weltanschauung, die die Natur auf einen rein materiellen, von der Welt des Bewussten abgeschnittenen Bereich reduziert, der nach Belieben für das geplündert werden darf, was gewöhnlich als menschliches Wohlergehen bezeichnet wird, was aber in Wirklichkeit die illusorische Befriedigung einer nie endenden Gier bedeutet, ohne die die Konsumgesellschaft nicht existieren würde.

Es ist nicht zu übersehen, dass die Zerstörung der natürlichen Ordnung in dem gegenwärtigen Ausmaß durch eine Weltanschauung möglich wurde, die die Religion entweder verleugnet oder an den Rand gedrängt und sie von innen her geschwächt und durchdrungen hat: Es ist die Weltanschauung des Westens der letzten Jahrhunderte, die sich in den letzten Jahrzehnten noch einmal verstärkt hat.

Auch wenn es heute Menschen gibt, die eine neue Philosophie im heutigen Sinne entwickeln, um die natürliche Umwelt zu retten, sind ihre Lehren nicht mächtig genug, um die menschliche Gemeinschaft auf globaler Ebene in diesem Moment der akuten Krise zu beeinflussen. Sie haben außerdem keinen Zugang zum Heiligen, das allein uns in die Lage versetzen kann, der sakralen Qualität der Natur wieder Geltung zu verschaffen und damit ihren eigentlichen Wert jenseits des rein Nützlichen zu erkennen. Sie können sicherlich dabei helfen, die mentale Landschaft zu verändern, die durch so viele Formen des philosophischen Agnostizismus und Nihilismus verunreinigt ist, aber sie können nicht die Veränderung herbeiführen, die für das physische Überleben der Menschen notwendig ist. Nur Religion und Philosophien, die in Religion und logischem Denken verwurzelt sind, sind für ein solches Unterfangen geeignet.

In der Tat könnte man sagen, dass der Mensch, solange er nach den traditionellen Lehren lebte, nicht nur in Frieden mit dem Himmel war, sondern sich auch kraft dieses Friedens in Harmonie mit der Erde befand. Der moderne Mensch, der die religiöse Sicht auf die Ordnung der Natur verdrängte und die Religion selbst „ghettoisierte", verursacht nun nicht nur das Verschwinden zahlreicher Pflanzen- und Tierarten und gefährdet viele andere, sondern lässt den Menschen selbst fast zu einer gefährdeten Spezies werden.

Viele Menschen verweisen auf die praktischen und ethischen Aspekte der Umweltkrise – wie zum Beispiel die ungezügelte Gier der heutigen Gesellschaft –, die zur Erhöhung der Zerstörung der Umwelt um das Tausendfache führten, und suchen Lösungen nur auf der praktischen Ebene. Aber selbst wenn wir uns auf den Bereich der Praxis beschränken, muss man sich fragen, welche Macht außer äußerer roher Gewalt die Kontrolle über die leidenschaftlichen Elemente in den Seelen der Menschen herbeiführen kann, damit sie in materieller Hinsicht nicht so viel von der Welt der Natur fordern. Es mag einige wenige Philosophen geben, für die eine solche Macht die Vernunft ist, aber für die große Mehrheit der Menschen kann es nur die Religion sein. Die Leidenschaften in uns sind wie ein Drache, den die moderne psychologische Sichtweise entfesselt hat und für den die Kategorie des Bösen keine Bedeutung hat. Nur die Lanze eines Heiligen Georgs, die Lanze, die die Kraft des Spirituellen symbolisiert, kann den Drachen erschlagen. Wie tragisch ist die Welt, in der der Drache den Heiligen Georg erschlagen hat! Die auf diese Weise freigesetzten Leidenschaften können die Welt nur zerstören.

Der Mensch ist geschaffen, um das Absolute und Unendliche zu suchen. Wenn das Göttliche Prinzip, das zugleich absolut und unendlich ist, verleugnet wird, gehen die Sehnsucht und die Suche in der menschlichen Seele dennoch weiter. Das Ergebnis ist, dass der Mensch einerseits sich selbst oder sein Wissen über die Welt in Form der Wissenschaft verabsolutiert und andererseits das Unendliche in der physischen Welt sucht, die per Definition endlich ist. Anstatt das Unendliche in den unzähligen Spiegeln der Welt der Schöpfung zu betrachten, die die göttlichen Attribute und Qualitäten widerspiegeln, wendet sich der Mensch der materiellen Welt zu, um seinen unendlichen Durst zu stillen. Mit dem, was er auf der materiellen Ebene bekommt, wird er allerdings nie zufrieden sein. Wenn er seine unendliche Energiequelle auf die äußere Welt richtet, verwandelt er die Ordnung der Natur in das Chaos und die Hässlichkeit, die wir heute in so vielen Teilen der Erde so schmerzlich beobachten. An die Stelle spiritueller Kreativität tritt der Erfindergeist, der in der Umwelt des Menschen die Spuren seiner unendlichen Tüftelei an der Natur hinterlässt: Sie resultiert in der Produktion von Gadgets und anderen Sachen, die in Form von immer mehr Müll und Abfällen enden und immer größer werdende Ödlandschaften schaffen, mit denen die natürliche Umwelt kaum fertig wird.

Darüber hinaus werden diese Umlenkung der Sehnsucht der Seele nach dem Unendlichen in die materielle Welt und die Änderung der Richtung seiner Entwicklung von der Reise der Seele zu Gott hin zu rein materiellem Fortschritt noch verheerender, weil sie durch die Verabsolutierung des irdischen Menschen mit ihrem anschließenden Anthropomorphismus verstärkt wird: Der Mensch und nur der Mensch ist nun das Maß aller Dinge. In einer solchen Situation können nur die traditionellen Religionen mit ihren Wurzeln im Göttlichen und ihren Mitteln, die Seele zu ihrem ultimativen Ziel zu lenken, ein wirkliches Heilmittel gegen die Illusion einer zentrumslosen Seele bieten, einer Seele, die das Unendliche in der Mannigfaltigkeit der Natur und das Absolute in einer peripheren Daseinsweise sucht.

Nur die Religion kann den Menschen dazu bringen, asketischer zu leben, die Tugend des einfachen Lebens und der Genügsamkeit als Zierde der Seele zu akzeptieren und Sünden wie die Gier als das zu sehen, was sie sind. Und nur die Religion oder traditionelle Philosophien, die aus spirituellen, metaphysischen und religiösen Quellen gespeist werden, können die Relativität des Menschen im Lichte des Göttlichen Prinzips offenbaren. Sie ist der Gegenentwurf zu dem Relativismus, der in der modernen Welt so weit verbreitet ist und der versucht, das Absolute und seine Manifestationen in der Religion zu relativieren, im Namen der Theorie, dass alles relativ ist – außer natürlich jenes menschliche Urteil, das behauptet, dass alles relativ ist. Solange der Mensch seine Relativität im Lichte des Absoluten nicht erkennt, ist er dazu verdammt, sich selbst und seine Meinungen zu verabsolutieren, egal wie sehr er nebenbei versucht, eine unintelligente Demut gegenüber den Tieren und Pflanzen oder den Sternnebeln und Molekülen zu zeigen.

Die Religion ist also auf der praktischen Ebene unerlässlich, um die Aktivitäten des Menschen zu verwandeln und neu auszurichten, um der Beziehung zwischen dem Menschen und der natürlichen Ordnung eine spirituelle Bedeutung zu verleihen. Aus diesem Grund haben sich so viele zeitgenössische religiöse Denker, die sich mit der Umweltkrise befassen, dem Thema der Umweltethik zugewandt. Doch ist religiöse Ethik zwar notwendig, aber nicht ausreichend. Was darüber hinaus erforderlich ist, ist die erneute Berücksichtigung des religiösen Verständnisses der Ordnung der Natur, das Wissen und nicht nur Ethik beinhaltet. Eine religiöse Ethik kann nicht mit einer Auffassung von der Ordnung der Natur zusammengehen, die die ureigenen Prämissen der Religion radikal leugnet und die für sich ein Monopol auf das Wissen über die natürliche Ordnung beansprucht, zumindest auf jedes Wissen, das von Bedeutung ist und von der Gesellschaft als „Wissenschaft" akzeptiert wird. Es muss der Boden geebnet und ein Raum geschaffen werden für die erneute Bekräftigung des religiösen Verständnisses der Ordnung der Natur als authentisches Wissen, ohne dabei andere Arten der Naturerkenntnis zu leugnen, solange Letztere innerhalb der Grenzen gehalten werden, die ihnen durch die Beschränkungen aus ihren Paradigmen auferlegt werden, wenn sie also ihren Prämissen, Erkenntnistheorien und dem, was man ihre Randbedingungen nennen könnte, entsprechen.

Um einen zeitgenössischen Begriff zu verwenden, der etwas überstrapaziert und oft inadäquat gebraucht wird, bedarf es eines Paradigmenwechsels, aber im platonischen und nicht im Kuhn'schen Sinne von Paradigma. Ein solcher Wechsel würde eine Weltanschauung ermöglichen, in der das religiöse Verständnis der Ordnung der Natur im traditionellen Sinne als authentisch akzeptiert würde, zusammen mit den Wissenschaften, die auf bestimmten quantitativen Dimensionen der Natur basieren – alles innerhalb eines metaphysischen Ganzen, in dem jede Art von Wissen als Teil einer Hierarchie akzeptiert wäre, einer Hierarchie, die zur höchsten Wissenschaft führt, der Wissenschaft des Realen an sich, der scientia sacra. Es steht uns hier weder zu, über die Bestandteile eines solchen Paradigmas zu sprechen, das nur durch die Wiederbelebung traditioneller Lehren entstehen kann, noch über die Integration der modernen Wissenschaft in einen universellen metaphysischen Rahmen, noch über die zukünftige Beziehung zwischen Religion und Wissenschaft. Unser Ziel ist es hier, kategorisch die Notwendigkeit der Akzeptanz der religiösen Sicht der Ordnung der Natur, die in der metaphysischen Perspektive verwurzelt ist, zu bekräftigen. Diese Perspektive einer scientia sacra brauchen wir, wenn eine religiöse Ethik, die die Natur einbezieht, irgendeine Wirksamkeit haben soll.

Die Ordnung der Natur

Beim heiligen Ritus der Pilgerfahrt (al-ḥajj) zum Haus Gottes in Mekka umrunden die muslimischen Pilger die Kaaba siebenmal gegen den Uhrzeigersinn, entgegen der Bewegung des Pfeils der Zeit. Die tiefste Bedeutung dieses Aspekts des Ritus ist die Aufhebung der Auswirkungen des Sündenfalls und die Wiedereingliederung des Menschen in den edenischen Zustand, wodurch seine Unvollkommenheiten und Sünden überwunden werden und er seinen Zustand der ursprünglichen Reinheit wiedererlangt.

Man könnte im übertragenen Sinne sagen, dass ein ähnlicher intellektueller, geistiger und psychologischer Prozess unternommen werden muss, um das religiöse Wissen über die Ordnung der Natur wieder zu etablieren. Die philosophischen und wissenschaftlichen Prozesse, die zur Säkularisierung des Universums und zum Monopol des daraus resultierenden Mainstreams des modernen westlichen Denkens geführt haben, müssen rückgängig gemacht werden. Der zeitgenössische Mensch würde dabei alles, was in den späteren Phasen seiner geistigen Entwicklung wertvoll war, wie etwa bestimmte Arten von empirischem Wissen über die Natur, in die ursprüngliche, metaphysische Dimension des traditionellen religiösen Universums einbinden – eines Universums, in dem die Natur immer noch eine heilige Bedeutung besitzt.

Der Mensch muss die negativen Aspekte seiner unmittelbaren Vergangenheit, die im theologischen Sinne wahre Sünden gegen das Göttliche sind, durch den Prozess der Rückkehr und Wiedereinbindung sühnen, ähnlich wie im Fall des Pilgers. Und so wie die Rückkehr des Pilgers in den edenischen Zustand nicht den Verlust seines Gedächtnisses oder seiner Persönlichkeit bedeutet, so bedeutet die Rückkehr des zeitgenössischen Denkens sicherlich nicht das Vergessen des Gelernten, solange es sich um wirkliches Wissen handelt und nicht um Vermutungen, die sich als Wissenschaft ausgeben. Es geht um die Integration der Wissenschaften in eine metaphysische Perspektive. Es geht um die Wiedergewinnung des in den traditionellen Religionen verwurzelten Wissens über die Welt sowie um die Wiederentdeckung der Wirklichkeit des Aspekts der Natur, dem dieses Wissen entspricht.

Nur so kann das religiöse Verständnis der Ordnung der Natur ernsthaft wiederentdeckt werden und eine Realität, der die religiöse Ethik entspricht, zur Geltung kommen. Alles, was dieses Ziel verfehlt, wird der Bedeutung des religiösen Naturverständnisses nicht gerecht und übersieht den Widerspruch zwischen frommen Behauptungen religiöser Ethik – wie der Heiligkeit des Lebens – und einer vorherrschenden „Wissenschaft vom Leben", für die schon der Begriff „Heiligkeit" bedeutungslos ist. Alles, was dieses Ziel verfehlt, versäumt es außerdem, sich mit dem auseinanderzusetzen, was der Umweltkrise und den die menschliche Existenz auf der Erde bedrohenden Kräften zugrunde liegt.

Wenn ein solcher „Raum für die religiöse Sicht der Ordnung der Natur" wiederhergestellt werden sollte, müsste dies natürlich in einem Maßstab geschehen, der in seiner intellektuellen Perspektive global, in seinen praktischen Anwendungen jedoch lokal ist. Die wesentlichen Lehren der westlichen religiösen Tradition müssten wiederentdeckt und neu formuliert werden – jenseits der Verzerrungen und Beschränkungen, die ihnen durch fünf Jahrhunderte säkularistischer Wissenschaften und Philosophien auferlegt wurden. Darüber hinaus müsste auch die Perspektive anderer Traditionen dargelegt werden, sowohl für die Anhänger der jeweiligen Tradition als auch für eine globale religiöse Sichtweise auf die Ordnung der Natur, die in der Lage wäre, mit einer vereinten Stimme denen entgegenzutreten, die der Natur jeglichen Sinn, Zweck oder heilige Qualität absprechen.

Es gibt Bemühungen, eine über religiöse Grenzen hinweggehende Lehre des Göttlichen Prinzips zu formulieren, die von der „transzendenten Einheit der Religionen" oder der „globalen Theologie" sprechen. Man könnte sagen, dass die Formulierung einer globalen religiösen Perspektive auf die Natur diese Bemühungen ergänzt. So wie es viele Himmel gibt, von denen jeder zu einem bestimmten religiösen Kosmos gehört und doch ein Abglanz des einzigen Himmels, ja, in seinem Wesen der Himmel selbst ist, so gibt es viele Erden und Formen religiösen Wissens über diese Erden. Trotz aller Unterschiede gibt es aber eine Perspektive, die viele wesentliche Merkmale dieser verschiedenen Formen religiösen Wissens umfasst und die zu einem Wissen über die Erde führt, das von allen religiösen Traditionen als eigen erkannt werden kann – zumindest in ihren praktischen Dimensionen, wenn nicht in ihren theologischen, sozialen und juristischen Formulierungen. Im Lichte dieses gemeinsamen Wissens (das in der Tat jede einzelne der Traditionen bereichern kann) sollen wir die heilige Qualität der Natur wieder geltend machen und von ihrer Resakralisierung sprechen.

Im Lichte dieses Wissens müssen wir auch bewerten, welche Bedeutung eine bestimmte Entdeckung in der Physik oder irgendeiner anderen Wissenschaft über sich selbst hinaus haben könnte. Die moderne Wissenschaft als solche kann sich nicht mit den philosophischen und metaphysischen Implikationen ihrer Entdeckungen auseinandersetzen. Und wenn einzelne Wissenschaftler dies tun, dann nehmen sie solche Interpretationen als Philosophen, Metaphysiker und Theologen vor. Das wird so lange wahr, wie die moderne Wissenschaft innerhalb ihres gegenwärtigen Paradigmas funktioniert. Was passiert, wenn es einen Paradigmenwechsel gibt, ist eine andere Sache.

Auf jeden Fall können solch bemerkenswerte Entdeckungen wie die Bell'sche Ungleichung nicht von selbst zu metaphysischen und theologischen Wahrheiten führen. Sie haben metaphysische Implikationen, die nur dann verstanden werden könnten, wenn das religiöse Wissen über den Kosmos und die Ordnung der Natur als legitimer Modus der Naturerkenntnis akzeptiert wurde. In jedem Fall ist ein solches Wissen von größter Bedeutung für die Wiederentdeckung der heiligen Qualität der Natur und die Wiederherstellung eines auf Harmonie basierenden Verhältnisses zwischen dem Menschen und seiner natürlichen Umwelt. Es ist auch von entscheidender Bedeutung für die Schaffung eines neuen Verständnisses zwischen Religion und Wissenschaft. Es wird uns neben der traditionellen Metaphysik helfen, die modernen Wissenschaften in eine Hierarchie des Wissens zu integrieren, wo sie ohne Exklusivitätsansprüche funktionieren könnten und wo sie die grundlegende Beziehung zwischen dem Menschen und dem Kosmos nicht stören. Es gibt nämlich eine Beziehung zwischen dem Menschen und dem großen Ganzen, die über den Bereich der reinen Quantität und sogar über das Empirische und Rationale hinausgeht.

Der religiöse Kosmos

Jenseits der verschiedenen Kosmologien und Auffassungen von der Ordnung der Natur in den verschiedenen traditionellen Religionen gibt es eine religiöse Sicht des Kosmos, die eine bemerkenswerte Universalität offenbart, wenn man über den Bereich der Formen und des Äußeren hinausgeht und nach der inneren Bedeutung der Mythen und Symbole in den verschiedenen religiösen Universen sucht.

Zunächst ist zu bedenken, dass eine Religion nicht nur die Dimension der menschlichen Gemeinschaft besitzt. Sie schafft auch ein kosmisches Ambiente, einen Sektor des Universums, der an den jeweiligen religiösen Realitäten teilhat. Wenn ein gläubiger Muslim zu Beginn des Mondmonats die Mondsichel sieht, schließt er die Augen und spricht ein Gebet zu Gott und sieht im Mond das Symbol der islamischen Offenbarung und, genauer gesagt, des Propheten, von dem man sagen könnte, dass er eine „lunare" Natur besitzt. Buddhisten hören das Dharma im Fließen der Flüsse und für Hindus ist der Ganges der Fluss, der aus dem Paradies fließt, der Fluss, der, weil er heilig ist, diejenigen reinigt, die in ihm baden.

Für das Judentum und das Christentum gibt es so etwas wie das Heilige Land und Jerusalem hat eine universale Bedeutung, weil es mit religiösen Ereignissen von entscheidender Wichtigkeit verknüpft ist. Diese Bedeutung für traditionelle Juden und Christen ist nicht nur historisch oder durch menschliche Erinnerung auferlegt, sondern kosmisch. Der Berg Sinai ist nicht nur irgendein Berg, den irgendein Mensch wegen der mosaischen Offenbarung für wichtig hält. Er ist innerhalb des Universums der abrahamitischen Religionen in sich selbst wichtig. Ebenso wird der Spider Rock im Canyon de Chelly in Arizona von den Navajos nicht nur als heiliger Fels angesehen: Er ist innerhalb ihres ganzen religiösen Kosmos heilig.

Diese Wahrheit wird in den kosmologischen Schemata vieler Traditionen deutlich, von der tibetisch-buddhistischen über die christliche bis hin zur islamischen. Die verschiedenen Buddhas erfüllen viele Funktionen innerhalb des buddhistischen Kosmos. Christus und die Engel sind innerhalb des christlichen Universums real, nicht nur subjektiv, sondern auch objektiv. Und Mi'rājor, der nächtliche Aufstieg des Propheten, bei dem er von Jerusalem aus nicht nur geistig oder seelisch, sondern auch körperlich (jismānī) in den Himmel aufstieg, fand innerhalb des Kosmos der islamischen Offenbarung objektiv statt.

Man könnte die Beispiele tausendfach multiplizieren, vor allem bei Urvölkern wie den australischen Aborigines, den Stämmen der amerikanischen Plains oder den Mesoamerikanern, aber das ist hier nicht nötig. Wichtig ist, sich der Universalität dieses Prinzips und seiner Realität aus der Sicht des religiösen Verständnisses der Ordnung der Natur bewusst zu werden. Gerade diese Realität wird heute in jenem Teil der Menschheit geleugnet, der vom Säkularismus, Szientismus und Modernismus betroffen ist, weil in dieser Welt die religiöse Erkenntnis jeglicher Legitimität beraubt wurde und die Realitäten, die den Gegenstand dieser Erkenntnis bilden, entweder geleugnet oder subjektiviert und psychologisiert wurden. Eine rein quantitative Naturwissenschaft konnte offensichtlich nicht anders; auch nicht jene Philosophen und sogar Theologen, die diese Art von Wissenschaft als die einzig legitime Naturerkenntnis akzeptieren. Und doch basiert die religiöse Sichtweise auf einer Wahrheit, die nicht geleugnet werden kann, sobald ihre metaphysische Bedeutung vollständig verstanden ist.

Nach den metaphysischen Lehren verschiedener Traditionen und den Kosmologien, die die Anwendungen dieser Lehren auf den kosmischen Bereich sind, ist das Göttliche Prinzip nicht nur der Ursprung des Kosmos, sondern auch die Quelle der Religion, die die Menschheit sowohl mit dem Göttlichen Prinzip verbindet als auch in die Ordnung der Natur eingliedert. Einige religiöse Traditionen wie der Konfuzianismus, der Taoismus und der Buddhismus beschäftigen sich nicht mit der schöpferischen und erzeugenden Funktion des Göttlichen Prinzips, wie es die abrahamitischen Religionen und der Hinduismus tun. Aber in beiden Arten von Religionen gibt es das Höchste Prinzip, das der Ursprung sowohl des Menschen als auch des Kosmos ist, auch wenn „Ursprung" in einigen Fällen nicht in einem kosmogonischen Sinne verstanden wird. Insbesondere ist jede Religion die Manifestation eines göttlichen Wortes, eines Logos oder eines demiurgischen Prinzips, das innerhalb des religiösen Kosmos, der durch eine bestimmte Offenbarung oder „himmlische Anordnung" geschaffen wurde, die direkte Quelle der betreffenden Religion sowie der unmittelbare „Herrscher" des Kosmos ist, innerhalb dessen diese Religion funktioniert.

Wenn wir die in den abrahamitischen Religionen gebräuchliche Terminologie des göttlichen Wortes oder Logos verwenden, lässt sich einerseits feststellen, dass Gott sagte: „Sei (kun) (Koran; XXXVI: 81) und es wurde" oder „Alles wurde durch dasselbe [das Wort oder den Logos], und ohne dasselbe wurde auch nicht eines [erschaffen], das geworden ist." (Johannes 1:3). Andererseits ist dieses Wort, durch das Gott die Welt erschaffen hat, im Islam der Koran (einer seiner Namen ist Kalām Allāh, das Wort Gottes) und im Christentum Christus. Der Ursprung der eigentlichen Existenz des Kosmos und der Ursprung der Offenbarung sind also in jeder Religion derselbe. Und durch die Offenbarung wird der innere Zusammenhang zwischen dem Anhänger eines bestimmten Glaubens und dem „kosmischen Bereich", in dem dieser Glaube dominiert, bekannt gegeben.

In jedem religiösen Universum manifestiert der Logos die göttliche Realität sowie den Willen Gottes und seine Gnade für das Reich der Schöpfung zusammen mit der Welt der Menschen und befähigt die Menschen, ein inneres Verständnis und eine Sympathie (im ursprünglichen lateinischen Sinne von sympatheia) für das Reich der Natur zu gewinnen. Der Mensch besteht aus Geist, Seele und Körper, die alle von der Gnade der jeweiligen Religion durchdrungen sind, und er nimmt teil an den göttlichen Gesetzen, die von dieser Religion verkündet wurden. Der Kosmos besteht ebenfalls aus entsprechenden Ebenen der Existenz, von denen nur die äußerste, die unserem Körper entspricht, mit den äußeren Sinnen wahrgenommen werden kann. In der gleichen Weise, wie unser Körper mit unserer Psyche und Seele und unsere Seele mit dem göttlichen Bewusstsein im Zentrum unseres Seins verbunden ist (auch wenn die meisten von uns sich dessen nicht bewusst sind), ist der äußere Körper des Kosmos (genauso wie des Mikrokosmos) vom Licht und der Gnade Gottes durchdrungen und mit den höheren Ebenen der kosmischen Existenz verbunden – mit dem, was die traditionellen Kosmologien als „Seelen der Sphären", „Naturgeister", Engel, die Weltseele, die kosmischen Intelligenzen usw. beschreiben.

Freilich hat der Mensch infolge seiner gegenwärtigen spirituellen Unvollkommenheit und seines Falles aus dem ursprünglichen Zustand der Reinheit den direkten Zugang zu seinem spirituellen Innern verloren – zu dem inneren Reich, welches vor allem anderen zu suchen Christus seine Nachfolger auffordert. Die Welt der Natur ist ebenso finsterer geworden und hat in gewisser Weise Anteil an dem, was die christliche Theologie Erbsünde nennt. Aber da sie die Sünde des Menschen nicht begangen hat, ist die Natur unschuldiger und bewahrt daher mehr als der gefallene Mensch etwas von ihrer ursprünglichen, paradiesischen Vollkommenheit. Nun wird diese Vollkommenheit endgültig von einer Menschheit zerstört, die nicht einmal Interesse an der Bedeutung der Sünde zeigt, geschweige denn daran, dass der Mensch sie begeht und die Verantwortung für die Folgen seines Handelns trägt.

Die Wirklichkeit der drei Ebenen innerhalb sowohl der makrokosmischen als auch der mikrokosmischen Realität liefert uns die ontologische Struktur für das religiöse Verständnis der Ordnung der Natur. Innerhalb des religiösen Universums ist der Mensch mit der Welt der Natur nicht nur durch physische Elemente oder gar psychologische Resonanzen verbunden, sondern durch den Logos und letztlich durch Gott. Jede Pflanze hat eine Bedeutung nicht nur in ihrer physischen Erscheinung, sondern in ihrer subtilen Realität und letztlich als Widerspiegelung und Symbol eines göttlichen Archetyps, der unveränderlich im Göttlichen Intellekt residiert. Ein Mensch, der das Zentrum seines eigenen Wesens erreicht hat, sieht in jedem Phänomen der Natur, in den Kristallen, Pflanzen und Tieren, in den Bergen, dem Himmel und den Meeren, Realitäten, die sich nicht im „bloß" Physischen erschöpfen, sondern sich durch das Physische offenbaren. Der Mensch ist also eins mit der Natur in Körper, Geist und Seele und letztlich in Gott. Auf einer konkreteren und unmittelbareren Ebene ist er mit dem ihn umgebenden Kosmos durch den Logos vereint, der der unmittelbare Ursprung der Riten und Symbole ist, die sein Leben regeln, und die Quelle des Lebens in der Welt um ihn herum, ihrer Gesetze und ihres letztendlichen Sinns darstellt.

Darüber hinaus ist der Mensch auch der Kanal der Gnade für die Welt der Natur (was der Islam barakah nennt), gerade weil er ein Bewusstsein und eine Intelligenz besitzt, die fähig ist, das Absolute zu erkennen, und das Göttliche in zentraler Weise als theomorphes Wesen widerspiegelt. Die Natur wird nicht vom Menschen regiert, trotz seiner Behauptung, sondern von Gott. Und doch ist sie dem Menschen anvertraut, der als Brücke (pontifex) zwischen Himmel und Erde und als Kanal der Gnade und des Lichts für die natürliche Ordnung wirken soll.

Deshalb ist seine Verantwortung so schwerwiegend. Ihm ist die Macht verliehen, über die Natur zu herrschen, aber auch die Fähigkeit, sie zu zerstören, Verderben über das Antlitz der Erde zu bringen, wovor der Koran in vielen Passagen mahnt. Seine Handlungen haben eine kosmische Konsequenz, ob er es will oder nicht, und sein Verzicht auf die Rolle des pontifikalen Menschen, um die Rolle des prometheischen Menschen anzunehmen, kann die Ordnung der Natur nicht anders als auf die negativste Weise beeinflussen. Die Leugnung der Rolle des Logos im Kosmos und die Ablehnung des Wissens über den Kosmos, das in seiner letzten Konsequenz vom Logos abgeleitet ist, kann nur die schlimmsten Folgen für die Ordnung der Natur und für den Menschen selbst haben, was die Gegenwart so deutlich beweist.

Religiöse Riten und kosmische Harmonie

Eine der Folgen der metaphysischen Auffassung von der Welt und der Rolle des Menschen in dem religiösen Universum, das ihm ein religiöses Zuhause bietet, ist die Bestätigung des Zusammenhangs zwischen heiligen Riten und der Harmonie der Natur. Infolge der Verfinsterung der religiösen Sichtweise auf die Natur in der modernen Welt wird die Vorstellung, dass heilige Riten mit kosmischen und natürlichen Ereignissen in Verbindung stehen könnten, als absurd oder bestenfalls kurios angesehen. Sie werden von Kulturanthropologen als Relikte einer „animistischen" Vergangenheit untersucht oder zum Gegenstand von Witzen und Karikaturen gemacht, wie im Fall des Regentanzes der amerikanischen Ureinwohner.

Dass Gebete tatsächlich auf das Wetter einwirken könnten oder religiöse Riten den Verlauf irgendeiner Naturkatastrophe beeinflussen würden, gehört einfach nicht in das modernistische und naturwissenschaftliche Weltbild, auch wenn viele Menschen, die weiterhin einen Glauben besitzen, immer noch um einen sonnigen Tag beten, wenn sie die Felder bestellen oder einen Berg besteigen wollen. Was in der vorherrschenden modernen Sichtweise geleugnet wird, ist in Wirklichkeit eines der wesentlichen Elemente der religiösen Auffassung von der Ordnung der Natur, die es wert ist, ernsthaft betrachtet zu werden, und die in vielen verschiedenen religiösen Universen entscheidend war und ist.

Um die Verbindung zwischen heiligen Riten und der Harmonie und dem Funktionieren der Natur zu veranschaulichen, kann man aus zahlreichen religiösen Welten schöpfen. Diese Verbindung ist die logische Folge der religiösen Sichtweise: Sie beruht auf der Instrumentalität des Logos in der Entstehung und in der anhaltenden Ordnung der Welt der Natur. Sie folgt außerdem aus der Offenbarung, aus der die heiligen Riten als göttlich verordnete Institutionen stammen. In der Tat bieten alle religiösen Traditionen viele Illustrationen des diskutierten Prinzips, nämlich die Verbindung zwischen heiligen Riten und der Ordnung der Natur, basierend auf der Wirkung, die solche Riten auf das in den Traditionen genannte Element Äther haben, das als das grundlegende Prinzip bei der Entstehung der Elemente der physischen Domäne betrachtet wird.

Beschränken wir uns exemplarisch auf die Religionen der amerikanischen Ureinwohner, auf den Konfuzianismus und auf den Islam, ohne dabei die Universalität des Prinzips aus den Augen zu verlieren. Fast alle Riten der amerikanischen Ureinwohner enthalten Elemente der natürlichen Ordnung und beruhen auf einer inneren Verbindung mit den Prozessen der Natur, von Regentänzen über Sandmalereien, die zur Heilung von Krankheiten eingesetzt werden, bis hin zum höchsten Ritus des Sonnentanzes. Bei Letzterem, der vor allem von den indigenen Völkern der Great Plains praktiziert wird, wird ein Pfahl gewählt, der ein heiliger Baum ist. An ihn bindet sich der Ausführende mit einem Seil und führt dann einen zermürbenden dreitägigen Ritus aus Fasten, Gebet und Tanz zum und vom Pfahl aus. Der Pfahl symbolisiert die kosmische Achse, über der die Sonne steht, die zum Zentrum, zum Mittelpunkt unserer natürlichen Welt wird und gleichzeitig das Symbol des Göttlichen Prinzips ist. Dieses Ritual schafft eine „innere Identität" zwischen dem Ausführenden des Ritus und dem Zentrum, wodurch die gesamte Umgebung gesegnet wird und die Gnade des Zentrums in die Peripherie ausstrahlt und die natürliche Ordnung erneuert, wie das besonders von den Cheyenne betont wird. Tatsächlich bewirkt die Kraft, die am dritten und letzten Tag des Sonnentanzes vom heiligen Baum ausgeht, als Ergebnis des heiligen Ritus viele Heilungen.

Einem Augenzeugenbericht über einen Sonnentanz zufolge, der von einem 1993 verstorbenen Crow-Medizinmann, Thomas Yellowtail, geleitet wurde, ist der dritte Tag der Tag der Heilungen. „Vom Morgen an kommt eine Menschenmenge, darunter ganze Familien weißer Farmer, zum Ort des Sonnentanzes und wartet geduldig darauf, dass Yellowtail sie an der heilenden Kraft, mit der der heilige Baum als Ergebnis des Ritus, dessen Zentrum er war, gleichsam erfüllt ist, teilhaben lässt." Ein solcher Ritus, der zugleich mikrokosmische und makrokosmische Auswirkungen hat und auf tiefster Ebene sowohl den Menschen als auch die ihn umgebende Naturwelt betrifft, ist typisch für die heiligen urreligiösen Riten, die sich intakt erhalten haben. Diese heiligen Rituale der authentischen Religionen müssen strikt von denjenigen, die zur Zauberei verkommen sind (was auch immer die „Wirksamkeit" solcher abweichenden Praktiken sein mag) unterschieden werden.

Im Konfuzianismus sieht man dieselbe Beziehung zwischen menschlichen Ritualen und der kosmischen Ordnung, wie sie in so vielen Aspekten des Lebens des traditionellen Chinas zu beobachten war. Als Beispiel nennen wir die kosmologische Symbolik des MingTang und die Bewegung des Kaisers, des Bindeglieds zwischen Himmel und Erde, durch verschiedene Teile dieser Nachbildung des Kosmos, die der MingTang war. Diese Bewegung fand in Übereinstimmung mit der Ordnung der Jahreszeiten und mit der Harmonie der Natur statt. Die Struktur des MingTang rekapitulierte die des Reiches, das in neun Provinzen unterteilt war, so wie der MingTang aus neun Einheiten bestand.

In der chinesischen Perspektive, einschließlich des Taoismus, der noch stärker als der Konfuzianismus die innere Verbindung zwischen Mensch und Natur betont, wird der Mensch als teleologische Vollendung der natürlichen Ordnung betrachtet und seine Handlungen, insbesondere Rituale, tragen zur kosmischen Vollkommenheit bei. Robert Eno formulierte es so: „Der Mensch ist die Ergänzung der Natur bei der Erschaffung eines perfekten Universums. In diesem Sinne kann das Gebilde der rituellen Gesellschaft als eine Erweiterung des natürlichen Prinzips betrachtet werden." Nach Wang Chih „sind Himmel und Erde die Quelle des Lebens. Ritual und Anstand sind die Grundlage der Ordnung, und das ChunTzu [berühmte konfuzianische Quelle] ist der Ursprung von Ritual und Anstand. Diese zu praktizieren, ihre Einheit zu durchdringen, sie zu vervielfältigen und sie in vollem Umfang zu lieben, ist die Grundlage dafür, ein Chuntzu zu werden, und Chuntzu ordnet (li) Himmel und Erde". Hsüntzu behauptet, dass ein Weiser eine Dreieinigkeit mit Himmel und Erde bildet und daher die natürliche Welt um ihn herum beeinflusst, indem er die geistige Welt durchdringt. Das Ritual ist eine Erweiterung der Prinzipien der natürlichen Welt und eine Ursache für ihre innere Transformation. Konfuzianische Rituale bringen nicht nur Ordnung in die Gesellschaft, sondern schaffen auch Harmonie mit der Ordnung der Natur und des Menschen, um sowohl zur kosmischen Ordnung beizutragen als auch von ihr zu profitieren.

Wenn wir uns der ganz anderen Welt des Islam zuwenden, sehen wir, dass nach einem Spruch des Propheten oder ḥadīth Gott die Erde für die Muslime als Moschee vorgesehen hat. Deshalb kann ein Muslim überall in der unberührten Natur beten, solange sie nicht rituell verunreinigt ist, und deshalb ist der Raum der Moschee, der in einer Stadt und damit von der Natur entfernt gebaut ist, eine Erweiterung des Raums der unberührten Natur. Der Ritus der täglichen Gebete (ṣalāh) ist daher eng an die Erde gebunden, die von Gott als der Boden bestimmt wurde, auf dem der heiligste Ritus der Religion vollzogen wird. Was die Zeiten der Gebete angeht, so sind sie astronomisch festgelegt und entsprechen kosmischen Begebenheiten. Die Gebete beleben nicht nur den Körper und die Seele des Menschen, sondern betonen auch die Harmonie des menschlichen Lebens mit den Rhythmen der Natur und stärken und ergänzen ihr Gleichgewicht.

Es ist sehr bezeichnend, dass der zentrale Teil der täglichen Gebete das Rezitieren des Eröffnungskapitels des Korans oder alFātiḥah ist, das aus Versen besteht, deren Verb im Plural und nicht in der Singularform steht. Männer und Frauen stehen direkt vor Gott auf der speziell für muslimische Gebete geweihten Erde und sprechen Verse wie „Dich beten wir an", „Zu Dir nehmen wir Zuflucht" und „Führe uns auf den geraden Weg". Sie beten also nicht nur für sich selbst, sondern für die gesamte Schöpfung. Auf der tiefsten Ebene betet der Mensch in den täglichen Gebeten als khalīfat Allāh oder als Stellvertreter Gottes nicht nur für die Menschheit, sondern für die gesamte natürliche Ordnung, für die er von Gott als Stellvertreter auf die Erde eingesetzt wurde. Es gibt definitiv eine Dimension der Gebete, die die natürliche Umgebung um den Menschen herum mit einbezieht und die man beim Verrichten der Gebete konkret „fühlt".

Der gleiche kosmische Bezug ist im Ritus der Pilgerfahrt oder ḥajj nach Mekka zu sehen – dem Zentrum der islamischen Welt, der Stadt, die auch der irdische Schnittpunkt der axis mundi ist –, und diejenigen, die die Kaaba umrunden, ahmen die Umrundung der Engel um den Göttlichen Thron (al-'arsh) nach. Es gibt eindeutig eine kosmische Dimension in diesem Ritus, die in vielen traditionellen Quellen erläutert wird. Darüber hinaus wird die Beziehung zwischen heiligen Riten und der Harmonie und der Ordnung der Natur im Islam so sehr betont, dass einem ḥadīth zufolge die Welt nicht untergehen wird, solange es Menschen auf der Erde gibt, die sich an den Namen Gottes erinnern und weiterhin „Allah, Allah" anrufen, eine Praxis, die in den Ritualen des Sufismus eine zentrale Rolle spielt. In den islamischen esoterischen Lehren gibt es auch Ausführungen über die spirituelle Hierarchie, die das sichtbare Universum aufrechterhält, und über die Macht der walāyah (die im Sufismus gewöhnlich mit „Heiligkeit" übersetzt wird), die die Welt unsichtbar regiert – eine Macht, ohne die sich die Ordnung der Natur in Chaos verwandeln und die Welt ins Trudeln geraten würde. Selbst auf der volkstümlichen Ebene herrscht in der gesamten islamischen Welt der Glaube, dass Gott zu allen Zeiten heilige Menschen auf die Erde schickt, die durch ihre Anwesenheit, ihre Rituale und Gebete die Ordnung der Natur bewahren, und dass die Riten des Islam, die solche Personen auf höchstem Niveau und mit größter Perfektion verrichten, nicht nur notwendig sind, um die soziale Ordnung aufrechtzuerhalten, sondern auch, um den Menschen zu ermöglichen, in Harmonie mit der Natur zu leben und die Harmonie der Natur selbst zu bewahren.

Nach dem Koran haben alle Geschöpfe faktisch Anteil an den Gebeten des Menschen und loben Gott, denn es heißt: „Die sieben Himmel und die Erde und alle Wesen darin feiern Sein Lob, und es gibt nichts, das nicht Sein Lob besingt." (XVII:44) Rituale, die von den Menschen durchgeführt werden, erfüllen daher einen Teil der Riten der gesamten Schöpfung, und die Weigerung der Menschen, sie zu vollziehen, zerstört die Harmonie der natürlichen Ordnung. Die Natur zu zerstören und das Aussterben von Pflanzen und Tieren als Folge menschlicher Ignoranz zu verursachen, bedeutet außerdem, Gottes Anbeter zu ermorden und die Stimme des Gebets der Geschöpfe zum Göttlichen Thron zum Schweigen zu bringen. Es ist der Versuch, den Zweck zu verleugnen, zu dem die Welt der Natur erschaffen wurde, denn nach einem berühmten ḥadīth hat Gott die Welt erschaffen, damit Er erkannt wird: Die Gebete der Lebewesen in der Natur sind nichts anderes als ihre eigene Art, Gott zu erkennen. Das bedeutet letztlich, dass die Zerstörung der Natur sowohl die Menschheit, die eine solche Sünde begeht, als auch deren natürliche Umgebung gleichermaßen vernichtet.

In jeglicher religiösen Betrachtung der Natur gibt es eine Ökonomie der kosmischen sowie der menschlichen Ordnung, die den spirituellen, psychischen und physischen Bereich umfasst. Menschliche Rituale sind ein wesentlicher Bestandteil dieser Ökonomie und ermöglichen den Fluss der Gnade, die Wiederherstellung von Verbindungen und die Wiederbelebung von festgelegten Harmonien. Sie spielen eine zentrale Rolle bei der Bewahrung des Gleichgewichts auf der Erde, wo der Mensch zwar eine zentrale Position einnimmt, allerdings ohne das Recht der Absolutheit an sich reißen zu dürfen, das allein Gott oder dem Absoluten gehört. Wenn die Menschen sich weigern, heilige Riten durchzuführen, wird ein zentrales Element der irdischen Harmonie zerstört und die Menschen werden „wertlos" und „nutzlos", was den letztendlichen Zweck der Schöpfung betrifft, der darin besteht, Gott zu bezeugen, Ihn zu lieben und schließlich Ihn zu erkennen.

Im Kontext des Islam bedeutet dies, dass der Mensch seine Funktion als Stellvertreter Gottes auf Erden nicht mehr erfüllen kann, wenn er sich weigert, die Sharī'ah zu befolgen und die von ihr verkündeten Riten auszuführen. Vielmehr beginnt er, die Rolle Gottes für sich selbst zu usurpieren. Die Relevanz dieser Lehre für die gegenwärtige Umweltkrise ist zu offensichtlich, als dass man sie näher erläutern müsste. Darüber hinaus besitzt eine solche Ansicht eine tiefe Wahrheit, egal wie radikal eine säkularisierte Welt die Durchführung heiliger Riten als irrelevant für die Prozesse und Aktivitäten der Natur und des kosmischen Umfelds ansieht und wie sehr sie einer Weltanschauung folgt, die alle Verbindungen zwischen moralischen und kosmischen Gesetzen kappt. In der Tat kann behauptet werden, dass die Bedeutung der Religion nicht nur darin besteht, die Leidenschaften zu disziplinieren und die Lanze für den Heiligen Georg bereitzustellen, um den Drachen des Egoismus, der Gier und der Gefühllosigkeit in jedem Einzelnen zu erschlagen, der die mentale Energie für einen großen Teil der Umweltzerstörung liefert. Die Religion stellt auch Riten bereit, die zusätzlich zur Rettung der Seele des Individuums eine lebenswichtige Rolle bei der Erhaltung der unsichtbaren Harmonie der natürlichen Ordnung und der Ökonomie des Kosmos spielen.

Die Gaia-Hypothese und die Einheit des Seins

In den letzten Jahren wurde von einigen Wissenschaftlern die Gaia-Hypothese vorgeschlagen, um das Verhalten der Erde als ein zusammenhängendes Ganzes zu erklären, eine Art Organismus, in dem die Teile auf unvorhersehbare Weise miteinander verbunden sind – und nicht einfach als ein riesiges Konglomerat von Masse in Bewegung, das durch die Abtrennung und Analyse der einzelnen Teile untersucht werden kann. Die Hypothese, die nun von einigen auf das sichtbare Universum als Ganzes ausgedehnt wurde, wird von vielen Wissenschaftlern abgelehnt, während sie von einer Reihe von Okkultisten sowie einem Flügel des Lagers der Ökotheologen enthusiastisch begrüßt wird. Die Hypothese erhält aber auch ernsthafte Aufmerksamkeit von einigen Wissenschaftlern, Umweltschützern und religiösen Mainstream-Denkern. Sie ist insofern bedeutsam, als sie eine Abkehr von den älteren wissenschaftlichen Bestrebungen markiert, die auf Analyse, Segmentierung und Trennung statt auf Synthese und Integration basieren.

Die Gaia-Hypothese kann aus der Perspektive des traditionellen Wissens über die Ordnung der Natur als ein Schritt in die richtige Richtung betrachtet werden, der sich aber immer noch auf den rein physikalischen Aspekt der Dinge beschränkt. Es ist natürlich bemerkenswert, das Beziehungsgeflecht zwischen Wäldern im Amazonas und Dürren in der Sahara zu entdecken. Diese Hypothese bildet einen mächtigen Rahmen für ökologische und umweltbezogene Studien, die auf der Grundlage der modernen Wissenschaft durchgeführt werden. Aber sie betrachtet den physikalischen Bereich immer noch als ein in sich geschlossenes System, auch wenn es sich bis zu den Galaxien erstreckt und man vom unendlichen Universum spricht. Der gesamte physische Bereich ist jedoch nur eine Ebene der Realität, die trotz ihrer Weite wie ein Kieselstein vor der Sonne ist, wenn man sie mit der geistigen und darüber hinaus mit der spirituellen Welt vergleicht.

Das religiöse Verständnis der Ordnung der Natur könnte den Horizont der Gaia-Hypothese erweitern. Gaia könnte als die Erde (was Gaia im Griechischen tatsächlich bedeutet) im Kontext der religiösen

Kosmologie verstanden werden, ohne der physischen Komponente Unrecht zu tun. Die angestrebte Einheit könnte dann den Menschen in all seinen Realitätsebenen einbeziehen, einschließlich der spirituellen wie auch der kosmischen, die über die physikalische Ordnung hinausgehen, aber die physikalische Ebene und ihre Gesetze einschließen.

In gewisser Weise könnte das religiöse Naturverständnis eine vertikale Dimension für die Gaia-Hypothese liefern, deren Suche nach der Einheit der Erde als lebendiges und organisches Ganzes bisher auf die horizontale Ebene beschränkt blieb. Auf der Grundlage traditioneller Kosmologien könnte ein Paradigma geschaffen werden, das allen Bedürfnissen derjenigen gerecht wird, die die Umweltkrise lösen wollen, und dabei dem Wesen der Realität treu bleiben, deren Ebenen alle miteinander verbunden sind, unabhängig davon, ob sich ein bestimmter Teil der Menschheit der höheren Ebenen der Existenz bewusst ist oder nicht. Ein religiöses Verständnis der Ordnung der Natur macht die wahre „Einheit der Existenz" deutlich, von der die Gaia-Hypothese, wie sie von den meisten ihrer zeitgenössischen Verfechter verstanden wird, eine horizontale und zweidimensionale Projektion und Reflexion ist. Nur die traditionelle Religion ermöglicht die dritte, die vertikale Dimension und den Zugang zu den höheren Ebenen der Existenz, die eine dominierende Rolle im Leben des Kosmos wie auch des Menschen spielen, ob man sich ihrer bewusst sein will oder nicht.

Darüber hinaus ist es nicht notwendig, traditionelle Lehren zu verwerfen und die Welt der Natur zu verherrlichen, wie es die derzeitigen Propagatoren dessen tun, was als „Schöpfungsspiritualität" bekannt geworden ist. Die Natur ist heilig, auch wenn sie von ihrem paradiesischen Ursprung entfernt ist, analog zu der Art und Weise, wie das menschliche Leben heilig ist, obwohl die meisten Menschen Sünden begehen und sich an bösen Taten beteiligen. Man könnte argumentieren, dass die Natur sogar mehr Rechte hat als der heutige Mensch, als heilig betrachtet zu werden, weil sie nicht so sehr wie der Mensch von ihrem ursprünglichen Zustand abgefallen ist. Die Ordnung der Natur, um die Sprache des Islam zu verwenden, ist immer noch vollkommen dem Willen Gottes unterworfen; daher ist sie muslimisch (was auf Arabisch wörtlich „jemand, der sich Gott unterworfen hat" bedeutet) in einer perfekten, wenn auch passiven Weise. Die

Natur hat ihr eigenes Gebet und ihre eigene Anrufung und reflektiert direkter als die meisten Menschen die göttlichen Qualitäten oder die lógoi, die die Prinzipien hinter allen Dingen sind. Allein die Tatsache, dass der moderne Mensch diese These nicht akzeptiert, ist selbst ein Beweis für diese Behauptung.

Die Erkenntnis der heiligen Qualität der Natur setzt Selbstdisziplin und innere spirituelle Verwirklichung voraus. Menschen, die das Licht Gottes in sich selbst sehen, sehen es auch im Reich der Natur reflektiert. Die Resakralisierung der Natur ist nicht möglich ohne ein Erwachen von uns Menschen darüber, wer wir sind und was wir in dieser Welt tun. Umgekehrt kann die Natur den Menschen auch lehren und ihn an jene innere spirituelle Wirklichkeit erinnern, die er tief in sich trägt. Daher ist es nicht möglich, den Schleier der Trübung und Vergänglichkeit der natürlichen Formen beiseitezuwerfen, um ihre heiligen und paradiesischen Qualitäten zu betrachten, ohne die Wiederentdeckung des Heiligen in uns selbst – ein Akt, der nur durch die Religion möglich ist, wobei die seltenen Ausnahmen diese Regel bestätigen.

Die Heiligkeit der Natur erkennen

Die Erde blutet und die natürliche Umwelt leidet in einer noch nie dagewesenen Weise unter dem Angriff des Menschen. Das Problem ist nun zu offensichtlich, um es zu leugnen, und die vorgeschlagenen Lösungen sind zwar vielfältig, aber größtenteils unzureichend. Die Erde kann nicht durch Veränderungen in Technologie oder Gesellschaft geheilt werden, die die Welt der Natur lediglich als Ressource, als reine Quantität behandeln, die für menschliche Bedürfnisse manipuliert werden muss – ob sie nun real oder imaginär sind. All solche Aktionen sind nicht mehr als Kosmetik mit einer Wirkung, die zwangsläufig nur oberflächlich ist.

Was wir brauchen, ist eine Wiederentdeckung der Natur als heilige Wirklichkeit und die Wiedergeburt des Menschen als Hüter des Heiligen, was den Tod des Menschen- und Naturbildes impliziert, das den Modernismus und seine nachfolgenden Entwicklungen hervorgebracht hat. Es bedeutet nicht die „Erfindung eines neuen Menschen", wie einige behauptet haben, sondern vielmehr das Wiederauftauchen des wahren, des pontifikalen Menschen, dessen Wirklichkeit wir noch in uns tragen. Es bedeutet auch nicht die Erfindung einer heiligen Sicht der Natur – als ob der Mensch jemals das Heilige erfinden könnte –, sondern vielmehr die Neuformulierung der traditionellen Kosmologien und Naturauffassungen, die von verschiedenen Religionen im Laufe der Geschichte vertreten wurden. Und es bedeutet vor allem, das religiöse Verständnis der Ordnung der Natur als ein Wissen ernst zu nehmen, das einem vitalen Aspekt der kosmischen Realität entspricht, und nicht nur als subjektive Vermutungen oder überholte Konzepte zu betrachten.

Um es uns zu ermöglichen, diese Art von Naturerkenntnis ernst zu nehmen, bedarf es einer radikalen Umstrukturierung der intellektuellen Landschaft. Das wiederum bedeutet, die Erkenntnisse der modernen Wissenschaft nur innerhalb der Grenzen zu akzeptieren, die ihr ihre philosophischen Annahmen, ihre Erkenntnistheorien und ihre historische Entwicklung vorgeben, und ihre totalitären Ansprüche als Wissenschaft der natürlichen Ordnung vollständig zurückzuweisen. Es bedeutet ebenso, eine Naturwissenschaft wiederzuentdecken, die sich mit der Existenz natürlicher Objekte in ihrer Beziehung zum Sein befasst. Die Natur hat neben den groben auch subtile Aspekte und ist mit dem Rest des Kosmos und mit uns verwoben. Sie besitzt auch eine symbolische Bedeutung und hat eine Verbindung zu höheren Ebenen der Existenz, die auf den göttlichen Ursprung aller Dinge hinweist.

Außerdem müssen wir, wenn wir von der religiösen Sicht der Ordnung der Natur sprechen, dies nun in einem globalen Kontext tun, der den globalen Charakter des vorliegenden Problems widerspiegelt. Es ist notwendig, sich mit so unterschiedlichen Religionen wie der schamanischen und der hinduistischen, der buddhistischen und der abrahamitischen zu befassen, ohne eine Relativierung vorzunehmen, die den Sinn für das Heilige in jeder Tradition zerstören würde. Innerhalb der meisten Religionen gibt es Perspektiven und Schulen, die dem Bereich der Natur nicht viel Aufmerksamkeit geschenkt haben, wie man es besonders im westlichen Christentum sieht. Aber innerhalb jeder integralen Tradition gibt es auch jene Schulen, die sich mit der Natur sowohl in ihrer spirituellen als auch kosmischen Qualität beschäftigt haben. Es sind diese Schulen, die über die religiösen Grenzen hinweg gesucht und studiert werden müssen, und zwar in einer Weise, die die Authentizität jeder Tradition bewahrt und gleichzeitig die spirituelle Bedeutung der Natur in einer universellen Weise herausstellt.

So wie in den letzten Jahrzehnten viel Aufwand betrieben wurde, um die Beziehung verschiedener Religionen zur Bedeutung Gottes, zur Offenbarung, zu heiligen Schriften, zur spirituellen Praxis und zu anderen Aspekten der Religion in angemessener Weise darzulegen, ist es notwendig, solche Erkundungen auch für die Ordnung der Natur durchzuführen. Der vorliegende Text wurde in gewisser Weise als ein bescheidener Schritt bei der Durchführung dieser Aufgabe geschrieben. Sie erfordert sowohl das Verständnis der Ansichten verschiedener Religionen als auch die Akzeptanz der religiösen Ansicht an sich als authentisches Wissen über die kosmische und natürliche Domäne mit allem, was eine solche Behauptung gegenüber säkularistischen Philosophien und Wissenschaften impliziert.

Auf einer praktischeren Ebene ist es notwendig, im Namen der Anhänger einer bestimmten Religion Respekt für das zu schaffen, was in anderen Religionen als heilig angesehen wird, und zwar nicht nur auf dem Gebiet, sagen wir, der Kunst und Architektur, sondern auch in der Welt der Natur. Ein Muslim in Benares betrachtet den Ganges nicht als heilig für sich selbst, muss aber seine Heiligkeit für die Hindus akzeptieren und ihn respektieren, so wie es die traditionellen Muslime von Benares jahrhundertelang für die heiligen Stätten der Hindus taten, und umgekehrt, was das Verhalten der Hindus gegenüber den heiligen Stätten der Muslime betraf. Dieser gegenseitige Respekt hat sich größtenteils erhalten und überlebt bis zu einem gewissen Grad trotz der jüngsten lokalen Tragödien.

Der Respekt, der den von Menschen geschaffenen Stätten mit religiöser Bedeutung entgegengebracht wird, muss auch auf natürliche Stätten ausgedehnt werden, trotz der Schwierigkeiten, die entstehen, wenn zwei oder drei Religionen dieselbe Stätte oder dasselbe Land als heilig beanspruchen, wie wir es in Palästina und Israel finden, oder wenn die wirtschaftlichen Überlegungen eines mächtigeren Volkes mit dem Glaubenssystem anderer konfrontiert werden, die einen bestimmten Wald, Fluss oder Berg als heilig betrachten. Die verabscheuungswürdige Praxis der modernen Welt, die Ansprüche anderer auf das Heilige nicht nur abstrakt, sondern auch konkret im Fall von Land, Flüssen, Wäldern usw. zu missachten – wie bei der Zerstörung eines Großteils des Lebensraums der amerikanischen Ureinwohner zu sehen ist –, war selbst eine Hauptursache für die gegenwärtige Umweltkrise und kann nicht länger als Modell für den zukünftigen Umgang zwischen den Völkern dienen. Wenn wir das religiöse Verständnis der Ordnung der Natur wachrufen, müssen wir in gleicher Weise ein Gefühl des Respekts für die religiösen Lehren anderer Religionen über die Natur stärken, so wie der Respekt für andere Menschen oder Gotteshäuser anderer Glaubensrichtungen gefördert wird – zumindest von der Mehrheit derer, die sich heute mit Religion und Spiritualität im globalen Maßstab beschäftigen.

Religionen dienen als Quelle sowohl für eine Ethik, die die Umwelt einbezieht, als auch für ein Wissen über die natürliche Ordnung. Sie können sich gegenseitig in beiden Bereichen unterstützen und stärken, wenn die authentischen religiösen Lehren im Angesicht des Säkularismus nicht geschmälert und verwässert werden. Das gilt besonders für das westliche Christentum, das so lange versucht hat, sich mit einer Zivilisation zu identifizieren, die jeden Tag säkularer geworden ist. Traditionelle christliche Lehren, selbst im Bereich der Natur, sind in der Tat viel näher an denen anderer Religionen als an den modernen säkularistischen Philosophien des Westens, wie die Fragen nach der Heiligkeit des Lebens und der Abtreibung zeigen.

Eine Beschäftigung mit dem religiösen Naturverständnis über Religionsgrenzen hinweg bietet auch die Möglichkeit, dass Religionen sich gegenseitig bereichern oder bestimmte Religionen sich durch den Kontakt mit einer anderen lebendigen Tradition auf (inzwischen vergessene) Aspekte ihres eigenen Erbes besinnen. Dies gilt sicherlich ebenso für heilige Wissenschaften und heilige Kosmologien wie für die Metaphysik, die als zentrale Realitäten in bestimmten Traditionen weiterleben, im Gegensatz zum Christentum, wo sie größtenteils marginalisiert oder vergessen wurden. Umgekehrt liefern das Christentum und bis zu einem gewissen Grad auch das westliche Judentum wertvolle Erkenntnisse für nichtwestliche Religionen, was die Konfrontation der Religion mit dem Säkularismus und die wahre Natur der modernen Ideen und Denkweisen betrifft.

Die Wiederbelebung einer heiligen Sicht der Natur erfordert also in diesem Moment der Menschheitsgeschichte ein Zusammenwirken verschiedener Religionen, um eine religiöse Antwort sowohl auf ethischer als auch auf intellektueller Ebene zu geben. Es bedeutet nicht nur die Formulierung einer religiösen Ethik gegenüber der Natur, die für die große Mehrheit der Erdbewohner, die noch in einem religiösen Universum leben, verständlich und überzeugend wäre. Es bedeutet auch die Formulierung des Wissens über die Ordnung der Natur und letztlich der heiligen Wissenschaften, die wie Juwelen im Licht jedes besonderen religiösen Kosmos glänzen können, der, da sein Licht eine eigene Farbe besitzt, auch diese Juwelen auf eine besondere, einzigartige Weise zum Glänzen bringt.

Schließlich entspringt jedes Wesen in der Welt der Natur nicht nur dem Göttlichen Prinzip oder dem Einen, sondern spiegelt auch dessen Weisheit wider und singt, um es in theistischer Sprache zu sagen, das Lob des Herrn. Das religiöse Verständnis der Ordnung der Natur, das uns nur verbinden kann, wenn wir im Einklang mit der Welt des Spirituellen handeln, ermöglicht es uns, die Handschrift Gottes auf dem Antlitz der Dinge zu lesen und ihre Gebete zu hören.

Dadurch wird eine Verbindung zwischen uns und der Welt der Natur wiederhergestellt, die nicht nur unseren Körper und unsere Psyche einbezieht, sondern auch das Göttliche in uns und unser endgültiges Ziel. Diese Verbindung befähigt uns, das Heilige in der Natur zu sehen und sie deshalb nicht nur mit Respekt, sondern auch als Teil unseres größeren Selbst zu behandeln. Es erinnert uns daran, wie kostbar jedes von Gott geschaffene Wesen ist und dass es Sünde ist, ein Geschöpf mutwillig zu zerstören, das durch seine Existenz den Abdruck des Göttlichen trägt und von dem Einen zeugt, der unser Ursprung und unser Ziel ist. Denn wie der arabische Dichter sagte: In allen Dingen gibt es ein Zeichen von Ihm. Das beweist, dass Er Eins ist.

wa'Llāhu a'lam *[Und Gott weiß es am besten.]*

Der nichtduale Kern der Erfahrung

und seine Auswirkungen auf die Gesellschaft und die Umwelt

von

Swami Atmarupananda

Swami Atmarupananda entdeckte die nichtduale Vedanta-Tradition des Hinduismus als Teenager und trat 1969 dem Ramakrishna-Mönchsorden bei. Während seiner langjährigen klösterlichen und spirituellen Ausbildung in Indien diente er auch als Acharya (Professor) am Klosterseminar des Ordens in Kolkata und als stellvertretender Herausgeber der Zeitschrift „Prabuddha Bharata".

Seit mehr als zwei Jahrzehnten reist er um die Welt, um Vorträge zu halten und Klausuren in englischer und spanischer Sprache abzuhalten. Er beteiligt sich am interspirituellen Dialog und nimmt an Konferenzen teil, die sich der Suche nach einem neuen Modell für die wirtschaftliche und soziale Entwicklung widmen, das weder die lokalen Werte und Traditionen noch die Umwelt zerstört.

Aus der Perspektive des Menschen ist alles Erzählung. Alle Erfahrungen spielen sich in der Zeit ab, und Zeit ist die Wahrnehmung von Veränderungen.[1] In ihrem ureigenen Sinn ist jede Erzählung die Nachverfolgung von miteinander verbundenen Veränderungen durch die Zeit.[2] Die Geschichte ist eine Erzählung, ebenso wie Evolution, Kosmologie, Geologie, Biologie, die Verbindung von Atomen zu Molekülen, die Flugbahn eines Photons; so auch die Religionen, Mythen, Fantasie, Träume, Leben.[3]

Es gibt objektive, überprüfbare, wissenschaftliche Geschichten. Außerdem haben wir unsere mehr subjektiven sozialen Geschichten, die mit menschlichen Werten zu tun haben – Geschichten auf persönlicher, familiärer, nationaler, ethnischer und religiöser Ebene, die wir uns und anderen erzählen. Aus diesen Geschichten ist die menschliche Zivilisation entstanden. Unsere Institutionen – Wirtschaft, Politik, Recht, Bildung usw. – beruhen auf den Geschichten, die wir über die Natur der Welt, über die Natur und den Wert des Einzelnen und über die angemessenen Beziehungen des Einzelnen zur Welt und zu den anderen erzählen. Es sind diese Geschichten (die von einer Gesellschaft eher vorausgesetzt als bewusst entwickelt werden), die uns sagen, wie wir die Umwelt behandeln, wie wir miteinander interagieren, wie wir Fremden begegnen, wie wir mit Kriminellen und Geisteskranken umgehen. Sie sagen uns, was ein wirklich gebildeter oder vollständig kultivierter Mensch ist, was man anstreben und was man vermeiden sollte, was Tugend und was Laster ist, was wertvoll und was weniger wertvoll ist.

---

1   Gibt es eine objektive Zeit? Kennt die Uhr die Zeit? Die Zeit ist nur für das Bewusstsein erkennbar; daher ist sie Wahrnehmung.
2   Und das bringt natürlich die Kausalität ins Spiel, während der Raum das „Wo" des Ganzen bleibt – womit wir die drei Bedingungen für das Verständnis haben: Zeit, Raum und Kausalität.
3   Sogar der subjektive Bewusstseinsstrom – bei dem unverbundene Gedanken scheinbar wahllos im Bewusstsein auftauchen, insbesondere beim Tagträumen – wird von unserem Geist, der die zufälligen Gedanken wahrnimmt, zusammengeführt und somit „verbunden". Dieses Phänomen ermöglicht zum Beispiel den Bewusstseinsstrom in der Literatur.

Es gab noch nie eine Zeit ohne Krisen, seien sie natürlicher oder gesellschaftlicher Art. Doch heute ist eine dieser kritischen Perioden in der Geschichte, in der die Gefahr eines gesellschaftlichen und ökologischen Zusammenbruchs droht. Politische Systeme aller Art scheinen in Gefahr zu sein; Wirtschaftssysteme sind ins Wanken geraten; der Nationalstaat als Organisationsprinzip der Gesellschaft steht nach Ansicht mancher vor dem Ende seiner Nützlichkeit; sogar die Familie – bisher die grundlegendste Einheit sozialer Organisation – wird infrage gestellt. Selbst die Umwelt, wie wir sie kennen – diese unendlich komplexe Hülle, die aus einem komplizierten Beziehungsgeflecht zwischen dem Lebendigen und dem Elementaren besteht und das Leben ermöglicht –, ist vom Zusammenbruch bedroht. In der Tat sind wir in das sechste Massenaussterben seit Beginn des Lebens auf der Erde eingetreten: das Artensterben des Holozäns und des Anthropozäns.

Wenn dem so ist, würde ich sagen, dass die Grenzen unserer Geschichten – inklusive ihrer inhärenten Widersprüche – bereits offensichtlich sind und Risse in den Strukturen der Gesellschaft offenbaren. Wir müssen unsere grundlegenden Vorstellungen – darüber, wer wir sind, was die Welt ist, wie unsere Beziehung zur Welt aussieht, was wertvoll ist – überdenken.

Hier stoßen wir auf ein Problem. Die Geschichten, die sich die Zivilisationen selbst erzählt haben, sind nicht in einem Ausschuss entstanden. Sie wurden weder von jemandem verfasst, der versuchte, ein Problem zu lösen, noch von jemandem, der einfach nur eine gute Geschichte erzählen wollte. Sie kamen aus dem tiefen Herzen jeder Zivilisation selbst, und bis zum 20. Jahrhundert waren alle diese Geschichten im Wesentlichen „religiös" und daher in gewissem Sinne „offenbart", wenn man diese Begriffe in ihrem weitesten Sinne verwendet. Viele Verehrer der modernen Wissenschaft könnten argumentieren, dass das Zeitalter des Geschichtenerzählens vorbei ist. Die Wissenschaft scheint die Erzählungen und Mythen der Weltreligionen und der alten Zivilisationen umgestoßen zu haben. Man kann darüber streiten, ob die christliche Geschichte wahr ist oder die islamische oder hinduistische oder buddhistische, aber man kann nicht gegen die Prinzipien der Aerodynamik argumentieren – man muss sich nur das riesige Metallschiff ansehen, das hoch am Himmel fliegt. Die moderne Wissenschaft[4] hat eine solche Macht und einen solchen Einfluss auf die Gesellschaft, weil ihre Wahrheiten objektiv beobachtbar sind.

Und doch erzählt die moderne Wissenschaft selbst eine Geschichte, und diese Geschichte hat Grenzen. Sie erzählt unter anderem eine Geschichte darüber, was wertvoll und was nicht wertvoll ist, basierend darauf, was mit den Methoden der Wissenschaft untersucht werden kann und was nicht. Obwohl das der wissenschaftlichen Methode selbst nicht inhärent ist, hat diese Voreingenommenheit zu einer reduktionistischen Tendenz geführt, bei der alles tendenziell auf eine materielle Grundlage reduziert wird. Das liegt vielleicht am Erfolg der Methode selbst. Die Wissenschaft befasst sich mit dem, was objektiviert, quantifiziert und mathematisch dargestellt werden kann, und die Ergebnisse ihrer Untersuchungen sind reproduzierbar, ja sie *müssen* reproduzierbar sein, um akzeptiert zu werden. Deswegen können wir die Ergebnisse wissenschaftlicher Untersuchungen mit eigenen Augen sehen: Das ist ihre Stärke.

Und doch hat dieser Erfolg, wie ich gerade sagte, zum wissenschaftlichen Reduktionismus geführt: Das heißt, es wird versucht, alles auf das Messbare und Gegenständliche zu reduzieren. Aber lässt sich die Liebe objektivieren? Ist sie mathematisch abbildbar? Nein, und so neigt man dazu, sie als ein Produkt von Gehirnaktivitäten und Hormonausschüttungen zu behandeln, die objektiv messbar sind. Aber das ist nicht die *Erfahrung* der Liebe. Das Gleiche gilt für die Freiheit, das Gute, die Schönheit und sogar die Wahrheit. Viele, auch in der wissenschaftlichen Gemeinschaft, erkennen, dass die Wissenschaft wenig über diese höheren menschlichen Werte zu sagen hat. Dieses Schweigen verarmt das menschliche Leben und die Gesellschaft. Und so suchen Menschen nach höheren Werten außerhalb der Wissenschaft – in der Religion oder in den Künsten oder im humanitären Dienst.

Wie bereits angedeutet, ist ein Aspekt dieser reduktionistischen Tendenz, dass die moderne Wissenschaft dazu neigt, Materie und Ener-

---

4   Ich bezeichne Wissenschaft absichtlich als *moderne Wissenschaft*, weil es in allen Zivilisationen Wissenschaft gegeben hat: Alle haben versucht zu lernen, wie die Welt funktioniert und wie man ihre Kräfte und Objekte manipulieren kann. Die moderne Wissenschaft ist nur eine besondere Form dieses Bestrebens, die außerordentlich erfolgreich war. Im weiteren Verlauf wird sich *Wissenschaft* auf moderne Wissenschaft beziehen.

gie als die grundlegende Realität zu betrachten: Alles andere – einschließlich Kultur, Religion, mystischer Erfahrung, des Bewusstseins selbst – ist abgeleitet. Untersuchen wir diese Behauptung anhand der von der Wissenschaft selbst praktizierten Analyse der Erfahrung. Der Materialist behauptet, dass alles Materie ist: Sie ist alles, was wir wissen, und es gibt keinen Grund, die Existenz von etwas anderem zu postulieren; Materie kann alles erklären und begründen. Aber ist Materie alles, was wir wissen? Oder noch radikaler gefragt: Kennen wir die Materie überhaupt? Nein, und ein Wissenschaftsphilosoph muss das zugeben: Niemand kennt Materie. Materie ist eine Hypothese – eine sehr erfolgreiche und gut getestete Hypothese –, um Erfahrung zu erklären. Oder, wenn Sie es vorziehen, Materie ist eine Schlussfolgerung, um Erfahrung zu erklären.

Wie erleben wir die Welt? Mit den fünf Sinnen. Die moderne Technik erweitert nur die Sinne, mehr nicht. Und was erleben wir mit den Sinnen? Mit den Augen erleben wir Licht, Schatten und Farbe – alles Aspekte des Lichts selbst. Über die Ohren erfahren wir den Klang. Druck und Temperatur durch den Tastsinn. Gerüche durch die Nase und Geschmäcker durch die Zunge. Das ist alles. Mehr ist von der Außenwelt nicht möglich. Die Materie ist eine Schlussfolgerung, um diese Sinneserfahrungen zu erklären. Aber wir haben keine direkte Erfahrung von Materie.

Gehen wir noch einen Schritt weiter. Betrachten wir einen bestimmten Sinn und sehen, wie die Sinneserfahrung abläuft; und das Gleiche kann dann auf alle fünf Sinne angewandt werden. Nehmen wir das Sehen. Das Licht gelangt in das Auge und wird von der Linse auf die Netzhaut fokussiert. Dort werden lichtempfindliche Zellen aktiviert, die eine kodierte Nachricht über den Sehnerv an das Gehirn senden. Diese Zellen *senden kein Bild! Sie senden kein Licht!* Und sie senden natürlich auch nicht die gesehenen Objekte. Sie senden eine kodierte Nachricht. Das Sehzentrum im Gehirn interpretiert die Nachricht und erzeugt ein Bild. Was wir sehen, ist die Reaktion des Gehirns, die Nachbildung des Gehirns, nicht das Objekt selbst. Was wir wahrnehmen, ist die Reaktion des Gehirns auf einen äußeren Reiz.

Wenn wir das verstanden haben, dann erkennen wir auch, dass alles, was wir erfahren, ein geistiges Bild ist. Selbst die Vorstellung von einer äußeren Welt, die Idee von Licht, das auf die Netzhaut fällt, die Ideen vom Sehnerv, vom Sehzentrum im Gehirn, vom Gehirn selbst, all das sind ebenfalls mentale Bilder. Wir wissen nichts außerhalb der vom Geist neu erschaffenen Vorstellungen. Alles andere ist eine Herleitung, eine Hypothese, die – durchaus erfolgreich – zur Erklärung von Erfahrungen verwendet wird. Wie kann man also sagen, dass Materie alles ist, was wir kennen? Niemand hat die Materie jemals direkt erfahren, sondern nur die angenommenen Wirkungen der Materie. Auch hier muss ein Wissenschaftsphilosoph zustimmen, auch wenn er mit meinen weiteren Schlussfolgerungen, die auf dieser Tatsache beruhen, nicht einverstanden sein sollte.

Lassen Sie uns noch weiter gehen. Wenn die Materie nicht alles ist, was wir wissen – wenn wir die Materie in der Tat gar nicht direkt kennen, sondern nur auf ihre Existenz schließen –, was wissen wir dann mit Sicherheit? Nehmen wir die Hilfe des großen französischen Mathematikers und Philosophen René Descartes (1596 – 1650) in Anspruch. Als Descartes sich der Philosophie zuwandte, nahm er seine mathematische Ausbildung mit. Er versuchte, die Axiome der philosophischen Wahrheit zu finden, um ein ebenso solides und belastbares System zu schaffen, wie es die euklidische Geometrie zu jener Zeit zu sein schien. Was, so fragte er, kann nicht bezweifelt werden? Die äußere Welt wird uns durch die Sinne offenbart. Die Sinne als Instrumente *könnten* fehlerhaft sein, ohne dass wir es wissen. Wir können also unsere Erfahrungen mit der sinnlichen Welt nicht als axiomatisch betrachten. Was ist mit der Welt der Gedanken? Vielleicht leide ich an einer Geisteskrankheit, die mich dazu bringt, so zu denken, wie ich denke, ohne dass ich mir dessen bewusst bin. Ich kann also die Welt des Denkens nicht als axiomatisch betrachten: Ich könnte mich ja täuschen. (Verstehen Sie, was hier geschieht? Ohne es auszusprechen, erkennt Descartes, dass alles, was wir mittels etwas anderem wissen, alles, was nicht direkt und unmittelbar wahrgenommen wird, bezweifelt werden kann.) Aber dann stellte Descartes fest, dass er nicht an sich selbst zweifeln konnte, weil er inmitten dieses Zweifels stand. Daher sein berühmtes Axiom „cogito, ergo sum", oder „Ich denke, also bin ich". Diese Aussage wurde im Laufe der folgenden Jahrhunderte untersucht, kritisiert und verfeinert, aber für unsere Zwecke wollen wir sie so belassen, wie er sie formulierte, denn sie offenbart eine tiefe Wahrheit, die weder durch Verfeinerungen noch durch Kritik erfolgreich negiert werden kann.

Descartes' Entdeckung war tiefgreifend, tiefgreifender, als ihm bewusst war, denn seine vorgefassten Vorstellungen erlaubten ihm nicht, die Tiefe seiner Entdeckung zu verstehen. Aus dem europäischen Denkumfeld seiner Zeit kommend – einem Umfeld, in dem der Geist und sein Denken als die höchste Fähigkeit des Menschen angesehen wurde und in dem sogar die Seele als Teil des Geistes betrachtet wurde – dachte er, dass sein Zweifel seine Existenz beweise. Er konnte an allem zweifeln, aber nicht an sich selbst, weil er selbst im Akt des Zweifelns, des Denkens, anwesend war. Doch hier lag sein Fehler: Nicht das Denken beweist meine Existenz. „Ich bin" ist eine absolute Tatsache, und das Denken ist eine Ableitung davon. Ich weiß, dass ich bin, auch wenn der Geist und seine Gedanken zum Schweigen gebracht werden. Descartes' Diktum hätte lauten müssen: „sum, ergo cogito" – „Ich bin, also denke ich", oder besser: „Ich bin, also ist Denken möglich" –, oder am besten einfach: „Ego sum" – „Ich bin".

Aber in Descartes' intuitiver Entdeckung ist noch mehr enthalten: Ich bin, und *ich weiß, dass ich bin*. Ich bin, und ich bin mir meiner selbst bewusst. Ich weiß, dass ich bin, bevor ich irgendetwas anderes weiß. Dieses Bewusstsein ist jedoch so grundlegend, dass wir es ignorieren. Es ist wie beim Tragen einer Brille: Wenn wir anfangen, eine Brille zu tragen, sind wir uns ihrer sehr bewusst; aber nach einer Weile vergessen wir sie. Wir schauen durch sie hindurch, um alles andere zu sehen, aber wir konzentrieren uns auf das, was wir *durch* die Brille sehen, nicht auf die Brille selbst. In ähnlicher Weise geschieht unser gesamtes Erleben – Denken, Vorstellen, Wahrnehmen, Erinnern usw. – *durch* das intuitive „Ich bin". Aber Letzteres ist so offensichtlich, dass es für uns unsichtbar wird wie die Brille, die wir tragen. Wie wir sehen werden, ist „Ich bin, und ich *weiß*, dass ich bin" die Grundlage all unserer Erfahrung. Die Wahrnehmung der Welt des Denkens und der Welt der Sinne ist nachrangig. Die Tendenz in der Wissenschaft, alles auf die Vorgänge in der Materie zu reduzieren, beruht auf einer falschen Vorstellung: dass die Materie das Einzige ist, was wir kennen.

Lassen Sie mich einen Moment anhalten, um eine naheliegende Frage zu beantworten: Worauf will ich hinaus, und was hat das mit der Gesellschaft und der Umwelt zu tun? Es war ein langer Streifzug – mit welchem Ziel?

Alles ist Erzählung. Unsere Erzählungen scheinen defekt zu sein. Wir brauchen eine neue Metastory, aber solche Storys werden nicht verfasst: Sie kommen aus dem tiefen Herzen der Menschheit als Ausdruck der Wahrnehmung einer Wahrheit oder mehrerer Wahrheiten. Niemand kann für die gesamte Menschheit entscheiden, was diese Wahrheit sein wird, noch über die Form ihrer Metageschichte. Ich biete aber eine Kernwahrheit als Möglichkeit an. Es ist eine uralte Wahrheit, die auf der tiefsten Wahrnehmung beruht, die wir haben, und die in allen Kulturen auf unterschiedliche Weise zum Ausdruck kommt. Es ist eine demokratische Wahrnehmung, weil sie uns allen, ja allen Dingen gemeinsam ist. Die Zeit wird zeigen, ob dies der Kern einer neuen Metastory, einer neuen Wahrnehmung sein wird. Aber ich vermute, dass sie es sein könnte, weil sie mit dem besten Ethos der Moderne übereinstimmt, wie ich zu zeigen versuchen werde.

Ich sollte hier einfügen, dass eine neue Metageschichte wahrscheinlich keine mythische Erzählung wie in der Vergangenheit sein wird. Vielmehr wird die Ausarbeitung der Implikationen dieser Kernwahrheit selbst die Geschichte sein, ähnlich wie die „Erzählung" der modernen Wissenschaft, die nicht mythisch ist. Die neue Geschichte muss jedoch, unabhängig von ihrer Art und Form, die Kraft des Mythos haben, um die Zivilisation zu beleben. Die Wissenschaft hat trotz ihrer großen Verheißungen und ihres Erfolgs diese Kraft nicht, weil sie sich nicht mit dem befasst, was dem Mythos Kraft verleiht: mit den Werten.

Die Grundlage der Wahrheit, von der ich spreche, ist die Erfahrung „Ich bin, und ich weiß, dass ich bin". Diese Erfahrung ist der Kern unseres Seins, und von dort aus erfahren wir das Bewusstsein selbst. Wenn wir in den meisten Teilen der Welt von Bewusstsein sprechen, meinen wir im Allgemeinen die Wahrnehmung der eigenen mentalen Prozesse und der Umgebung: Ich denke, und ich weiß, dass ich denke; ich sehe den Baum, und ich weiß, dass ich den Baum sehe. Die Selbstwahrnehmung wird hier nicht von den Gedanken und Wahrnehmungen unterschieden, die bewusst sind. Aber vor Tausenden von Jahren wurde in den Upanischaden entdeckt, dass Bewusstsein das Licht[5] ist,

---

5   Ich verwende „Licht" hier in Analogie, weil Bewusstsein alle Erfahrungen „erhellt", nicht weil es in irgendeiner Weise mit Photonen vergleichbar ist.

das unsere bewussten Gedanken und Wahrnehmungen erhellt, und nicht die Gedanken und Wahrnehmungen selbst. Es ist das reine Licht der Erfahrung. Ein physisches Licht erhellt einen Raum und alles, was in diesem Raum geschieht, wird aber selbst nicht von dem beeinflusst, was dort geschieht. So verhält es sich auch mit dem reinen Licht der Erfahrung, das das Bewusstsein selbst ist.

Folgen wir einem Gedankenexperiment, das in der Vedanta-Tradition seit jeher dazu dient, über die Natur des Bewusstseins zu lehren. Ich sehe die Welt um mich herum: Ich bin der Sehende, und die Welt ist das Gesehene; ich bin das Subjekt der Erfahrung, die Welt das Objekt. In ähnlicher Weise nehme ich meinen eigenen Körper wahr: Ich kann in Wirklichkeit nicht der Körper *sein*, denn ich sehe ihn als Objekt. Ich bin der Sehende, und der Körper ist das Gesehene. In ähnlicher Weise sehe ich meinen eigenen Geist – seine Gedanken, Wahrnehmungen und Prozesse. Ich kann im Grunde nicht der Geist sein, auch wenn ich mich mit dem Geist verbunden fühle, denn ich kann ihn als Objekt betrachten. Das Auge kann sich selbst nicht sehen, und so können sich auch Körper und Geist nicht selbst sehen: Es ist das Licht des Bewusstseins, das sie wahrnimmt. Wenn ich diesen Gedankengang tief genug verfolge, beginne ich ein Gefühl dafür zu bekommen, was Bewusstsein wirklich ist: Bewusstsein ist Selbst-Bewusstsein – es braucht kein anderes Bewusstsein, um es zu erleuchten. Um eine traditionelle Analogie zu verwenden: Die Sonne beleuchtet alles, aber sie beleuchtet auch sich selbst. Das Bewusstsein erleuchtet alles, ist aber selbst leuchtend: „Ich bin, und ich weiß, dass ich bin."

Wenn ich an der Erfahrung „Ich bin" festhalte – nicht an der Idee, sondern an der tatsächlich erlebten Intuition des „Ich bin"; an dem Gefühl oder der Empfindung, dass ich ohne jegliche Selbstdefinition *bin*[6] –, beginne ich nach einer Weile zu sehen, dass meine persönlichen Gedanken und Empfindungen innerhalb des Empfindens von „Ich bin" entstehen. Das heißt, das „Ich bin" ist nicht irgendwo in mir, sondern ich und alle meine Erfahrungen geschehen innerhalb des „Ich bin". Wenn ich weiterhin an dem Gefühl des „Ich bin" festhalte, beginne ich zu erkennen, dass die äußere Welt auch innerhalb des „Ich bin" entsteht. Die Sonne geht in meinem „Ich bin" auf und der Mond scheint

---

6   Diese Übung ist zunächst schwierig, aber nur, weil wir nicht gewohnt sind, auf diese Weise zu denken. Sie ist eigentlich allen zugänglich, weil, wie bereits gesagt, hinter allen Gedanken und Wahrnehmungen die Erfahrung des „Ich bin" steht.

in meinem „Ich bin". Dann erkenne ich, dass das „Ich bin" riesig, universell und nicht persönlich ist. Alle und alles sagt „Ich bin": nicht viele „Ich bin"s, sondern das gleiche, reine, nichtduale „Ich bin". Dort finde ich – wenn man eine theistische Sichtweise einnimmt –, dass ich in dem „Ich bin" mit Gott verbunden bin. Das „Ich bin" ist nicht nach dem Ebenbild Gottes geschaffen, *es ist* das Ebenbild Gottes.[7]

„Ich bin, der ich bin"[8] – diese biblische Aussage, die Gott zugeschrieben wird, ist unterschiedlich interpretiert worden. Ich behaupte nicht, dass ich weiß, was die ursprüngliche hebräische Aussage in ihrem ursprünglichen Kontext bedeutete. Aber ich sage, dass die Aussage, so wie sie zu uns gekommen ist, eine tiefe Wahrheit ist: Die Wirklichkeit ist dieses „Ich bin". Indem ich an dem „Ich bin" festhalte, stelle ich allmählich fest, dass das „Ich bin", *das ich bin*, unpersönlich wird, im Sinne von „jenseits des Persönlichen" oder „höher als die Begrenzungen der Persönlichkeit", und dadurch wird es universell. Durch die Identität mit ihm beginnt man, am universellen Leben teilzunehmen.

Es gibt einen anderen Weg, sich derselben Erfahrung zu nähern. Wenn wir still sitzen und versuchen, die Welt um uns herum als einen Ozean des Seins, einen Ozean der Existenz zu spüren, beginnen wir, das „Sein" von allem zu fühlen. Das „Sein" von allem wird als „Präsenz" empfunden, und wir fühlen diesen vorhandenen Ozean des Seins als eine Einheit, und diese Einheit wird als etwas zutiefst Heiliges, zutiefst Spirituelles empfunden. Je tiefer wir mit dieser intuitiven Erfahrung gehen, desto erhabener wird sie. Ist das Selbsthypnose? Nein, es ist Enthypnotisierung. Wir erleben diese Einheit die ganze Zeit, aber es ist wieder wie mit der Erfahrung, eine Brille zu tragen: Diese Einheit ist uns so nahe, dass wir *durch sie hindurch* auf die Vielfalt der Welt schauen. Aber wo existiert diese Vielfalt? Innerhalb der Einheit des Seins. Wir könnten die Vielfalt nicht erleben, wenn es nicht den einheitlichen Hintergrund der Existenz gäbe. Das sind Dinge, die jeder von uns erfahren kann, wenn wir uns die Zeit nehmen und uns bemühen, denn es ist die Wahrheit unseres eigenen Seins.

Lassen Sie uns noch einen anderen Ansatz wählen: durch die Intuition des reinen Bewusstseins. Ich bin mir der Welt um mich herum

---

7 Theistische Sprache oder die „Rede von Gott" ist hier nicht notwendig, aber sie ist sicherlich eine Möglichkeit, diese Wahrheit auszudrücken.
8 Exodus 3:14.

bewusst, ich bin mir meines Körpers, meiner Gedanken und Wahrnehmungen bewusst. Der Baum, den ich durch das Fenster sehe – wo sehe ich ihn? In meinem eigenen Bewusstsein. Wenn ich versuche, mich mit dem Licht der Erfahrung selbst zu identifizieren, und nicht mit dem, was ich erlebe, nicht mit dem Prozess des Wahrnehmens oder Denkens, dann spüre ich auch hier eine Einheit des Bewusstseins, in der alles – auch mein Körper und mein Geist – schwebt. Das Bewusstsein ist die weiße Tafel, auf die alle Erfahrung geschrieben wird, auf der alle Geschichten entstehen.

Und was ist mit Liebe? Was ist Liebe? Als Sehnsucht ist Liebe der Drang nach Einheit. Als Erfüllung ist Liebe die Erfahrung von Einheit, von Gleichheit, von Nichtdualität. Wenn Liebe universell wird und sich nicht ausschließlich auf einen oder einige wenige Menschen oder Dinge konzentriert, dann erleben wir auch das Universum als in Liebe entstehend, in Liebe existierend und in Liebe verschmelzend; und diese Liebe ist allgemein als Gott bekannt. Wo immer es eine Vorahnung der allumfassenden Einheit gibt, wird diese Einheit als heilig empfunden, ob man religiös ist oder nicht, ob man einem Glaubensbekenntnis folgt oder nicht.

Das „Ich bin", in dem alles entsteht und sich behauptet; der Ozean des „Seins", in dem alle Dinge als Wellen existieren; der Ozean des Bewusstseins, in dem alles Wissen ist; der Ozean der universellen Liebe, der alles erhält – dies sind vier der Ansätze zum nichtdualen Gewahrsein, die für uns alle zugänglich sind. Es handelt sich dabei nicht um New-Age-Gedankentricks, bei denen ich ein paar oberflächliche Denk- und Sprachmuster ändere und mich plötzlich davon überzeugen kann, dass ich das Universum bin. Es sind Übungen, die große Weise, Heilige und Philosophen ein Leben lang, über Jahrtausende hinweg, beschäftigt haben. Und sie beginnen schon sehr früh in ihrer Anwendung Nutzen zu bringen.

Nun zu den Begriffen „nichtdual" und „Nichtdualität". In unserer Erfahrung gibt es eine unendliche Vielfalt, wohin wir auch schauen. Wir könnten ein ganzes Leben damit verbringen, eine einfache Blume zu untersuchen, sie und ihre Beziehungen zu analysieren, und wir würden nie an das Ende kommen: Diese einfache Blume verschmilzt mit dem Unendlichen. So ist alles hier. Der Nichtdualismus besagt jedoch, dass all diese unendliche Vielfalt in einer Realität wurzelt, die Eines ohne ein Zweites ist, und „Eines ohne ein Zweites" ist das, was „nichtdual" bedeutet. Wenn es keine zwei gibt, verliert sogar der Begriff eins jede Bedeutung. Daher wird das Wort „Nichtdualismus" anstelle von Monismus verwendet. Der Nichtdualismus leugnet nicht die Vielfalt auf unserer gegenwärtigen Erfahrungsebene, aber er sagt, dass die ganze Vielfalt wiederum in einer nichtdualen Realität verwurzelt ist. Dies ist die Idee des Einzigartigen und des Universellen, die im Zentrum der vedischen Weltanschauung stand: Alles hier ist einzigartig, und doch ist alles in seinem Herzen, in seinem Kern diese nichtduale Realität. Wenn wir in das Herz der Dinge schauen, finden wir diese Einheit[9], von der alles hier ein einzigartiger Ausdruck ist.

So ist es auch mit meiner eigenen Existenz: Wenn ich mich mit meinem Geist und Körper identifiziere, sehe ich mich als ein Individuum unter vielen anderen, getrennt von ihnen und von der Welt, die mich enthält. Identifiziere ich mich mit „Ich bin", oder mit dem Sein, oder mit dem Bewusstsein, oder mit der Liebe, finde ich alles im Ozean der Einheit schwimmend. Dann habe ich mich dem Kern des Seins genähert – „meines" Seins, aber ohne jegliches Gefühl von Besitz oder Ausschluss –, wo alles eins ist, und wenn ich tief genug gehe: eins ohne ein Zweites, oder nichtdual.

Einige Wissenschaftler sagen heute, dass das Bewusstsein die nächste große Herausforderung ist[10], dass die Wissenschaft das Bewusstsein ignoriert hat und es noch nicht versteht[11]; und sie fügen hinzu, dass das Bewusstsein die wichtigste der Herausforderungen ist[12]. Warum ist es so wichtig zu wissen, oder, wie ich es ausdrücken würde, warum ist es *das* Wichtigste, was man wissen sollte? Weil alle

---

9   Um das Verständnis zu erleichtern, werde ich manchmal von „Einheit" sprechen, denn auf unserer gegenwärtigen Erfahrungsebene, wo alles aufzählbar zu sein scheint, ist Einheit eine sinnvolle Bezeichnung. Aber streng genommen meine ich Nichtdualität und nicht Einheit.
10   Siehe „Frontiers of Consciousness: Chichele Lectures", herausgegeben von Lawrence Weiskrantz und Martin Davies (Oxford University Press, 2008).
11   Siehe Morten Overgaard, „The Status and Future of Consciousness Research", veröffentlicht auf www.frontiersin.org am 10. Oktober 2017.
12   Siehe Adam Barrett, „Why we need to figure out a theory of consciousness", veröffentlicht auf www.theconversation.com am 11. Mai 2018.

Erfahrung bewusste Erfahrung ist: Alles wird im Bewusstsein erkannt. Außerhalb des Bewusstseins ist nichts bekannt. Einige Nichtdualisten argumentieren, dass es *nichts* außerhalb des Bewusstseins gibt (sie verstehen das Wort als das reine Licht der Erfahrung selbst), aber das brauchen wir hier nicht zu diskutieren. Das Problem ist, dass das Bewusstsein immer subjektiv ist: Es kann nicht objektiviert werden, weshalb die Wissenschaft es ignoriert hat. Es ist der unsichtbare Sehende, das Licht aller Lichter, das Licht, das direkt in der Erfahrung „Ich bin" und in jedem Akt der Erfahrung als das Licht der Erfahrung selbst erkannt wird.

Der große österreichische Physiker Erwin Schrödinger sagte, „dass das Bewusstsein ein Singular ist, dessen Plural wir nicht kennen; dass nur eines wirklich ist und das, was eine Mehrzahl zu sein scheint, nur durch eine Täuschung (die indische Maja [Maya]) entstandene Vielfalt von verschiedenen Erscheinungsformen dieses Einen ist."[13] Die Gedanken und Erfahrungen sind vielfältig, wie Schrödinger weiter erklärt, die Gemüter und Persönlichkeiten sind vielfältig und unterschiedlich, aber das Bewusstsein ist nichtdual.

Aber es gibt so viele bewusste Wesen, jedes mit seinen eigenen privaten, inneren Erfahrungen. Wir können sie doch beobachten. Warum erleben wir also das Bewusstsein nicht im Plural? Auch wenn wir betrachten, wie andere ihrem Leben nachgehen, wenn wir ihre Handlungen sehen, schließen wir aufgrund der Art der Handlungen auf das Vorhandensein von Bewusstsein, aber des Bewusstseins im Singular. Wenn ich mich mit meinem Geist und meinen persönlichen Erfahrungen identifiziere, sehe ich mich als einen unter vielen. Je mehr ich mich aber mit dem Bewusstsein im Herzen meines Wesens identifiziere, desto mehr beginne ich, das Universum in mir und mich im Herzen des Universums zu sehen. Und immer ist das Bewusstsein singulär.

Dies ist die Wahrheit unseres eigenen Seins, die allen zugänglich ist. Wir kennen sie, haben sie aber vergessen. Wir erleben sie zuallererst und alles andere durch sie, aber sie ist so nah, dass wir sie ignorieren, so nah, dass sie wir selbst ist. Dabei ist es keine sich selbst anpreisende „Bin ich nicht großartig"-Idee, denn es ist die Wahrheit von allem. Sie verbindet, statt zu trennen, vereint, statt zu unterscheiden.

---

13   Erwin Schrödinger, „What is Life?" (Cambridge, 1944).

Diese Nichtdualität ist überall zu finden, und sie wird auf viele verschiedene Arten betrachtet. Die Erfahrung der Nichtdualität findet man in jeder Religion genauso wie außerhalb der traditionellen Religionen. Die meisten Religionen lassen jedoch den kühnen, nackten Ausdruck dieser Erfahrung nicht zu, weil sie versuchen, die Souveränität und Einzigartigkeit Gottes zu schützen. Das ist in Ordnung. Aber gelegentlich ist die Erfahrung so tiefgreifend, dass ein Weiser sie in aller Deutlichkeit ausspricht, wie Meister Eckhart es tat: „Hingegen beim Durchbrechen – da stehe ich losgelöst von meinem eigenen Willen und dem Willen Gottes, von allen seinen Werken und von Gott selbst; da stehe ich oberhalb von allen Geschöpfen. Da bin ich weder Gott noch Geschöpf, ja, da bin ich das, was ich war und bleiben werde, jetzt und für immer. [...] [D]ieser Durchbruch bewirkt, dass ich und Gott eins sind."[14] Wiederum sagte Meister Eckhart: „Das Auge, in dem ich Gott sehe, das ist dasselbe Auge, darin mich Gott sieht; mein Auge und Gottes Auge, das ist ein Auge und ein Sehen und ein Erkennen und ein Lieben."[15] Was für eine wunderbare Aussage: ein Auge, ein Sehen, ein Erkennen, eine Liebe. Das eine Auge ist der Ozean des reinen Seins, in dem alles schlichtweg ist. Das eine Sehen ist das einheitliche Bewusstsein, in dem alles schwebt. Das eine Erkennen ist das „Ich bin", das weiß, dass ich bin. Die eine Liebe ist die Liebe selbst, die göttliche Liebe. Der eine Ozean des „Ich bin", der Ozean des Seins, der Ozean des Bewusstseins und der Ozean der Liebe sind derselbe Ozean. Und selbst jetzt, selbst hier, haben wir eine unerkannte Ahnung von diesem Ozean. Der Unterschied zwischen uns und dem Weisen besteht darin, dass der Weise durch seine Gleichheit mit diesem Ozean ihn vollständig kennt, während wir nicht sehen, was wir betrachten.

In Übereinstimmung mit den oben zitierten Worten Meister Eckharts sagte die große französische Mystikerin Madame Guyon (1648 – 1717): „Dieser Weg [der Kontemplation] ist einfach, rein und nackt, indem man nichts außer Gott sieht; und so sieht man alles, wie Gott es

---

14   Meister Eckhart: Sermon Eighty-seven, „The Complete Mystical Works of Meister Eckhart", The Crossroad Publishing Company, New York 1979, Bd. 1, S. 424 (Übersetzung aus dem Mittelhochdeutschen von Kurt Flasch, Frankfurter Allgemeine Zeitung, den 25. Mai 1996, Nr. 121).
15   Zitiert nach: Meister Eckhart: Deutsche Predigten und Traktate, herausgegeben von Josef Quint, Hanser Verlag, 7. Auflage, München 1995, S. 216.

sieht, und mit seinen Augen."[16] Ähnlich beschrieb diese Erfahrung der muslimische Heilige Mansūr Al-Hallādsch (858 – 922): „Ich habe meinen Herrn mit dem Auge des Herzens gesehen. Ich fragte: ‚Wer bist Du?' Er antwortete: ‚Du'."[17] Al-Hallādsch sagte auch, dass in seinen Turban nichts außer Gott eingewickelt sei. Er wurde wegen mutmaßlicher Gotteslästerung verfolgt und getötet, als er sagte: Anā l-Ḥaqq – „Ich bin die Wahrheit", wobei er einen der neunundneunzig Namen für Allah verwendete.

Auch hier gilt, dass solche Zustände nicht nur im religiösen Kontext zu finden sind. Der englische Dichter Alfred Lord Tennyson (1809 – 1892) sagte: „Eine Art von Wachtrance habe ich von Kindheit an oft gehabt, wenn ich ganz allein war. Dies geschah oft dadurch, dass ich mir im Stillen meinen eigenen Namen wiederholte, bis sich auf einmal, gleichsam aus der Intensität des Bewusstseins der Individualität heraus, die Individualität selbst aufzulösen und in grenzenloses Sein zu verschwinden schien; und dies war kein verworrener Zustand, sondern der klarste der klarsten, der sicherste der sichersten, der seltsamste der seltsamsten, völlig jenseits von Worten, wo der Tod eine fast lächerliche Unmöglichkeit war, der Verlust der Persönlichkeit (wenn es denn so war) keine Auslöschung zu sein schien, sondern das einzig wahre Leben ..."[18]

Es handelte sich nicht um paranoide Wahnsinnige, die behaupteten, Gott zu sein und deshalb allen anderen überlegen. Vielmehr verkündeten sie eine wahrgenommene Wahrheit über jeden, einschließlich sich selbst. Ein Sufi-Meister aus Pakistan sagte mir vor ein paar Jahren: „Für einen Sufi ist es Blasphemie zu sagen: ‚Ich bin Allah.' Aber zu sagen: ‚Ich bin nicht Allah', ist eine noch größere Blasphemie." Das heißt, wenn jemand sagt: „Ich bin Allah", dann beansprucht er für sein begrenztes, egozentrisches Wesen die universelle Göttlichkeit. Aber zu sagen: „Ich bin nicht Allah", bedeutet zu sagen, dass mein Wesen sich vom Wesen Gottes unterscheidet, und das ist eine noch größere Blasphemie, denn das Sein ist Eines ohne ein Zweites. Und das wiederum ist die Bedeutung der Nichtdualität: Eines ohne ein Zweites, wo keine Trennung möglich ist, wo es keine Trennung gibt,

---

16   Madame Guyon: Spiritual Torrents, Samson Low, Marston, Low, & Searle, London 1875, Teil I, Kap. 9, S. 210.
17   Zitiert nach Mohammed Rustom: Rumi's Metaphysics of the Heart, S. 69, publiziert auf der Webseite des Autors: www.mohammedrustom.com
18   Zitiert nach John C. Walters: In Tennyson Land, London 1890, S. 38.

wo innen und außen keine Bedeutung haben. Und dann macht es wenig Unterschied, ob man die Sprache der Selbsterkenntnis oder die Sprache der Gotteserkenntnis verwendet. Wie Swami Vivekananda sagte: „Die Sprache des [Dualismus, bei dem Gott und Geschöpf als ewig getrennt gedacht werden] sagt: ‚Gott, Du, mein Vater.' Die Sprache des [Nichtdualismus] sagt: ‚Du bist mir lieber, als ich mir selbst bin. Ich möchte keinen Namen für Dich haben. Der nächstliegende Name, den ich verwenden kann, ist Ich.'"[19]

Die volle Verwirklichung dieser Wahrheit ist eine zutiefst transformative Erfahrung und nicht, wie wir bereits sagten, ein Gedankentrick, bei dem man einfach nur die richtigen Dinge sagt. Aber das ist bei allen großen Wahrheiten so. Diejenigen in jeder Kultur, die die Tiefen ihrer Tradition ausloten und sich mit ihrem erfahrbaren Kern identifizieren, sind die Heiligen und Weisen dieser Kultur. Aber auch andere, die nicht so weit gehen, werden von denselben Wahrheiten zutiefst beeinflusst. Die Wahrheit der Nichtdualität kann zwar von jedem erklärt und gefühlt werden, doch ihre Tiefe reicht aus, um die größten Geister einer Kultur zu beschäftigen.

Was sind also die Auswirkungen des nichtdualen Bewusstseins? Das ist schließlich der Grund für diesen Essay. Die Welt befindet sich in einer Krise. Die Umwelt ist geschädigt. Die Auswirkungen des Klimawandels sind bereits spürbar. Das sechste Massenaussterben hat begonnen. Daher ist jetzt Aktivismus gefragt, um Politiker und Unternehmensführer dazu zu bewegen, das Richtige zu tun. Politisches Handeln ist notwendig, um strukturelle Veränderungen in der Gesellschaft zu bewirken. Die Wissenschaft ist gefragt – schließlich sagt sie uns, was passiert, warum es passiert und was wir tun müssen, um die Katastrophe abzuwenden. Doch all diese Handlungsebenen sind zwar dringend erforderlich, reichen aber nicht aus. Wir brauchen eine neue Meta-Erzählung, die auf einer großen Wahrheit beruht, die eine bessere Art des Seins und Handelns offenbart, eine bessere Art der Beziehung, eine Art, die alle einschließt, die alle befähigt, die die Vielfalt respektiert und doch die Einheit sieht, eine Art, die unsere höchsten menschlichen Werte wieder glaubwürdig und erreichbar macht.

---

19 Swami Vivekananda: The Soul and God, in „Complete Works of Swami Vivekananda", Advaita Ashrama, Kolkata 2013, S. 505.

Was wir brauchen, ist eine Wahrheit, deren Grundlage so umfassend ist, dass sie alle Weisheitslehren der Menschheit, alle Auffassungen von der Wirklichkeit enthält und einschließt. Genug von der schrecklichen Zerstörung, die von dem Glauben ausgeht, dass mein Gott der einzig wahre Gott ist, dass meine Kultur die überlegene Kultur ist, dass meine Art, die Dinge zu tun, die einzig richtige Art ist, die Dinge zu tun – Ideen, die dazu führen, dass man anderen seinen Gott, seine Kultur, seinen Weg zu deren eigenem Heil aufzwingt! Wie viel Zerstörung der kulturellen Weisheit der Menschheit ist aus dieser primitiven, stammesbezogenen Idee entstanden! Wir müssen eine Einheit finden, die groß und tief genug ist, um die Vielfalt zu umarmen.

Wir brauchen eine Wahrheit, die außerdem tiefer geht als die Naturwissenschaften, die menschliche Werte bewahrt, die die Erfahrung menschlicher Werte umfasst und dennoch nicht im Widerspruch zu den Wahrheiten der Wissenschaft steht. Die Menschen wollen heute eine Wahrheit, die auf Erfahrung beruht, nicht auf Autorität. Sie wollen eine universelle Wahrheit, keine urheberrechtlich geschützte, markenrechtlich eingetragene, patentierte oder kontrollierte Wahrheit. Sie wollen eine experimentelle Herangehensweise, die persönliche Entdeckungen und Fehler zulässt und dennoch eine erreichbare Erfüllung ohne Einschränkungen verspricht.

In einer früheren Zeit war die zentrale Frage, die sich ein Bürger stellen musste: Wer ist meine Königin und wie diene ich ihr? Wer ist mein König und wie diene ich ihm? Und so wurde Gott als Monarch auf einem Thron im Himmel angesehen, und wir existierten, um Ihn zu verherrlichen (in den meisten Fällen nicht *Sie*). In der modernen Welt lautet die Frage: Wer bin ich und wie finde ich Erfüllung? Die neue Erzählung muss auf die Bedürfnisse der heutigen Menschheit eingehen.

Der Nichtdualismus kann eine solche Wahrheit bieten. In der Tat *bietet* er eine solche Wahrheit *an*. Sie ist ein offenes Geheimnis, das im Herzen der Realität liegt und nur deshalb geheim ist, weil wir unsere Augen davor verschlossen haben. Sie gehört keiner Sekte, keiner Organisation, keiner Nation, keiner Ethnie. Sie wurde von Menschen an allen Orten und zu allen Zeiten der Geschichte gefunden.

Die Gesellschaft ist aber mehr Organismus als Mechanismus. Das heißt, sie folgt ihren eigenen Gesetzen des Wachstums. Ein Mechanismus kann auseinandergenommen und Teile können ausgetauscht und innerhalb weiter Grenzen verändert werden, ohne dass der Mechanismus Schaden nimmt. Einem Organismus hingegen kann nur Nahrung gegeben werden, aber er muss diese Nahrung essen und aufnehmen und nach seinen eigenen Wachstumsgesetzen wachsen. Die Zeit wird zeigen, ob die Wahrheit des Nichtdualismus das Herz der Gesellschaft erreicht und dort in ihrer Struktur verankert wird. Aber eines ist sicher: Sie wird weiterhin die Kernwahrheit unseres Seins sein und für alle zugänglich bleiben.

In der Tat hat sie in jeder Kultur immer bei einigen ihren Platz gefunden und auch heute findet sie bei vielen ein offenes Ohr. Wir sehen die große Popularität von Vedanta-Lehrern wie Swami Vivekananda, Ramana Maharshi und Swami Sarvapriyananda, von unabhängigen Lehrern wie Eckhart Tolle, von nichtdualen Traditionen wie dem Zen- und Ch'an-Buddhismus und Dzogchen sowie von Foren wie der *Science and Non-Duality Conference* (SAND). Wird sie sich auf die Gesellschaft als Ganzes ausbreiten? Ich weiß es nicht. Die Ergebnisse sind jedenfalls vielversprechend.

Ihre Auswirkungen auf der sozialen Ebene sind Integration, Akzeptanz, Respekt, Harmonie, Zusammenarbeit und Dienst am Nächsten. Auf der persönlichen Ebene sind es Integration und Wachstum, Furchtlosigkeit und Stärke, innerer Frieden und Stille, Achtsamkeit, Liebe, Freude, Sinn und Orientierung. In der Isha Upanishad heißt es: „Wer alle Wesen im Selbst sieht und das Selbst in allen Wesen, der hasst niemanden. Für denjenigen, der sieht, dass alle Wesen zu ihm selbst geworden sind, wie kann es da Täuschung geben, wie kann es für diesen Seher der Einheit Kummer geben?"[20] Wenn ich mich selbst in allen Wesen und alle Wesen in mir selbst erkenne, ist universelle Liebe das Ergebnis.

Am Anfang, wenn dieses nichtduale Verständnis noch ein Konzept ist, das ich intuitiv erahnen kann, sind meine alten Wahrnehmungsgewohnheiten und emotionalen Reaktionen stärker als die neue Einsicht. Doch dann beginne ich, die Möglichkeit einer neuen Wahrnehmung

---

20   Isha Upanishad 6 – 7; Übersetzung aus dem Sanskrit vom Autor.

zu spüren – als die Chance einer neuen Freiheit von alten negativen Reaktionsgewohnheiten. Das allein ist schon eine Veränderung, die mir neues Licht, Hoffnung und Orientierung gibt.

Wie wir sehen, gibt es darin eine Entwicklung. Zuerst versuchen wir, den Nichtdualismus konzeptionell zu verstehen, aber dann möchten wir ihn spüren, ihn intuitiv fühlen. Sobald wir das spüren, halten wir an diesem Gefühl fest, bis es zu einer klaren Wahrnehmung wird. Da sie die Wahrheit unseres eigenen Seins ist, beginnt sie zu erwachen, wenn wir ihr Aufmerksamkeit schenken. Wenn ich in Zeiten der Meditation beginne, das Einssein zu spüren, habe ich eine neue Perspektive, die meinen alten Denkgewohnheiten entgegenzuwirken beginnt – zunächst schwach, aber dann mit zunehmender Stärke. Wenn ich mich dabei ertappe, dass ich jemanden hasse, kann ich mich fragen: Ist diese Person außerhalb von mir, dass ich sie hassen kann? Kann ich meine Hand oder meinen Fuß hassen?

Das bedeutet nicht, dass ich jedem ausgeliefert bin, der meine Zeit verschwenden oder meine Güte missbrauchen will. Es bedeutet jedoch, dass ich zunehmend in der Lage bin, mit einem Gefühl von Liebe, Ausgeglichenheit und Klarheit zu handeln, was zu Handlungen führt, die der Situation angemessener sind und weniger von blinden Emotionen geleitet werden. Der Sinn für das Dienen wächst, weil ich alles in einem neuen Licht sehe, einem Licht, das von Liebe durchdrungen ist, und ich spüre, dass die Freuden und Sorgen der anderen nicht weniger wichtig sind als meine eigenen. Die Zusammenarbeit wird wichtiger als der Wettbewerb. Die Verantwortung für die Gemeinschaft ist genauso bedeutend wie die Rechte des Einzelnen. Ich helfe lieber anderen weiter, als über die Köpfe aller hinwegzugehen, um an den Anfang der Reihe zu kommen.

Mein Dasein endet nicht mit den Nervenenden in meiner Haut. Warum sollte ich den taktilen Sinneszellen so viel Bedeutung beimessen und mein Wesen als das definieren, was innerhalb meiner Haut zu spüren ist? Ich sehe und höre viel mehr, als meine Haut spürt. Warum sollte ich meinen Sinn für mein Dasein nicht auf alles ausdehnen, was ich sehe und höre? In Wirklichkeit entsteht die ganze Welt in meinem Bewusstsein, und sie ist viel breiter, als ich sehen oder hören kann. Ich kann lernen, den Ozean des Seins als eine einzige Realität zu spüren, in der mein Körper nur ein Strudel ist und keine Trennlinie, die mich von allem anderen trennt. Ich möchte mehr auf den Ozean des Seins schauen als auf den Strudel des Körpers. Dann werde ich niemanden als Fremden, niemanden als Außenseiter ansehen.

Dann werde ich mit Loreena McKennitt singen[21]:

Richte deine Augen auf den Ozean.

Wirf deine Seele auf das Meer.

– Das Meer des Seins, das Meer des Bewusstseins, das auch das Meer der reinen Liebe ist.

Wie die große bengalische Heilige Sri Sarada Devi (1853 – 1920) auf ihrem Sterbebett sagte: „Wenn du Frieden willst, mein Kind, dann schau nicht auf die Fehler der anderen, sondern auf deine eigenen Fehler. Lerne, die Welt zu deiner eigenen zu machen. Keiner ist ein Fremder, mein Kind. Die ganze Welt ist dein eigen."[22] Jeder militärische Befehlshaber weiß, dass der Feind zuerst objektiviert und entpersönlicht werden muss, bevor seine Soldaten hinausgehen und bereitwillig töten können. Die Liebe kommt aus der entgegengesetzten Bewegung: Sie erfüllt sich in der Identität mit dem Objekt der Liebe, wenn es keine Subjekt-Objekt-Trennung mehr gibt.

Ja, es gibt Menschen, die gute Dinge tun, und Menschen, die schlechte Dinge tun, aber beide sind in mir, beide haben Anteil am universellen Sein. Diejenigen, die gelernt haben, das Einssein wahrzunehmen, haben ein sehr klares moralisches Empfinden, das auf dieser Wahrnehmung beruht, aber sie benutzen es nicht als Messlatte, um andere zu beurteilen. Vielmehr nutzen sie es, um ihr eigenes Verhalten zu leiten. Wenn nötig, werden sie Unschuldige vor denen schützen, die ihnen Schaden zufügen wollen, aber nicht aus Hass oder Überlegenheit gegenüber dem Übeltäter, sondern aus Liebe zum Guten und aus Respekt für alle.

Wie ich bereits sagte, kann man kein Gefühl des allumfassenden Einsseins empfinden, ohne zu erkennen, dass es zutiefst heilig ist. Diese Empfindung gibt uns ein Gefühl des Respekts für alles, auch für uns selbst – den Selbstrespekt. Wenn man nach innen schaut, sieht

---

21   Loreena McKennitt: Dante's Prayer.
22   Die letzten Anweisungen von Sri Sarada Devi, die in allen ihren Biografien zu finden sind. Das bengalische Original wurde vom Autor übersetzt.

man mit ehrfürchtigem Staunen die unendliche Wirklichkeit. Wenn man nach außen schaut, sieht man sie in allen Wesen, und man verneigt sich in Ehrerbietung. Deshalb entwickelt man ein Gefühl der Verbundenheit mit allen und allem. Eine ältere Frau fegte einmal den Innenhof von Sarada Devis Dorfhaus in Westbengalen. Als sie ihre Arbeit beendet hatte, warf die Frau den Besen achtlos in die Ecke. Sarada Devi rief ihr zu und sagte, dass sogar der Besen Respekt für seinen Dienst verdiene. Sie bat die Frau, dem Besen die Ehre zu erweisen und ihn sorgfältig in die Ecke zu stellen.

Und hier liegt die Grundlage für einen neuen Umweltschutz, der auf Achtsamkeit, Respekt und Verbundenheit beruht. Die meiste Verschwendung entsteht durch einen Mangel an Achtsamkeit: Der achtsame Mensch verbraucht, was notwendig ist, aber nicht mehr. Wenn wir darüber hinaus ein Gefühl des Respekts für die Würde von allem und jedem haben, dann missbrauchen wir die Ressourcen nicht. Und wenn wir darüber hinaus spüren, dass alles von diesem heiligen Gefühl der nichtdualen Realität durchdrungen ist, werden unsere Interaktionen mit der Welt und mit anderen Wesen zu Handlungen der Ehrerbietung. Ja, das braucht Zeit, aber wir lernen allmählich, uns in diese Richtung zu bewegen. Mit ein wenig Anstrengung wird das zu unserer natürlichen, mühelosen Daseinsweise.

Schlusswort

Als die Idee für das Buch entstanden war, wandte ich mich an Persönlichkeiten aus verschiedenen Bereichen der Wissenschaft und des gesellschaftlichen Handelns. Alle betrachteten das Thema als besonders wichtig. Wenn sie eine Teilnahme nicht zusagten, dann nur aus Mangel an Zeit und mit den besten Wünschen für das Vorhaben. Es ist offensichtlich ein Thema, das rasch an Bedeutung gewinnt. Überall in der Welt und in allen Feldern des Nachdenkens über die Lage unserer Zivilisation stellen die führenden Köpfe unsere Denk- und Lebensweise infrage und rufen zu einem grundsätzlichen Umdenken auf.

Was verbindet nun all diese Texte? Die Veränderung der Weltsicht ist ein komplexer, langwieriger sozialer und kultureller Prozess, und niemand kann heute sagen, wie er verlaufen wird. Deswegen kann niemand das Weltbild von morgen beschreiben. Die Gemeinsamkeit der Texte kann also nicht in konkreten Vorschlägen liegen. Sie liegt nicht so sehr in einer bestimmten *Weltsicht*, sondern in einer besonderen *Einstellung zur Welt*: Einstellung der Zuwendung – Einstellung der Menschen, die sich um andere kümmern, die sich für ihre Umwelt verantwortlich fühlen, die für eine bessere Welt handeln wollen.

Ich nenne diese Einstellung Liebe. Es ist Liebe für das Leben auf unserem Blauen Planeten und für die menschliche Kultur. Diese Liebe ist kein Gefühl. Sie ist eine Haltung zu unserer Umwelt, zu allem Leben, zu anderen, zu uns selbst. Sie ist Arbeit, Aufbauen, Beschützen – sie ist Dienen.

Diese Liebe ist außerdem eine Kraft: Sie lässt uns richtig handeln, und sie hält die Gesellschaft zusammen. Sie ist die Energie, die sich der Entropie der materiellen Welt widersetzt. Damit ist sie schöpferisch. Diese Einstellung und die aus ihr hervorgehende Energie sind das, was uns retten wird. Wenn die menschliche Zivilisation diese Krise überleben wird, dann nur, weil ausreichend viele Menschen zum Instrument dieser Kraft werden.

Sollte also aus diesem Buch kein Entwurf für unsere zukünftigen Denkweisen, kein Weltbild für den Blauen Planeten, hervorgehen, ist der Band gewiss ein Ausdruck dieser Einstellung zur Welt. In diesem Sinne zeigt er uns doch die Richtung.

Der Herausgeber

Literaturverzeichnisse

Im Tanz zwischen Selbst und Welt

Bayne, T.: On the axiomatic foundations of the integrated information theory of consciousness, Neuroscience of consciousness, 2018. 2018(1), S. niy007.

Bennett, N., G.J. Lemoine: What a difference a word makes. Understanding threats to performance in a VUCA world, Business Horizons, 2014. 57(3), S. 311-317.

Bion, W.R.: Container and contained, Group relations reader, 1985. 2(8), S. 127-133.

Bregman, R.: Im Grunde gut, eine neue Geschichte der Menschheit, Rowohlt Verlag GmbH, 2020.

Bruhn, T., Böhme, J.: Mehr sein, weniger brauchen, was Nachhaltigkeit mit unseren Beziehungen zu tun hat, Julius Beltz Verlag, 2021.

Calvin, K., Bond-Lamberty, B.: Integrated human-earth system modeling – state of the science and future directions, Environmental Research Letters, 2018. 13(6).

Capra, F., Luisi, P.L.: The systems view of life. A unifying vision, Cambridge University Press, 2014.

Chapin III, F.S., et al.: Earth Stewardship, science for action to sustain the human-earth system, Ecosphere, 2011. 2(8), S. 1-20.

Clark, W.C., Harley, A.G.: Sustainability Science. Toward a Synthesis, 2020. 45(1), S. 331-386.

Clark, W.C., Crutzen, P.J., Schellnhuber, H.J.: Science for global sustainability, toward a new paradigm, 2005.

Cooper, J.: Cognitive dissonance, 50 years of a classic theory, Sage, 2007.

Crutzen, P.J.: Geology of mankind, Nature, 2002. 415(6867), S. 23-23.

Diamond, J.: Collapse. How societies choose to fail or succeed, Penguin, 2005.

Dierksmeier, C.: Qualitative Freiheit, transcript-Verlag, 2016.

Dörner, D., et al.: On dealing with uncertainty and complexity, Hans Huber, Bern 1983.

Dörner, D.: On the difficulties people have in dealing with complexity. Simulation & Gaming, 1980. 11(1), S. 87-106.

Dörner, D.: On the Logic of Failure. Thinking, Planning and Decision Making in Uncertainty and Complexity, 1987.

Dürr, H.-P.: Es gibt keine Materie!, Crotona Verlag, 2020.

Dürr, H.-P.: Geist, Kosmos und Physik. Gedanken über die Einheit des Lebens, Crotona Verlag, 2020.

Greene, B.: Das elegante Universum: Superstrings, verborgene Dimensionen und die Suche nach der Weltformel, Siedler Verlag, 2015.

Haraway, D.: Anthropocene, capitalocene, plantationocene, chthulucene. Making kin, Environmental humanities, 2015. 6(1), S. 159-165.

Horton, R., et al.: From public to planetary health, a manifesto, The Lancet, 2014. 383(9920), S. 847.

Kasser, T.: The high price of materialism, MIT press, 2003.

Kauffman, S.: At home in the universe. The search for the laws of self-organization and complexity, Oxford University Press, 1996.

Kauffman, S.: Systems Theory, Complexity Theory, and Radical Emergence, in "Seizing an Alternative. Toward an Ecological Civilization", Claremont 2015.

Mallatt, J., Feinberg, T. E.: Consciousness is not inherent in but emergent from life, 2017. 1(11), S. 15.

Manuel-Navarrete, D.: Double coupling, modeling subjectivity and asymmetric organization in social-ecological systems, Ecology and Society, 2015. 20(3).

McDonough, W., Braungart M.: Cradle to Cradle, North Point Press, New York 2002.

Meadows, D.: Dancing with systems, Whole Earth, 2001. 106, S. 58-63.

Meadows, D., et al.: The Limits to Growth, Universe, New York 1972.

Meadows, D.: Places to intervene in a system, Whole Earth, 1997. 91(1), S. 78-84.

Moore, J.W.: The Capitalocene, Part I: on the nature and origins of our ecological crisis, The Journal of peasant studies, 2017. 44(3), S. 594-630.

Morin, E.: From the concept of system to the paradigm of complexity, Journal of Social and Evolutionary Systems, 1992. 15(4), S. 371-385.

Morin, E.: On complexity, Hampton Press, 2008.

Nandram, S.S., Bindlish, P.K.: Listening to Your Intuition. An Integrative Approach to Navigating VUCA, in Managing VUCA Through Integrative Self-Management, Springer, 2017, S. 307-319.

Nicolis, G., Nicolis, C.: Foundations of complex systems: emergence, information and prediciton, World Scientific, 2012.

O'Neill, D.W., et al.: A good life for all within planetary boundaries, Nature Sustainability, 2018. 1(2), S. 88-95.

Patomäki, H., Steger, M.B.: Social imaginaries and Big History: Towards a new planetary consciousness?, Futures, 2010. 42(10), S. 1056-1063.

Petit, J.-R., et al.: Climate and atmospheric history of the past 420,000 years from the Vostok ice core, Antarctica, Nature, 1999. 399(6735), S. 429-436.

Purser, R., Mc: Mindfulness. How mindfulness became the new capitalist spirituality, Repeater, 2019.

Radermacher, F.J., Beyers, B.: Welt mit Zukunft, die ökosoziale Perspektive, Murmann Publishers GmbH, 2011.

Rauschmayer, F.: The transition to sustainability as interbeing... or: from oncology to ontology, in What Next for Sustainable Development?, Edward Elgar Publishing, 2019.

Raworth, K.: A safe and just space for humanity, can we live within the doughnut, Oxfam Policy and Practice: Climate Change and Resilience, 2012. 8(1), S. 1-26.

Redaktion Brockhaus, ed., Brockhaus: Mensch, Natur, Technik, Vom Urknall zum Menschen, FA Brockhaus, Leipzig, Mannheim 1999.

Rockstrom, J., et al.: A safe operating space for humanity, Nature, 2009. 461(7263), S. 472-475.

Rosa, H.: Resonanz. Eine Soziologie der Weltbeziehung, Suhrkamp Verlag, 2016.

Sachs, W.: Astronautenblick, über die Versuchung zur Weltsteuerung in der Ökologie, 1998.

Sawyer, R.K.: Social emergence. Societies as complex systems, Cambridge University Press, 2005.

Seager, W.: Theories of consciousness, an introduction, Routledge, 2002.

Steffen, W., et al.: The trajectory of the Anthropocene. The Great Acceleration, The Anthropocene Review, 2015.

Steffen, W., Crutzen, P.J., McNeill, J.R.: The Anthropocene, are humans now overwhelming the great forces of nature, Ambio: A Journal of the Human Environment, 2007. 36(8), S. 614-621.

Ungar, M.: Systemic resilience, Ecology and Society, 2018. 23(4).

Walsh, Z.: A meta-critique of mindfulness critiques. From McMindfulness to critical mindfulness, in Handbook of mindfulness, Springer, 2016, S. 153-166.

Walsh, Z., Böhme, J., Wamsler, C.: Towards a relational paradigm in sustainability research, practice, and education, Ambio, 2020, S. 1-11.

Weizsäcker, E.U. von, Wijkman, A., et al.: Come On! – Capitalism, Short-termism, Population and the Destruction of the Planet, Springer, New York 2018.

West, S., et al.: A relational turn for sustainability science? Relational thinking, leverage points and transformations, Ecosystems and People, 2020. 16(1), S. 304-325.

White, F., Schuhmacher, E.: Der Overview-Effekt, wie die Erfahrung des Weltraums das menschliche Wahrnehmen, Denken und Handeln verändert: die erste interdisziplinäre Auswertung von über 20 Jahren Raumfahrt, Goldmann, 1993.

Annäherungen an ein gutes Leben für alle

Acemoğlu, Daron, Robinson, James A.: Warum Nationen scheitern. Die Ursprünge von Macht, Wohlstand und Armut, S. Fischer Verlag, Frankfurt am Main 2013 (Amerikanische Originalausgabe: Why Nations Fail. The Origins of Power, Prosperity, and Poverty, Random House, New York 2012).

Albright, Madeleine: Faschismus. Eine Warnung, DuMont, Köln 2018 (Amerikanische Originalausgabe: Fashism. A Warning, HarperCollins Publishers, New York 2018).

Arendt, Hannah: Die Freiheit, frei zu sein. Mit einem Nachwort von Thomas Meyer, dtv, München 2018.

Aust, Stefan, Geiges, Adrian: Xi Jinping. Der mächtigste Mann der Welt, Piper, München 2021.

Biesecker, Adelheid, Hofmeister, Sabine: Die Neuerfindung des Ökonomischen. Ein (re)produktionstheoretischer Beitrag zur Sozial-ökologischen Forschung. Ergebnisse Sozial-ökologischer Forschung, Band 2, oekom Verlag, München 2006.

Binswanger, Hans Christoph: Geld und Magie. Deutung und Kritik der modernen Wirtschaft, Edition Weitbrecht, Stuttgart 1985.

Binswanger, Hans Christoph: Die Wachstumsspirale. Geld, Energie und Imagination in der Dynamik des Marktprozesses, Metropolis, Marburg 2006.

Daly, Herman E.: Steady-state economics, second edition with new essays, Earthscan Publications, London 1992.

Dahrendorf, Ralph: Auf der Suche nach einer neuen Ordnung, C.H.Beck, München 2003.

Diamond, Jared: Kollaps. Warum Gesellschaften überleben oder untergehen, Fischer Verlag, Frankfurt am Main 2006 (Originalausgabe: Collapse. How Societies Choose to Fail or Succeed, Viking, Penguin Group, New York 2006).

Ludwig Erhard: Wohlstand für Alle, ECON Verlag, Düsseldorf und Wien 1957.

Eucken, Walter: Grundsätze der Wirtschaftspolitik, Rohwolt, Hamburg 1959.

Flückiger, Stefan, Schwab, Martina: Globalisierung: Die zweite Welle. Was die Schweiz erwartet, Verlag Neue Zürcher Zeitung, Zürich 2010.

Ash, Timothy Garton: Jahrhundertwende. Weltpolitische Betrachtungen 2000 – 2010, Hanser, München 2010.

Hans Glauber: Langsamer, weniger, besser, schöner. 15 Jahre Toblacher Gespräche, Bausteine für die Zukunft, München 2006.

Held, Thom, Minsch, Jürg: Schweizgespräch. Von der Lust und Freude am Politischen – Eine DENK-ALLMEND für den Flugplatz Dübendorf, Haupt Verlag, Bern 2013.

International Energy Agency: World Energy Outlook 2013.

International Monetary Fund: Energy Subsidy Reform: Lessons and Implications 2013.

Luce, Edward: The Retreat of Western Liberalism, Abacus, London 2018.

Mazzucato, Mariana: The Value of Everything. Making And Taking In The Global Economy, Penguin Books 2019.

Mazzucato, Mariana: Mission. Auf dem Weg zu einer neuen Wirtschaft, campus, Frankfurt am Main, New York 2021.

Milanović, Branko: Global Income Inequality by the Numbers: in History and Now, An Overview, The World Bank, Development Research Group, Policy Research Working Paper 6259, November 2012.

Milanović, Branko: Kapitalismus global. Über die Zukunft des Systems, das die Welt beherrscht, suhrkamp, Berlin 2020.

Minsch, Jürg: Fortschritte in merkantilistischer Wirtschaftspolitik – Strategien gegen eine Ökologisierung der Wirtschaft, in: GAIA, 3/1992, S. 132-143.

Minsch, Jürg, Feindt, Peter-Henning, Meister, Hans-Peter, Schneidewind, Uwe, Schulz, Tobias: Institutionelle Reformen für eine Politik der Nachhaltigkeit, Springer Verlag, Berlin, Heidelberg, New York 1998.

Minsch, Jürg: Merkantilistische Wirtschaftspolitik und Umweltzerstörung, Textbox 33 in: Robert Costanza, John Cumberland, Herman Daly, Robert Goodland, Richard Norgaard: Einführung in die Ökologische Ökonomik, utb, Stuttgart 2001.

Minsch, Jürg et al.: The Indispensable Role of Social Science in Energy Research, in: Spreng, Daniel, Flüeler, Thomas, Goldblatt, David L., Minsch, Jürg: Tackling Long-Term Global Energy Problems. The Contribution of Social Science, Springer Verlag, Dordrecht, Heidelberg, London, New York 2012.

Mirowski, Philip Edward: Learning the Meaning of a dollar: Conservation principles and the social theory of value in economic theory, in: Social Research, 57/3, 1990, S. 689-718.

Nussbaum, Martha: Königreich der Angst. Gedanken zur aktuellen politischen Krise, wbg, Darmstadt 2019 (Amerikanische Originalausgabe: The Monarchy of Fear. A Philosopher Looks at Our Political Crisis, Simon & Schuster Inc., 2018).

Paech, Niko: Befreiung vom Überfluss. Auf dem Weg in die Postwachstumsökonomie, oekom Verlag, München 2012.

Pearce, David: Environmentally harmful subsidies: Barriers to sustainable development, OECD Workshop on environmentally harmful subsidies, IEA, Paris 7 November 2002.

Pfriem, Reinhard et al: Transformative Wirtschaftswissenschaft im Kontext nachhaltiger Entwicklung, Metropolis, Weimar 2017.

Pistor, Katarina: Der Code des Kapitals. Wie das Recht Reichtum und Ungleichheit schafft, suhrkamp, Frankfurt am Main 2020.

Pistor, Katarina: Den Anwälten fehlt der Blick fürs grosse Ganze, Interview, in: NZZ Geschichte, Nr. 34, Mai 2021, S. 6-13.

Polanyi, Karl: The Great Transformation. Politische und ökonomische Ursprünge von Gesellschaften und Wirtschaftssystemen, suhrkamp taschenbuch wissenschaft, Frankfurt 1978 (Originalausgabe: The Great Transformation, 1944).

Popper, Karl R.: Die offene Gesellschaft und ihre Feinde, Bde. 1 und 2, 6. Auflage, Mohr Siebeck, Tübingen 1980 (Erstausgabe 1945).

Popper, Karl R.: Auf der Suche nach einer besseren Welt. Vorträge und Aufsätze aus dreissig Jahren, Piper, München 1987.

Riklin, Alois: Erfindungen gegen den Machtmissbrauch. Ein Beitrag zur Geschichte der politischen Ideen, in: Küng, E. (Hrsg.): Wandlungen in Wirtschaft und Gesellschaft. Die Wirtschafts- und Sozialwissenschaften vor neuen Aufgaben, Festschrift für Walter A. Jöhr zum 70. Geburtstag, Tübingen 1980.

Rosa, Hartmut: Beschleunigung. Die Veränderung der Zeitstruktur in der Moderne, suhrkamp, Frankfurt am Main 2005.

Rosa, Hartmut: Beschleunigung und Entfremdung, suhrkamp, Berlin 2013.

Rosa, Hartmut: Resonanz. Eine Soziologie der Weltbeziehung, suhrkamp, Berlin 2016.

Rosa, Hartmut: Unverfügbarkeit, Residenz Verlag, Wien 2018.

Sachs, Wolfgang: Die vier E's: Merkposten für einen massvollen Wirtschaftsstil, in: Politische Ökologie 11 (33), München 1993.

Sandel, Michael J.: Vom Ende des Gemeinwohls, S. Fischer, Frankfurt am Main 2020.

Schneidewind, Uwe, Feindt, Peter-Henning, Meister, Hans-Peter, Minsch, Jürg, Schulz, Tobias, Tscheulin, Jochen: Institutionelle Reformen für eine Politik der Nachhaltigkeit: Vom Was zum Wie in der Nachhaltigkeitsdebatte, in: GAIA , 3/1997, S. 182-196.

Schneidewind, Uwe, Zahrnt, Angelika: Damit gutes Leben einfacher wird. Perspektiven einer Suffizienzpolitik, oekom, München 2013.

Schneidewind, Uwe et al.: Transformative Wirtschaftswissenschaft im Kontext nachhaltiger Entwicklung: für einen neuen Vertrag zwischen Wirtschaftswissenschaft und Gesellschaft, Ökologisches Wirtschaften, 2016(31), S. 30-34.

Schneidewind, Uwe: Die Grosse Transformation, Eine Einführung in die Kunst gesellschaftlichen Wandels, Fischer Taschenbuch, Frankfurt am Main 2018.

Seidl, Irmi, Zahrnt, Angelika: Postwachstumsgesellschaft: Konzepte für die Zukunft, Metropolis, Marburg 2010.

Sen, Amartya: Ökonomie für den Menschen, Wege zur Gerechtigkeit und Solidarität in der Marktwirtschaft, 3. Auflage, München 2005 (Amerikanische Originalausgabe: Development as Freedom, New York 1999).

Sinn, Hans-Werner: Kasino Kapitalismus. Wie es zur Finanzkrise kam, und was jetzt zu tun ist. Vollständig aktualisierte Ausgabe, Ullstein, Berlin 2010.

Sukhdev, Pavan: Corporation 2020. Warum wir Wirtschaft neu denken müssen, insbes. Kapitel: „Das künstlich gedüngte Feld", S. 28-30, oekom Verlag, München 2013 (Amerikanische Originalausgabe: Corporation 2020. Transforming Business for Tomorrow's World, Island Press, Washington D.C.).

Sukhdev, Pavan: Die Natur ist wie eine kostenlose Mahlzeit, in: CS Bulletin 1 / 2019, S. 22-24.

Wilde, Oscar: Lady Windermeres Fächer, Fischer Verlag, Frankfurt am Main 2012 (Originalausgabe: Lady Windermere's Fan, 1892).

Von den Grenzen des Wachstums zu lebensfördernden Ökonomien

Bollier, D., Helfrich, S.: The wealth of the commons: A world beyond market and state, Levellers Press, Amherst 2012.

Capra, F., Luisi, P. L.: The system's view of life: A unifying vision, Cambridge University Press, Cambridge 2014.

Costanza, R., Kubiszewski, I., Giovannini, E., Lovins, H., McGlade, J., Pickett, K. E., Wilkinson, R.: Development: Time to leave GDP behind, Nature 2014, 505(7483), 283-285. DOI: 10.1038/505283a.

Ellen MacArthur Foundation: Towards the Circular Economy, Ellen Macarthur Foundation, Isle of White 2013.

Felber, C.: Gemeinwohl-Ökonomie, Piper 2018.

Fioramonti, L.: Wellbeing Economy. Success in a World Without Growth, Palgrave Macmillan Publishers, Johannesburg 2017.

Habermann, F.: Ecommony. UmCare zum Miteinander, Ulrike Helmer Verlag, 2016.

Hoekstra, R.: Replacing GDP by 2030: Towards a Common Language for the Well-being and Sustainability Community, Cambridge University Press, Cambridge 2019.

Jacobsen, J.P.: Advanced Introduction to Feminist Economics, Elgar Advanced Introductions series, Hobart and William Smith Colleges, 2020.

Kuenkel, P.: The Art of Leading Collectively – Co-creating a Sustainable, Socially Just Future, Chelsea Green 2016.

Kuenkel, P.: Stewarding sustainability transformations: An emerging theory and practice of SDG implementation, Springer, Cham 2019.

Kuenkel, P.: Führung mit Sinn: Wie Manager verantwortlich Zukunft gestalten, Springer Gabler, Heidelberg 2020.

Kuenkel, P., Kuehn, E., Williamson, D., Stucker, D.: Leading Transformative Change Collectively: A Practitioner Guide to Realizing the SDGs (1st ed.), Routledge, London 2020.

Kuenkel, P., Waddock, S.: Stewarding Aliveness in a Troubled Earth System, Cadmus Journal, Volume 4. Issue 1. October, 2019. Online verfügbar: http://cadmusjournal.org/article/volume-4/issue-1/stewarding-aliveness-troubled-earth-system.

Lovins H. L., Wallis S., Wijkman A., Fullerton J.: A Finer Future. Creating an Economy in Service to Life, New Society Publishers, Gabriola Island, British Colombia 2018.

Mazzucato, M.: Mission Economy. A moonshot guide to changing capitalism, Allen Lane 2021.

Meadows, D., Randers, J., Behrens, W.: The limits to growth: A report for the Club of Rome's project on the predicament of mankind, Earth Island Limited, London 1972.

Ostrom, E.: A general framework for analyzing sustainability of social-ecological systems, Science 325, 2009.

Peccei, A.: The human quality, Pergamon Press, Oxford 1977.

Raworth, K.: Doughnut Economics. Seven Ways to Think Like a 21st-Century Economist, Random House Business Books, London 2018.

Rockström, J., Steffen, W., Noone, K., Persson, Å., Chapin, F. S., Lambin, E. F., ... und Foley, J. A.: A safe operating space for humanity, Nature, 461(7263), 2009.

Steffen, W., Rockström, J., Richardson, K., Lenton, T. M., Folke, C., Liverman, D., ... und Donges, J. F.: Trajectories of the Earth System in the Anthropocene. Proceedings of the National Academy of Sciences, 115(33), 8252-8259, 2018, URL: https://www.pnas.org/content/pnas/early/2018/08/07/1810141115.full.pdf.

Trebeck, K., Williams, J.: The Economics of Arrival. Ideas for a Grown Up Economy, Policy Press, Bristol 2019.

Von Außengehorsam zu Innengehorsam

Dittmer, Vivien: Das innere Navi. Wie du mit den fünf Disziplinen des Denkens Klarheit findest, edition est, München 2019.

Felber, Christian: Gemeinwohl-Ökonomie, Piper Verlag, München 2018.

Felber, Christian: This is not economy, Deuticke, Wien 2019.

Fromm, Erich: Die seelischen Grundlagen einer neuen Gesellschaft, dtv, München 1974.

Gemeinwohl-Ökonomie, www.ecogood.org.

Goleman, Daniel: EQ. Emotionale Intelligenz, dtv, München 1995.

Kant, Immanuel: Gesammelte Schriften Hrsg.: Bd. 1 – 22, Preussische Akademie der Wissenschaften, Bd. 23 - Deutsche Akademie der Wissenschaften zu Berlin, ab Bd. 24 - Akademie der Wissenschaften zu Göttingen, Berlin 1900 ff.

Kohlberg, Lawrence: Die Psychologie der Moralentwicklung, Suhrkamp, Frankfurt am Main 1996.

Kornfield, Jack: Das weise Herz. Die universellen Prinzipien buddhistischer Psychologie, Arkana Verlag, München 2008.

Laloux, Frederic: Reinventing Organizations. Ein illustrierter Leitfaden sinnstiftender Formen der Zusammenarbeit, Franz Vahlen, München 2016.

Meyer, Thomas: Mediokratie. Die Kolonisierung der Politik durch die Medien, edition Suhrkamp, Berlin 2002.

O'Donohue, John: Anam Cara. Das Buch der keltischen Weisheit, dtv, München 2010.

Romhardt, Kai: Achtsam wirtschaften. Wegweiser für eine neue Art zu arbeiten, zu kaufen und zu leben, Herder Verlag, Freiburg im Breisgau 2017.

Seligman, Martin: Flourish. Wie Menschen aufblühen. Die positive Psychologie des gelingenden Lebens, Kösel Verlag, München 2011.

Tan, Chade-Meng: Search inside yourself. Optimiere dein Leben durch Achtsamkeit, Wilhelm Goldmann Verlag, München 2015.

Aus dem Programm des Verlages

„Redesigning Civilization, Wie erschaffen wir die westliche Zivilisation neu?" von Alan Patrick Stern

Wir müssen einen Neuanfang schaffen. Was wir dabei vor allem brauchen, ist ein kluger und konsequenter Designprozess, eine bewusste, vernunftgeleitete Neugestaltung unserer Gesellschaften, unserer Kultur, unseres Wirtschaftens. Wir müssen unsere Zivilisation neu denken.

In diesem Buch finden Sie die Antworten auf das Warum und auf das Wie. Unsere Zivilisation steckt in einer Sackgasse, weil wir unsere Ziele zu klein gedacht haben. Sogar unser Selbstbild ist missgebildet. Nichtsdestotrotz haben wir eine beeindruckende Kultur und ein demokratisches System geschaffen – sie können uns helfen, unsere Zivilisation neu zu erfinden.

Dafür müssen wir allerdings unsere heutige Lebensweise infrage stellen und pragmatisch, ohne Illusionen vorgehen. Wenn wir alles richtig machen, bekommen wir am Ende dieses Prozesses eine robuste Zivilisation, verstärkte Kultur und eine Gesellschaft, die ihre Probleme selbst in die Hand nimmt.

Wenn es eine Schlüsselaussage in diesem breit gefächerten Buch gibt, dann ist es die: Wir können unsere Zivilisation nur retten, wenn wir unser Denken grundsätzlich verändern.

Das auf Geldvermehrung aufgebaute Wirtschaftssystem wird zwar von der Gier der Investoren angetrieben, die allerdings nur deswegen ihr Monopoly spielen können, weil wir alle als Konsumenten immer mehr haben wollen.

Die einzige Lösung aus diesem Teufelskreis ist durchdachte, pragmatische Genügsamkeit. Ihre Voraussetzung ist das wachsende Verständnis der Menschen und die Sachlichkeit der gesellschaftlichen Diskussion. Wir werden, was wir denken. Das ist ein Hoffnungsschimmer: Auf unser Denken haben wir nämlich potenziell Einfluss.

Aus der Buchreihe „Universum im Inneren":

„Der innere Reichtum, die Weisheit hinter Ayurveda, Yoga und Vedanta" von Swami Chidananda

Die Dimension der Welt, die über die Materie und den Geist hinausgeht fehlt im Hauptstrom unserer heutigen Kultur gänzlich.

Sie war dagegen seit vorgeschichtlichen Zeiten das Herzstück der Kultur, die im Himalaja-Vorgebirge entstanden ist. Sie ist weltweit die einzige, die seit vielen Tausenden von Jahren ununterbrochen und in ihrem Kern unverändert lebt.

Was wir im Westen nur schwer verstehen können, ist, dass es sich dabei um eine vollständige Kultur, ganzheitliche Weltsicht und ein besonderes Menschenbild handelt, die in der Summe weit über die Religion hinausgehen. Zu ihnen gehören nicht nur eine Philosophie, sondern auch eine Wissenschaft des Bewusstseins und eine Praxis, die den Menschen in einer systematischen Weise bei der Entwicklung im Bewusstsein begleitet.

Die westliche Zivilisation hat die Welt in eine kritische Lage gebracht. „An ihren Früchten werdet ihr sie erkennen." Also müssen wir etwas an dem saftspendenden Baum unserer Kultur verändern, wenn wir lebensfreundlichere Früchte ernten wollen. Die Weltsicht der vedischen Kultur Indiens und die Wissenschaft des inneren menschlichen Universums können uns dabei als eine prall gefüllte Schatzkammer dienen.

Das derzeitig im Westen verbreitete Verständnis der vedischen Kultur und speziell auch des Yogas ist oft falsch und oberflächlich. Richtiges Verständnis ist aber der Schlüssel zu dieser prall gefüllten Schatzkammer des Wissens, das seit prähistorischen Zeiten ununterbrochen vom Meister an den Schüler weitergegeben wurde. Swami Chidananda war ein solcher Schüler und ein solcher Meister. Er gab uns einen direkten Einblick in dieses Wissen. In diesem Buch tat er es außerdem auf eine besonders einfache und für uns im Westen verständliche Weise.